ZOOK/ALLEN
Erfolgsfaktor Kerngeschäft

CHRIS ZOOK
unter Mitarbeit von JAMES ALLEN

Erfolgsfaktor
Kerngeschäft

Zeitlose Strategien für Wachstum
und Innovation

Aus dem Amerikanischen von Dr. Nikolaus Gatter
und Bain & Company Germany, Inc.

Econ

Die amerikanische Originalausgabe erschien 2001 unter dem Titel
Profit from the core bei *Harvard Business School Boston, Massachusetts*

Original work copyright © 2001 by Bain & Company, Inc.
Published by arrangement with Harvard Business School Press.

Der Econ Verlag ist ein Unternehmen der
Econ Ullstein List Verlag GmbH & Co. KG, München

1. Auflage 2001

ISBN 3-430-19942-5

INHALT

VORWORT zur deutschen Ausgabe

In den vergangenen zehn Jahren haben es 90 Prozent aller Unternehmen weltweit nicht geschafft, nachhaltig und profitabel zu wachsen. Diese Aussage mag auf den ersten Blick gewagt erscheinen, doch sie steht auf festem Fundament: den von Bain & Company gesammelten Daten über die Entwicklung von rund 2000 Unternehmen in den vergangenen zehn Jahren. Ein ernüchterndes Ergebnis, wenn man bedenkt, dass Gewinn bringendes Wachstum das erklärte Ziel der meisten Führungskräfte ist.

Wie aber schaffen es die wahrhaft erfolgreichen Unternehmen, ein dauerhaft profitables Wachstum zu erreichen? Die Antwort darauf gibt eine von Bain durchgeführte detaillierte Zehn-Jahres-Vergleichsstudie mit rund 2000 ausgewählten Unternehmen aus einer mehr als 8000 Firmen umfassenden Datenbank, ergänzt um Interviews, Fallstudien und Diskussionen mit Investoren. Das Fazit: Dominanz in einem wohl definierten Kerngeschäft lässt sich durch praktisch nichts ersetzen – schon gar nicht durch unbedachte Ausflüge in Boombranchen, die gerade in Mode sind. Die zweite wesentliche Erkenntnis: Die Erfolgsformel »Konzentration aufs Kerngeschäft« ist keineswegs so einfach umzusetzen, wie sie klingt, sondern erfordert nüchterne Analyse und ausdauernde Disziplin bis ins Detail.

Das erklärt auch, warum die meisten Managementkonzepte, die in den vergangenen Jahren in Modewellen aus den USA nach Europa schwappten und Hilfe bei der Suche nach Wettbewerbsvorteilen und Wachstum versprachen, sich letztlich als wenig erfolgreich erwiesen. Manchmal waren die Ansätze, wie im Falle des Reengineerings, zu kurzfristig angelegt. Dann wurden kulturelle oder gesellschaftliche Unterschiede verkannt oder übersehen. Oder die Unternehmen wurden bloß mit einzelnen Techniken und Instrumenten – wie CRM, TQM oder anderen »Drei-Buchstaben-Werkzeugen« – versorgt, die heute unverbunden nebeneinander praktiziert werden. All diesen Konzepten ist gemeinsam, dass sie die Frage nach nachhaltigem, profitablem Wachstum unbeantwortet ließen.

Auch *Erfolgsfaktor Kerngeschäft* hat dafür kein Patentrezept, sondern leitet aus den Ergebnissen der umfassenden empirischen Analyse eine Reihe von Antworten ab, die der Komplexität dieser anspruchsvollen Managementaufgabe gerecht werden.

Für die deutsche Ausgabe des US-Bestsellers *Profit from the Core* haben wir den amerikanischen Text um zahlreiche Anmerkungen und Unternehmensbeispiele aus ganz Europa ergänzt. Schilderungen und Analysen erfolgreicher und gescheiterter Strategien europäischer Unternehmen, von Nokia über Porsche bis zu Vodafone/Mannesmann, stellen sicher, dass das Konzept des »starken Kerns« in Europa ebenso Gültigkeit hat wie in Nordamerika oder Asien. Um nachhaltig profitabel wachsen zu können, müssen Unternehmen – so die Grunderkenntnis – 1. genau verstehen, was ihr Kerngeschäft ist, 2. nach Möglichkeiten suchen, es voll auszuschöpfen, und 3. sich über die Penetration angrenzender Marktsegmente und die umsichtige Neudefinition des Kerns sukzessive weiterentwickeln.

Wir hoffen, dass *Erfolgsfaktor Kerngeschäft* Ihnen auf der Suche nach profitablem Wachstum eine gute Orientierung bietet. Denn nach dem Ende der New-Economy-Euphorie ist profitables Wachstum wertvoller, aber auch schwieriger zu erreichen als jemals zuvor. Was zählt, sind Resultate!

Mein Dank gilt neben den Autoren Chris Zook und James Allen insbesondere unserem Münchner/Züricher Bain-Team unter der Leitung meines Partnerkollegen Rolf-Magnus Weddigen, namentlich Wolfgang Faisst, Frank Heideloff, Christof Knop, Alexander Lauer sowie Claus-Peter Schrack.

Dr. Franz-Josef Seidensticker
Managing Director Bain & Company Germany, Inc.

VORWORT

Als wir bei Bain & Company unsere zweijährige Studie zur Untersuchung jener strategischen Kernfragen starteten, die immer wieder über Wachstum oder Stagnation eines Unternehmens entscheiden, hätten wir nie an die Veröffentlichung eines Buches gedacht. Die Anregung dazu kam vielmehr von unseren Klienten, nachdem sie bei Konferenzen und Vorträgen von den Resultaten der Studie erfuhren. Doch was versprachen sie sich davon?

Zum Teil hatten die Praktiker in diesen Ergebnissen einen sinnvollen Bezugsrahmen oder Framework erkannt, um die erfolgskritischen Entscheidungsfelder wachsender Unternehmen besser zu begreifen und zu benennen. Unser Framework ist für sie praktikabel, und sie können es in den Unternehmen auf eigene Entscheidungsprozesse anwenden. Besonders schätzten unsere Klienten die profunde empirische Datenbasis unserer Schlussfolgerungen, ein zentraler Unterschied zu den populären und immer neue Jungbrunnen und Heilslehren anpreisenden Businessratgebern. Mehr und mehr schienen die Praktiker zu realisieren, dass die jeweilige »idée du jour« hastig, ungeprüft und ohne wissenschaftliche Fundierung auf den Markt geworfen wird und – was kaum überraschen kann – im Betriebsalltag keinerlei Niederschlag in gesteigerten Umsätzen findet. Viele unserer Klienten waren frustriert von der schier endlosen

Wiederkehr sensationeller Wunderkuren und sehnten sich nach einem grundlegenderen, stärker an modernen Unternehmen orientierten Ansatz. Diese Reaktion von Führungskräften ermutigte uns, das Datenmaterial über Wachstumsstrategien ständig zu erweitern. Heute umfasst es die Entwicklung von mehr als 8000 führenden Unternehmen über einen Zehn-Jahres-Zeitraum, mehr als 100 Gespräche mit erfahrenen Führungskräften und über 200 Projekte, die von Bain & Company, Inc., Bain Capital und anderen Unternehmen begleitet wurden. Einzelgespräche, die wir im Verlauf einiger »Growth Breakfasts« in London durchführten sowie zahlreiche Managementkonferenzen trugen dazu bei, dieses Framework weiter zu vervollkommnen.

Beim Zusammentragen der Fallstudien war es interessant festzustellen, wie viel Erfahrung Private-Equity-Gesellschaften wie Bain Capital oder die Texas Pacific Group mitbringen. Ihre extrem hohen Ertragsraten verdanken diese Investmentfirmen nicht allein dem Ressourcentransfer und der Geschäftsstruktur. Ihre besten Geschäfte machten sie beim Aufkauf von Unternehmen, deren Eigentümer keine Wachstumsperspektiven mehr sahen oder nicht in der Lage waren, sich durch grundlegendes Überdenken ihres Geschäfts das Potenzial für profitables Wachstum zu erschließen. Während unseres Projekts übernahm Jimmy Allen die Geschäftsführung bei eVolution Global Partners, einer Investmentgesellschaft von Bain, Texas Pacific Group und der führenden Venture-Capital-Firma Kleiner Perkins Caufield & Byers, die großen Unternehmen helfen soll, die in ihrem Kerngeschäft und um den Kern herum verborgenen Wachstumschancen zu erschließen. Die Erfahrungen aus dem Private-Equity-Bereich bestätigten unsere Aussage bezüglich des Wachstums von Unternehmen und sind die Basis für einige Beispiele im vorliegenden Buch.

Je gründlicher wir der Frage nachgingen, weshalb manche Firmen Gewinn bringend wachsen, andere aber nicht (zumal, wenn vermeintlich übergeordnete Faktoren eine dominierende Rolle spielen), desto überraschter waren wir von den Erkenntnissen, zu denen wir gelangten. Und auch das hat natürlich das Interesse unserer Klienten gefunden. Hier einige Beispiele:

Wir mussten feststellen, dass die Chancen, nachhaltiges, profitables Wachstum zu erzielen, wesentlich geringer sind, als wir uns vorgestellt hatten. Außerdem zeigten unsere Analysen, dass die Mehrheit der Firmen, die heute profitable Zuwächse verzeichnen, im Durchschnitt relativ geringe Aussichten hat, auch noch in den nächsten fünf oder zehn Jahren zu florieren. Wachstumsschübe verpuffen meist wie Strohfeuer, und die Meldungen von Wachstum und Wertschöpfung, mit denen uns die Wirtschaftspresse bombardiert, repräsentieren nur einen winzigen Ausschnitt des Spektrums aller Unternehmen. Im Grunde kämpfen sie alle auf jeweils eigene Weise mit den Problemen des Wachstums, von denen unser Buch handelt.

Überdies fanden wir heraus, dass es langfristig gar nicht so sehr darauf ankommt, wie heiß der neueste Branchentipp ist; Strategie, Positionierung im Wettbewerb, Reinvestitionsquote sowie Organisationsgestaltung waren hingegen immer von entscheidendem Einfluss. Viele der erfolgreichsten und nachhaltigsten Wachstumsunternehmen sind in eher schwach wachsenden Branchen zu finden, wie zum Beispiel Dienstleistung (ServiceMaster), Getränke (Starbucks), Bekleidungsindustrie (The Gap), Sportartikel (Nike), Finanzinformation (Reuters), Bauwerkzeuge und -zubehör (Hilti) und Partysnacks (Frito-Lay). Hinter ihrer Fassade machen solche Unternehmen die vielleicht interessantesten und innovativsten Dinge von allen. Möglicherweise ist es gerade das schwierige Umfeld im angestammten Markt, das diese Unternehmen bei der Suche nach Wachstum innerhalb des Kerngeschäfts eine überdurchschnittliche wirtschaftliche Kreativität entfalten lässt. Im vorliegenden Buch greifen wir daher besonders oft auf Wachstumsstrategien derartiger Unternehmen zurück.

Einige unserer Resultate ließen sich ganz und gar nicht mit unseren Arbeitshypothesen vereinbaren. Beispielsweise zeigte sich, dass die genaue Schwerpunktsetzung und Konzentration der Ressourcen auf ein einziges Kerngeschäft eher zu nachhaltigem und profitablen Wachstum führt als die Zersplitterung der Investitionen in boomende Branchen. Fokussierung als Wachstumsstrategie?

Oft neigen aber gerade die solidesten Kerngeschäfte dazu, ihr Wachstumspotenzial nicht zur Gänze auszuschöpfen. Verfehlen die Stärksten am häufigsten das Klassenziel?

Unsere Erkenntnisse münden vorrangig in drei zentrale Gedanken:

- Das Konzept eines Kerngeschäfts mit seinen Möglichkeiten und klar definierten Grenzen.
- Das maximal ausschöpfbare Leistungspotenzial, durch das sich jedes Unternehmen auszeichnet, liegt in der Regel über den Vorstellungen der Unternehmen selbst.
- Leistungsschwächen können auf vielen Stufen auftreten, von der Strategie über die Führung bis zu den organisatorischen Fähigkeiten und der Umsetzung.

Im Zusammenhang mit diesen drei zentralen Gedanken haben wir uns auf diejenigen strategischen Unternehmensentscheidungen konzentriert, die durchschlagenden Einfluss auf zukünftigen Erfolg oder Misserfolg des Unternehmens haben.

Wer sollte dieses Buch lesen?

Falls Sie der Führungsriege eines Unternehmens angehören, in welcher Wachstumsfragen an der Tagesordnung sind, sollten Sie auf jeden Fall weiterlesen. Wir wünschen uns, dass Managementteams das vorliegende Buch mit seinen Daten, Diagnosen und Prinzipien nutzen, bevor sie in Strategiediskussionen einsteigen, um damit besser informiert Grundsatzentscheidungen rund um die zentralen Themen des Wachstums treffen zu können:

1. In welcher Richtung ist die nächste Welle profitabler Wachstumschancen zu suchen, und wohin wird sie uns tragen?
2. Wie treffen wir die beste Auswahl aus der Vielzahl an Möglichkeiten, die sich uns bieten?

3. Wie lässt sich unsere Branche abgrenzen, und welche Marktposition möchten wir innerhalb dieser Grenzen erreichen?
4. Ist es Zeit, grundsätzlich über die Neudefinition einiger Elemente unseres Kerngeschäfts nachzudenken, und wie setzen wir dies in die Tat um?

Überdies können sich auch Investoren und Analysten unserer
Regeln und Fallbeispiele bedienen, um ihre eigenen Portfolios
zu bewerten und die richtigen Fragen zu stellen.

Was versprechen wir den Lesern?

Darrell Rigby, einer unserer Kollegen bei Bain, untersucht jährlich die in Unternehmen eingesetzten Entscheidungstechniken
und Analysemethoden. Dabei stellte sich heraus, dass rund 200
dieser allgemein gebräuchlichen so genannten »Management
Tools« existieren und in Unternehmen Jahr für Jahr zum Einsatz
gelangen. Dieses Ergebnis mag zunächst nicht weiter verwundern. Überraschend ist vielmehr die kurze Lebensdauer der
meisten Instrumente, die durch populäre Ratgeber oder Ma-
nagement-Moden in Umlauf gebracht werden und sich dann
doch nicht als Allheilmittel entpuppen. Das wiederum ent-
täuscht die nach unternehmerischem Wundertrank lechzenden
Gralsritter. Schlimmer noch, keine dieser Kuren ist statistisch
abgesichert (woher auch, neu wie sie sind?), weshalb sie auch
nur mit einigen wenigen Ad-hoc-Diagnosen und zweifelhaften
Ratschlägen auskommen müssen.

Wir können unseren Lesern versprechen, dass wir keine neu-
en und falschen Hoffnungen wecken. Was wir bieten, ist eine
Ideensammlung zu Wachstumsstrategien, die zugleich ein Plä-
doyer für die Rückkehr zu den Ursprüngen darstellt. Wir glauben, dass wir mit diesem Buch einige weit verbreitete Irrtümer
zu Wachstumsstrategien aufklären und dadurch den Firmen
helfen können, ihre Erfolgschancen zu verbessern und katastro-
phale Fehlschläge zu vermeiden. Uns geht es darum, durch
vorausschauende Grundsatzentscheidungen bessere Ergeb-

nisse und größere Verlässlichkeit zu erzielen. Wir glauben, dass die Geschäftswelt künstlerischen Erfindungsreichtum kaum honoriert.

Das Abwägen erprobter Prinzipien mit neuen Ideen gilt für die meisten Bereiche menschlichen Strebens. Nehmen wir nur den Golfsport als Beispiel. Wir meinen, dass der normale Golfspieler am meisten vom gründlichen Studium der »fünf Elemente eines guten Golfschlags« profitiert, die Ben Hogan schon 1957 formuliert hat, ergänzt vielleicht durch ein paar computergestützte ballistische Analysen, mit denen man die erprobten Regeln abgleicht. Die Grundlagen meistern und fatale Formfehler vermeiden ist zwar weniger spektakulär, aber – davon sind wir überzeugt – aussichtsreicher, als sich einen brandneuen Schläger mit exotischer Legierung zu kaufen, der den Ball angeblich aus jeder Lage garantiert weiter trägt und zielgenau platzieren lässt.

Dasselbe gilt auch für die Wirtschaft, wo gültige Prinzipien und Ideen existieren, mit denen wir Gewinn aus dem Erfolgsfaktor Kerngeschäft holen.

DANKSAGUNG

Der erste Dank gilt den Klienten von Bain & Company, die uns erlaubten, sie Tag für Tag bei der Bewältigung ihrer größten Herausforderungen zu begleiten und tatkräftig zu unterstützen. Diesen hart arbeitenden Führungskräften widmen wir unser Buch.

Außerdem danken wir unseren Kollegen bei Bain & Company. Auch wenn wir dieses Buch ausschließlich in unserer Freizeit geschrieben haben, hat das gesamte Unternehmen für Datenmaterial, die Kundenkontakte, die Fallbeispiele und die nötige Infrastruktur gesorgt. In einer ersten Fassung dieser Danksagung wollten wir all jene, die uns ihre Geschichten, Ratschläge, Ideen mitteilten, einzeln beim Namen nennen – und kamen auf über 80 Personen. Daraufhin haben wir den Gedanken einer Liste verworfen und es vorgezogen, alle in dieses eine, wahrlich von Herzen kommende Dankeschön einzuschließen.

Ganz besonders verpflichtet sind wir Tom Tierney, dem früheren Managing Director von Bain & Company, der uns von Anfang an zum Schreiben ermutigt hat. Steve Schaubert, unser Mentor und Senior Director bei Bain, hat diese Studie als einer der ersten angeregt und war unser ausdauerndster Schutzpatron. Steve hat jeden Entwurf gelesen, und oft fanden wir schon anderntags seine ausführlichen und konstruktiven Kommentare auf dem Anrufbeantworter vor. Darrel Rigby hat uns als Kopilot sicher durch das gesamte Projekt gelenkt. Er war es besonders, der uns riet, ein Buch daraus zu machen. Darrel hat uns die ganze Zeit über mit Ideen, Materialien, Kontakten, Scharfsinn und Freundschaft unterstützt.

Bain Capital, ganz besonders Mitt Romney und Steve Pagliuca teilten großzügig ihre Erfahrungen mit uns und haben Fallstudien aus ihrer Investmentpraxis beigetragen.

Marci Tailor hat als Researcherin mit Chris Zook direkt am Bain Growth Project zusammengearbeitet und uns, während das Buch heranreifte, auch sonst unterstützt. Wir profitierten oft von ihren Erkenntnissen, ihrer Gründlichkeit und Inspiration.

Wir hatten auch ein ausgezeichnetes Team von Assistenten. Eine Datenbank mit 8400 Firmen hat Tanya Lipiainen für uns zusammengestellt und aufbereitet. Wann immer wir »bitte noch eine Analyse!« murmelten, machte sie sich geduldig an die Arbeit. Murthy Nukala und Aditya Joshi assistierten uns bei den Originalanalysen, die unser Projekt auf den Weg brachten.

Brenda Davis hat einen Großteil des Manuskripts ins Reine getippt, machte redaktionelle Vorschläge, betreute uns psychologisch und war in jeder Hinsicht die perfekte Unterstützung. Mit Katie Smith-Milway hatten wir eine fabelhafte Lektorin bei Bain, die Chris bei der Überarbeitung des Manuskripts geholfen und uns bis zum Schluss beraten hat.

Unsere Verlagsredakteure bei der Harvard Business School Press, Melinda Adams Merino, Barbara Roth, Sylvia Weedman und Marjorie Williams ermutigten uns, wenn nötig, und betreuten musterhaft unseren ersten Versuch, ein Buch zu schreiben. Wir danken euch. Außerdem sind wir Walter Kiechel verpflichtet, der vor ein paar Jahren, als er einen unserer ersten Vorträge besuchte, ein Buch über Wachstum von uns verlangte.

Ganz besonders herzlich danken wir Donna, Chris Zooks Ehefrau, die ihr Esszimmer als Arbeitsplatz bereitstellte sowie unseren lieben Familien, die in den intensivsten Schreibphasen regelmäßig unserem Arbeitseifer Raum geben mussten.

Und zum guten Schluss dankt Chris seinem Vater Nicholas Zook, einem Autor und Zeitungsjournalisten, der sich die Geduld nahm, seinem Sohn das Schreiben beizubringen – das vielleicht schwierigste Handwerk von allen.

1

Auf der verzweifelten Suche
nach Wachstum

Ergeben sich, nachdem Sie Ihr Unternehmen während der letzten Boomphase zu profitablem Wachstum führen konnten, immer weniger Erfolg versprechende Wachstumspfade? Oder fühlen Sie sich gedrängt, sich im e-Business zu engagieren, und überlegen, in welcher Form dies geschehen kann, ohne allzu sehr von Ihrem Kerngeschäft abzulenken? Vielleicht spüren Sie, dass Ihr Kern noch über brachliegendes Wachstumspotenzial verfügt, sind aber nicht sicher, wo es zu entdecken wäre? Oder Ihre Branche macht Wandlungen durch, die es ratsam erscheinen lassen, Ihr über Jahre hinweg erfolgreiches Geschäftsmodell zu ändern? Dann stellt sich die Frage, wie Sie auch während der Übergangsphase profitables Wachstum erzielen wollen.

Sollte Ihr Unternehmen in einer vergleichbaren Lage sein, dürften Ihnen die Thesen dieses Buchs überraschend erscheinen und gleichwohl von größtem Interesse für Sie sein.

Unternehmenswachstum verkörpert das zentrale Thema, mit dem sich Managementteams in aller Welt auseinander setzen. Überlegen Sie einmal, wie hoch die Messlatte für Erfolg im Management inzwischen liegt:

- Anteilseigner in den USA und in Deutschland kauften und verkauften im Jahr 2000 durchschnittlich zu einem Aktienkurs, der dem 24fachen des Unternehmensgewinns entspricht. Diese Bewertung erfordert, dass die Unternehmen je nach Region rund drei- bis achtmal schneller wachsen müssen als das Bruttosozialprodukt.

- Investoren lassen dem Management kaum noch Zeit, ihre Leistungskraft unter Beweis zu stellen. So bewegen sie beispielsweise ihr Aktienkapital heute fünfmal schneller als noch vor ein paar Jahrzehnten (bei Internetaktien sogar durchschnittlich alle sechs Tage). Noch vor 20 Jahren hielten Investoren in den USA Aktien durchschnittlich drei Jahre. Selbst das Aktienentwicklungsland Deutschland ist von dieser Entwicklung erfasst worden. Wie in den USA betrug die durchschnittliche Haltedauer von Aktien im Jahr 2000 weniger als ein Jahr, wohingegen der weltweite Durchschnitt bei über zwei Jahren liegt. Investoren verlangen inzwischen von den Unternehmen nicht einfach nur Wachstum, sondern vielmehr nachweisbares Wachstum am Ende eines jeden Quartals.
- Wie unsere Analysen zeigen, gelingt es dem Management selbst in Blütezeiten kaum noch, ein Unternehmen auf profitablen Wachstumskurs zu bringen. Die Erwartung der Investoren, in jedem Quartal Wachstum zu generieren, verfehlen 99 von 100 Managementteams.

Es klingt wie bittere Ironie, dass die immer höher liegenden Erfolgsansprüche an Führungskräfte in eine Zeit fallen, in der es dem Management ohnehin schwerer denn je fällt, gute Spieler ins Feld zu schicken und dort auch zu halten:

- Die Führung von Unternehmen leidet mehr und mehr unter dem Weggang der Fähigsten und schafft es immer seltener, neue Mitarbeiter zu gewinnen und langfristig an sich zu binden. Die Verweildauer von Angestellten in der Informationstechnologie – den »Spitzensportlern« der Internetliga – beträgt durchschnittlich 13 Monate.
- Auch ihre »Trainer«, die CEOs selbst, harren mittlerweile nur noch ein Drittel der Zeit aus, die sie vor rund zehn Jahren in ein und demselben Chefsessel verbracht hatten.

Und schließlich ändern sich die Spielregeln fortlaufend. Wie wir an anderer Stelle dieses Buchs aufzeigen werden, hat sich die Branchenturbulenz ungefähr vervierfacht.

Kein Wunder, wenn die Teilnehmer eines Spiels, das kaum zu spielen, geschweige denn sicher zu gewinnen ist, lieber den aufmunternden Worten von Wirtschaftsgurus lauschen. Sie lassen sich gern eine verdächtig einfache Strategie vorgaukeln, mit der sie angeblich in dieser äußerst komplexen und facettenreichen Lotterie das große Los ziehen. Dieser Sirenengesang lockt mit revolutionärem Charme: »Schneiden Sie alte Zöpfe ab, lassen Sie das traditionelle Kerngeschäft hinter sich, brechen Sie ins gelobte Land auf!« Gelegentlich mag dieser Rat sogar zum Erfolg führen. Und doch behaupten wir im vorliegenden Buch – und können es durch Beispiele und ausführliche Statistiken belegen –, dass in der Regel die Grundprobleme damit nicht gelöst werden und sich die eigentlichen Ursachen für ein inakzeptabel schwaches Unternehmenswachstum womöglich noch verschlimmern. Wie die Seefahrer des Odysseus erleben Manager, die dem Sirenengesang des Wachstums lauschen, gelegentlich kurzfristige Phasen euphorischer Verzückung. Doch wenn sie endlich wachgerüttelt sind, merken sie mit einem Mal, dass sie geradewegs auf ein Riff zusteuern.

Wir haben festgestellt, dass die Erschließung verborgener Quellen des Wachstums und des Gewinns nicht voraussetzt, das Kerngeschäft zu vernachlässigen, sondern vielmehr, es mit frischen Kräften und kreativem Elan bewusst anzugehen. Außerdem fanden wir heraus, dass gerade die erfolgreichsten Firmen Gefahr laufen, dem Sirenengesang zu erliegen. Studieren Sie die folgenden vier Fälle von Firmen, die sich von einem traditionellen Kerngeschäft entfernt hatten, um fettere Weiden anderswo zu suchen:

Fallbeispiel 1: Bausch & Lomb

Bausch & Lomb, der weltbekannte Hersteller der Ray-Ban-Pilotenbrillen, begann 1853 mit Augenoptik. Damals eröffnete ein deutscher Einwanderer namens Jakob Bausch einen kleinen Laden in Rochester, New York, wo er importierte Sehhilfen aus Europa verkaufte. In den folgenden 120 Jahren entwickelte sich das Unternehmen langsam aber sicher, Schritt für Schritt, nicht anders als die Arbeit der gewissenhaften Augenärzte, die es belieferte. 1973 wies Bausch & Lomb einen Umsatz von 235 Millionen US-Dollar aus und war Marktführer im Instrumenten- und Linsengeschäft.

Dann wurden auf einmal die Karten neu gemischt. Mitte der siebziger Jahre erwarb Bausch & Lomb von einem unabhängigen tschechischen Wissenschaftler das Patent für *spin casting*, ein Verfahren zur Herstellung weicher Kontaktlinsen. *Spin casting* ermöglichte die Fertigung von Linsen, die sowohl angenehmer zu tragen als auch preiswerter waren. Beim herkömmlichen Verfahren wurden die Linsen aus einem Hartplastik-Rohling geschliffen. Beim *spin casting* gibt man einen Tropfen Weichplastik in eine Gussform, der unter ultraviolettem Licht stabilisiert wird. Die so geschaffene Linse ist »weich«, weil sich der Polymertropfen in eine Form bringen lässt, die weicher und flexibler ist als das beim Schleifen verwendete Hartplastik. Die wesentlich flexibleren Linsen sind gesünder für die Augen und lassen sich vom Augenoptiker leichter anpassen. Wirtschaftlich sorgten sie für größere Produktivität in der gesamten Wertschöpfungskette, vom Produzenten bis zum Endverbraucher.

Die weichen Kontaktlinsen verkörperten einen jener Durchbrüche, die die Dynamik des Wettbewerbs und das Marktvolumen der gesamten Branche aufbrechen und neu strukturieren. Bausch & Lomb entwickelte Mitte der achtziger Jahre eine vorzügliche Strategie und setzte diese brillant um. Das Unternehmen verdrängte einen Rivalen nach dem anderen vom Markt. Die Konkurrenz mit ihrem kostspieligen Schleifverfahren musste desinvestieren. Die Kontaktlinsenproduktion des Unternehmens kletterte auf einen Marktanteil von 40 Prozent, ein

Vielfaches dessen, was ihr Hauptkonkurrent American Hydron and Coopervision hielt. Bausch & Lomb investierte weiter in diesen Bereich. Um die Produktpalette abzurunden, übernahm man Polymer Technologies, den führenden Hersteller gasdurchlässiger Linsen. Das Unternehmen avancierte zum Liebling der Wall Street und überflügelte mit wachsenden und schlüssigen Bilanzen das damalige Marktniveau um mehr als 200 Prozent.

Dann begann die Konkurrenz, diese Position anzugreifen, unter anderem mit der neuen Technologie der Modellgießerei (ebenfalls eine kostengünstige Fertigung). Gleichzeitig fing Bausch & Lomb an, sich vom Kerngeschäft abzuwenden und steckte die Gewinne aus dem Linsen- und Lösungen-Geschäft in andere Bereiche. »Das Kerngeschäft bröckelt«, sangen die Sirenen, »die Preise verfallen, weil neue Wettbewerber auf den Plan treten ... Wie wär's, wenn wir mit dem Geld neue Wachstumsquellen erschließen?« Die Unternehmensleitung investierte daraufhin in Produkte, die von anderen Gesundheitsanbietern vermarktet wurden – elektrische Zahnbürsten, Hautcremes und Hörgeräte –, fand jedoch keinen gemeinsamen Nenner für diese Palette und das eigentliche Linsengeschäft.

Während sich das Management ablenken ließ, gingen die Kontaktlinsenumsätze bei Bausch & Lomb langsam aber stetig zurück. Der Aktienkurs, der von drei US-Dollar im Jahr 1973 auf 56 US-Dollar pro Anteil 1991 geklettert war, sackte auf weniger als 33 US-Dollar ab. Schlimmer noch, das Unternehmen Johnson & Johnson eroberte die Kontaktlinsenbranche, indem es in die Produktidee seiner neu erworbenen Tochter Vistakon investierte: Einmal-Kontaktlinsen. Natürlich unterscheiden sich Kontaktlinsen zum Wegwerfen nicht sonderlich von normalen, außer dass sie im 12er- oder 24er-Päckchen billiger über die Ladentheke gingen. Welches Unternehmen hätte dieses Produkt besser lancieren können als der einstige Kosten- und Technologieführer Bausch & Lomb? Dessen Marktanteil ging derweil auf 16 Prozent zurück, was das Unternehmen auf den dritten Platz hinter Johnson & Johnson und Ciba Vision verwies. Anfangs probierte es Bausch & Lomb mit übertriebenem Aktionismus, halbierte die Preise und wandte sich neuen Absatzwegen zu. Dann wechselte man das Management aus.

Das neue Team leitete umgehend Maßnahmen ein, um die Probleme des Unternehmens in den Griff zu bekommen, und schnitt die Nebengeschäfte zurück, einschließlich der direkt an Verbraucher abgegebenen Hörhilfen, Zahnersatzteile und Sonnenbrillen. Im Titel des Jahresberichts 1998 wurde das Unternehmensziel von Bausch & Lomb neu definiert: Sie wollen als die »Augen der Welt« auftreten. Das Motto steht für die Rückkehr des Unternehmens zu seinem ursprünglichen Kerngeschäft. Es hofft, auf diese Weise das Wachstum neu zu entfachen und Marktanteile zurückzuerobern. Doch hatte man bereits an Boden verloren und kostbare Zeit und Kapital vergeudet, während neue und starke Rivalen sich im Markt positioniert haben. Und das hätte man möglicherweise vermeiden können.

Fallbeispiel 2: Amazon.com

Amazon.com taucht fast täglich in den Zeitungen auf. Mal dient es als Aushängeschild des Internetbusiness, mal als Beispiel für die vielfältigen Probleme, vor denen ein junges Unternehmen mit einem völlig neuen Geschäftsmodell steht. Das Drama ist noch in vollem Gang, und es stellt sich die Frage, ob auch Amazon von den Sirenengesängen des Wachstums verführt wird.

Bekanntlich hat das Unternehmen angefangen, indem es ein Produkt online verkaufte, dessen Absatzwege normalerweise als zäh und ineffizient gelten: Bücher. Über 40 Prozent der Bücher, die der herkömmliche Buchhändler ins Regal stellt, schickt er unverkauft an die Verlage zurück. Schuld an der hohen Remittendenrate ist die Ungewissheit, welcher Titel ein Bestseller wird, während zugleich ineffiziente Stückzahlen von zwei bis drei Exemplaren so genannter »Standardwerke« vorrätig sein müssen. Das Amazon-Modell vermeidet diese Ineffizienz, indem es den Vertrieb zentralisiert und den Kaufpreis vom Kunden direkt erhebt, oft noch bevor der Verlag bezahlt wird. Überdies erkannte der CEO Jeff Bezos, dass Amazon mehr als nur ein Billigvertrieb für den Buchverkauf sein könnte. Mit Einführung der Leserrezensionen schuf Amazon ein eigenes Internetformat, das es den Kunden ermöglicht, ihre Meinung zum gerade gekauften Buch zu äußern. Dieses Geschäftsmodell gab dem Unternehmen ausreichend Rückenwind, um 1999 auf der Grundlage eines Jahresumsatzes von 1,6 Milliarden US-Dollar eine Marktkapitalisierung von mehr als 30 Milliarden US-Dollar zu erreichen. In dieser Phase hat Amazon die Ziele gewaltig heraufgesetzt und wollte, wie sich Bezos ausdrückte, »ein Ort werden, wo man alles und jedes kaufen kann«.

Mit einem Mal reichte es Amazon nicht mehr, gegen die ineffektive, vielgliedrige Wertschöpfungskette der Buchhändler (und wenig später auch der Videoläden) anzutreten. Das Unternehmen begann, Einzelhändlern wie Wal-Mart und The Home Depot Konkurrenz zu machen. Im Handumdrehen übernahm Amazon auch den Vertrieb von Computerzubehör, Elektrogeräten, Gartenmöbeln und sogar Kosmetik. Zwar zeigte eine auf 1200 Konsumentenurteilen basierende Bain-Studie, dass sich die Aufwendungen zur Akquisition eines Online-Buchkäufers bereits nach weniger als zwei Jahren amortisieren, und darüber hinaus aus Amazons Serviceleistungen und der Personalisierungsstrategie im Internetauftritt handfeste Wettbewerbsvorteile sowie eine verstärkte Kundenbindung resultieren. Doch ob sich dieses Loyalitätsmodell auch in den neuen Produktsegmenten bewährt, muss sich erst noch erweisen. Wird sich Amazons neue »Alles für alle«-Verkaufsstrategie bezahlt machen? Oder sollte sich das Unternehmen lieber auf seine Wurzeln besinnen und versuchen, sein Kerngeschäft auszubauen? Die Zukunft wird es zeigen! Unterdessen summieren sich die Verluste auf 1,4 Milliarden US-Dollar, und die Nervosität der Anleger schlägt mit einem 80-prozentigen Rückgang der Notierung zu Buche.

Fallbeispiel 3: Daimler-Benz

Ein prominentes deutsches Beispiel für die Rückbesinnung auf den Kern ist Daimler-Benz. Mitte der achtziger Jahre entschied sich die damalige Unternehmensleitung zur Weiterentwicklung des Automobilkonzerns zu einem breit gefächerten Technologiekonzern mit den Bereichen PKW/LKW, Luft- und Raumfahrt, Elektroindustrie sowie EDV, Finanzservice und Leasing. Dazu beteiligte man sich zu 100 Prozent an der Motoren- und Turbinen-Union (MTU) und ging Mehrheitsbeteiligungen bei Dornier, Fokker und AEG ein.

Doch die erhofften Erfolge des »integrierten Technologiekonzerns« stellten sich nicht ein. Der Vorstandsvorsitzende Schrempp musste 1995 Verluste in Milliardenhöhe verkünden. In der Folge besann sich Daimler-Benz wieder auf den eigentlichen Kern, das Automobilgeschäft, zurück. Die zügige Abwicklung der Bereiche AEG und Fokker, die den Konzernabschluss 1996 mit vier Milliarden Mark belastete, bedeutete zunächst einen nicht unerheblichen Verzicht auf jährliche Umsätze. Alleine AEG hatte einige Zeit zuvor (1991) mit 14 Milliarden Mark noch rund 15 Prozent zum Konzernumsatz beigesteuert. Später fusionierte man den Luft- und Raumfahrt-Bereich mit der französischen Matra SA zur EADS und veräußerte die Mehrheit des debis Systemhauses an die Deutsche Telekom. Der Bereich DaimlerChrysler Rail Systems GmbH (vormals Adtranz), der in 2000 noch einen Umsatz von 7,6 Milliarden Mark erzielte, ging Anfang 2001 an die Bombardier Inc., Kanada.

Zur Rückbesinnung auf das Automobilgeschäft gehörten auch die Internationalisierung durch die Fusion mit Chrysler zur DaimlerChrysler AG sowie der Einstieg in das Kleinwagengeschäft mit dem Smart. Dass der Umsatz des Kerngeschäfts Mercedes-Benz Pkw & Smart (ohne Chrysler) zwischen 1996 und 2000 von 47 auf 83 Milliarden Mark kletterte, unterstreicht den positiven Effekt der Refokussierung auf den Unternehmenskern. Dabei verkörperten insbesondere die S-Klasse (Weltmarktanteil: 53 Prozent) sowie der Smart, deren Absatz in 2000 um zehn Prozent beziehungsweise 28 Prozent gesteigert werden konnte, die Treiber des Wachstums im Kerngeschäft. Insofern erscheint es gerechtfertigt, die seit 1995 eingeleiteten Maßnahmen im Sinne der Stärkung beziehungsweise Erweiterung des Kerns als Schritte in die richtige Richtung zu bezeichnen. Ob dagegen die Fusion mit Chrysler und die Beteiligung an Mitsubishi den gewünschten Erfolg zeitigen werden, bleibt abzuwarten.

Fallbeispiel 4: Die Gartner Group

Die Gartner Group wurde 1979 von Gideon Gartner gegründet, einem Börsenanalysten des Wertpapiermaklers Oppenheimer, der damals auf die Kurse von IBM und deren wenige Wettbewerber spezialisiert war. Anfangs bestand die Aufgabe der Gartner Group darin, Investmentbankern und Börsenmaklern Informationen über IBM zu verkaufen. Kurz nach seiner Gründung erweiterte das Unternehmen das Angebot auf Kunden, die den Kauf von Hardware planten oder mit IBM in Verhandlungen treten wollten. Der aufblühende Markt für gewerbliche Computer führte zu einer überwältigenden Nachfrage, und Gartner verlegte sich darauf, für Kunden eine Art Sammelstelle für Informationen und Expertengutachten zu den Produkten zu bilden.

Der Werbegigant Saatchi & Saatchi übernahm das Unternehmen Mitte der achtziger Jahre. Damals verfolgte Saatchi & Saatchi das Ziel, Beratungs- und Werbedienstleistungen in einer einzigen Firma zu vereinen – was für sich genommen schon eine verfehlte Wachstumsstrategie war, die sich bald als Flop erwies. Vom Beratungsgeschäft frustriert, verkaufte Saatchi & Saatchi 1989 seine Gartner-Tochter an Bain Capital, eine Private-Equity-Gesellschaft mit Fokus auf dem Kauf solcher Unternehmen, die abseits des Kerngeschäfts oder mit unzureichender Aufmerksamkeit beziehungsweise finanziellem Engagement der Muttergesellschaft operieren.

Für 60 Millionen US-Dollar erwarb Bain Capital eine Firma, die eine jährliche Wachstumsrate von 15 Prozent aufwies, 55 Millionen US-Dollar umsetzte, aber zur Enttäuschung des bisherigen Eigentümers nur zehn Prozent Gewinn machte. Doch für Bain Capital war die Gartner Group mehr als nur eine kleine, wenig einträgliche Beratungsfirma. Je tiefer die Bain-Investoren im Rahmen ihrer Analyse des Kerngeschäfts Einsicht erhielten, desto überzeugter waren sie von den bedeutenden Wachstumschancen und Gewinnaussichten. Voraussetzung dafür war allerdings, dass man das Kerngeschäft nicht als Beratung, sondern als Sammeln, Aufbereiten und Verbreiten hochwertiger, lizenzierter Informationen definierte.

Als Beteiligung von Bain Capital wurde Gartner zu einer Schaltstelle für Kundenreaktionen und zum objektiven Informationspool für Hardware- und Softwareabnehmer ausgebaut. Gartners wachsender Abonnentenliste wurde der geschützte Zugriff auf Tausende von Unternehmen gewährt, deren Manager ihre Erfahrungen bei Kauf und Einrichtung von Systemrechnern bereitwillig zu Protokoll gaben. Jetzt mussten die unternehmenseigenen EDV-Abteilungen der Klienten keine teuren Experten mehr bemühen, um vor Kaufentscheidungen objektive Vergleichsdaten einzuholen. Auf Gartner-Gutachten war Verlass, sie kosteten weniger als eigene Recherchen und lagen termingerecht vor. Gegen Nachahmer sicherte sich das Unternehmen durch das Abonnentensystem und die Datenbank ab, was seine Gewinne von zehn auf 30 Prozent steigen ließ.

Bain Capital hatte für Gartner eine Wachstumsstrategie in drei Stufen vorgesehen:

1. Aus Gartner eine Schaltstelle für Datenerhebung und -verarbeitung zu machen, mit einem rasch ausbaubaren Geschäftsmodell, das sich nicht auf Beratung beschränkt.
2. Durch mehr Vertriebsmitarbeiter geographisch über die bisher vorwiegend an der Ostküste der USA angesiedelte Stammkundschaft hinaus nach Westen und nach Europa zu expandieren.
3. Die Produktpalette auf den Markt für dynamischere, vertikale und industriebezogene Anwendungen auszudehnen.

Die vorgeschlagene Strategie, das ursprüngliche Kerngeschäft neu auszulegen, führte zum gewünschten Erfolg. Hatte der Umsatz 1980 als Saatchi-Tochter 55 Millionen US-Dollar betragen, so stieg er als Bain-Capitaltochter bis 1995 auf 295 Millionen und erreichte als Aktiengesellschaft 734 Millionen US-Dollar im Jahr 1999. Während dieser Zeit hielt Gartner hartnäckig an seinem Kerngeschäft fest. Durch den Verkauf des Unternehmens an Dun & Bradstreet konnte Bain Capital das 20fache der Investition erwirtschaften. Dun & Bradstreet brachte Gartner abermals für das 20fache an die Börse.

Bemerkenswert an dieser Erfolgsstory ist nicht nur, dass der ursprüngliche Einsatz 400fachen Gewinn brachte, sondern dass die neuen Eigentümer anders mit dem Kerngeschäft umgingen. Nicht die Beratung, sondern die lizenzierte Datenerhebung und -verarbeitung stellten sie in den Mittelpunkt. Auf die kreative Fähigkeit, den Unternehmenskern in neuem Licht zu betrachten und anders mit ihm umzugehen, werden wir in diesem Buch immer wieder zurückkommen.

Unsere Kernaussage

In jedem der geschilderten Fälle und Hunderten anderer, die wir untersuchten, lässt sich nachweisen, wie solide Kerngeschäfte nachhaltig geschädigt wurden: durch voreiliges Abstoßen, Fehlkalkulationen oder übertriebene Jagd nach neuem Wachstum anderswo. Wir wollen mitnichten so tun, als hätten wir eine Patentlösung für sämtliche Probleme des Wachstums. Vielmehr empfehlen wir, landläufige Ratschläge populärer Wirtschaftshandbücher mit Belegen aus dem konkreten unternehmerischen Alltag zu konfrontieren. Was wir anbieten, ist ein System praxiserprobter und bewährter Grundsätze, Diagnoseverfahren und Fragen. Managementteams können sie als Instrumente zur Überprüfung und Korrektur ihrer Strategie nutzen, die sie auf der Suche nach der nächsten Wachstumswelle verfolgen. Unsere Untersuchungen zur Dynamik des Wachstums stützen sich auf folgendes Faktenmaterial:

- Rund 100 Fallstudien bei Bain & Company und aus öffentlich zugänglichen Quellen,
- Interviews und Diskussionen mit etwa 100 leitenden Führungskräften,
- eine Datenbank mit 8400 Aktiengesellschaften in sieben Ländern, deren Entwicklung über die letzten zehn Jahre verfolgt wurde,
- zahlreiche empirische Analysen, die den Ursachen profitablen Wachstums nachspüren,

- Berichte zahlreicher Private-Equity-Gesellschaften, darunter Bain Capital, die uns großzügigerweise eine Vielzahl ihrer Fallstudien zur Verfügung stellten,
- die detaillierte Auswertung vorhandener Literatur (fortlaufend im Buch zitiert) sowie sekundärstatistischen Datenmaterials.

Das Fehlen empirischer Daten bei den meisten »Alleswissern« der Betriebswirtschaft hat einen Oxford-Dozenten veranlasst, Managementforschung als »akademische Leerformeln, eine geistlose zeitgenössische Propaganda, die heuchlerisches Gewäsch verbreitet«, zu bezeichnen.[1] Ganz so zynisch sind wir nicht. Managementforschung halten wir für eine höchst produktive Angelegenheit, auch wenn eingeräumt werden muss, dass sie den Nachweis für die Wirksamkeit von Konzepten häufig schuldig bleibt. Wir glauben an die Existenz dauerhafter Prinzipien der Geschäftsstrategie, die Jahr für Jahr zu Resultaten führen, in zahlreichen Branchen anwendbar sind und dabei helfen, die Ursachen von Erfolg und Misserfolg zu verstehen. Einige dieser Prinzipien bedürfen zwar in der New Economy einer Anpassung, doch in den meisten Fällen hat sich das mikroökonomische Fundament als haltbar erwiesen.

Profitables Wachstum definieren

Wir haben zahlreiche Definitionen des Wachstums geprüft und uns auf eine geeinigt, die mehrere Aspekte abdeckt. Im Folgenden wird als *nachhaltiges Wachstum* durchgehend ein Wachstum bezeichnet, das sowohl Umsätze als auch Profite in einer bestimmten Zeitspanne einschließt, in der die Gesamterträge der Anteilseigner (Kursnotierung und Dividendenerträge) die Kapitalkosten übersteigen. Erfahrungsgemäß gelingt es nur den wenigsten Unternehmen, langfristig Shareholder Value zu schaffen, wenn die Erträge die Kapitalkosten nicht übersteigen.

Als wir das Datenmaterial untersuchten, definierten wir Soll-größen für die gewählten Erfolgsindikatoren, die in der Nähe oder knapp unter den meisten in einem Querschnitt der Strategiepläne formulierten Unternehmensziele lagen. Diese Sollgrößen sahen vor: 1. 5,5 Prozent reales (inflationsbereinigtes) Wachstum bei Umsatz und Gewinn zu erreichen, und 2. die Kapitalkosten über einen Durchschnittszeitraum von zehn Jahren wieder hereinzuholen. Wir untersuchten das Datenmaterial Unternehmen für Unternehmen, um Abweichungen in der Rechnungslegung und außerordentliche Aufwendungen zu eliminieren. Die Ergebnisse unseres Rasters sind in Abbildung 1.1 zusammengefasst, die verdeutlicht, wie viel Prozent aller von uns untersuchten Unternehmen die definierten Sollgrößen für Umsatz, Gewinn und Schaffung von Shareholder Value tatsächlich erreichten. Selbst bei diesen relativ bescheidenen und konservativen Sollgrößen wies weltweit nur rund eines von acht Unternehmen (13 Prozent) im Zeitraum von 1989 bis 1999 nachhaltiges und profitables Wachstum auf (und verdiente insofern die Bezeichnung Wertschöpfer) – und das in einem Jahrzehnt, das von vielen als eines der besten der Weltwirtschaft angesehen wird. In Deutschland schrumpft diese Zahl auf zehn Prozent. Die Sammlung von Zielsetzungen aus Strategieplänen zeigt dagegen, dass mehr als 90 Prozent der untersuchten Unternehmen Erträge angestrebt haben, die die von uns definierten Sollgrößen deutlich übertrafen.

Als wir die Kriterien ein wenig enger fassten und eine Zielsetzung von acht Prozent realen Wachstums unterstellten, das entspricht rund elf bis zwölf Prozent Nominalwachstum, sank der Prozentsatz nachhaltiger Wertschöpfer auf nur neun Prozent weltweit und nur acht Prozent in Deutschland. In unserem Querschnitt der Strategiepläne verfolgen über zwei Drittel der untersuchten Unternehmen dieses Niveau als Minimalziel. Und doch sieht die Wirklichkeit so aus, dass nicht mal eines von zehn es erreicht. Wie sich zeigte, gab es bei Unternehmen, die steigende Umsätze, nicht aber Gewinne verzeichnen, langfristig keine Wertschöpfung (selbst wenn sie ihren Aktionären kurzfristig an der Börse zu Wohlstand verhalfen, wie etwa Intershop und andere Unternehmen des Neuen Marktes).

Unternehmen, deren Gewinne kletterten, ohne den Umsatz zu steigern, erlebten ein Wachstum, dem Nachhaltigkeit fehlte und das allmählich verebbte. Unternehmen, bei denen sowohl Umsätze als auch Gewinne stiegen, die aber ihre Kapitalkosten nicht decken konnten (man bedenke unseren langen Berichtszeitraum von zehn Jahren), verloren an Attraktivität für Investoren.[2] Diese Schlussfolgerungen werden auch von einer umfangreichen Materialsammlung zum Thema Schaffung von Shareholder Value gestützt.

Im Vergleich von deutschen Unternehmen zu weltweit agierenden fällt auf, dass relativ mehr Unternehmen die Kriterien von realem Umsatz- und Gewinnwachstum erreichen. Dies ist sicher auch auf die deutsche Sonderkonjunktur durch die Wiedervereinigung zurückzuführen. Bedingt durch den Börsengang in den USA stellte sich eine Reihe großer deutscher Unternehmen den Anforderungen institutioneller Investoren nach höheren Gewinnausschüttungen.

Trotz dieser Entwicklungen gelang es deutschen Unternehmen von 1989 bis 1999, gemessen an den Kapitalkosten, nur unterdurchschnittlich oft, Wert für die Aktionäre durch Gewinnausschüttungen und die Kurssteigerung der Aktien zu schaffen. Dies mag auch daran liegen, dass das absolute Niveau der Gewinne in Deutschland seit zehn Jahren bei einer Umsatzrendite von drei Prozent stagniert. Auch europaweit stagnieren die Gewinne. Allerdings werden hier im Durchschnitt immerhin fünf Prozent erreicht. Nur in den USA konnten die Umsatzrenditen im letzten Jahrzehnt substanziell, nämlich von 4,4 Prozent in 1989 auf 11,9 Prozent in 1999, gesteigert werden. Während die Forderung nach Wachstum bei einigen wenigen erfolgreichen Unternehmen in Europa angekommen ist, gibt es im breiten Markt also weiterhin Nachholbedarf.

Wir zogen noch weitere Indikatoren zur Messung profitablen Wachstums in Betracht, die hier eine Erwähnung verdienen: Die *Börsennotierung* (bereinigt um etwaige Aktiensplits) wäre ein verblüffend simpler Indikator, kann aber durch Rückkauf von Aktien manipuliert werden, was weder den Gesamtwert des Unternehmens beeinflusst noch für Wachstum sorgt. Geeigneter wäre der *Gesamtzuwachs des Marktwerts*, doch kann auch dieser, beispielsweise durch Fusionen, positiv beeinflusst werden, ohne dass dadurch der Gewinn steigt oder die Fusion als Sprungbrett für nachhaltiges Wachstum dienen kann. Im Grunde interessierten wir uns in diesem Projekt nicht für die Option, mehrere leistungsschwache Unternehmen zusammenzufassen, um ein neues zu schaffen.

Der *Anteil am Gesamtbranchengewinn* oder *der Anteil am Gesamtbranchenwert* wären auch interessante Maßstäbe für den relativen Wettbewerbserfolg. Allerdings beziehen sie nicht die absoluten Werte des Wachstums oder der Profitabilität ein, die in den Keller gehen könnten. Überdies ist fraglich, wie man die Branche eingrenzt, was alles dazugehört oder ausgeschlossen werden muss.

Hoher Gesamtgewinn der Aktionäre (»total shareholder return«) ist entscheidend für nachhaltiges, profitables Wachstum. Zwar kann auch eine Firma, die nicht wächst, keine Vermögenswerte hat, aber positive Cashflows erwirtschaftet, unendliche Gewinne erzielen. Aber die Erträge zu beobachten, ohne das Wachstum im Blickfeld zu haben, wäre im Kontext unserer Untersuchung ebenso bedeutungslos, wie das reine Wachstum zu studieren, ohne nach dem Ertrag zu fragen.

Schließlich gibt es noch weitere, spezielle oder ausgefallene Indikatoren für profitables Wachstum, wie *Gewinn oder Wertschöpfung pro Mitarbeiter*. Der Gewinn je Mitarbeiter hängt allerdings mindestens so sehr davon ab, wie arbeits- und kapitalintensiv eine Branche ist, wie vom nachhaltigen, profitablen Wachstum. Abgeleitet davon käme auch der Wertzuwachs pro Kopf der Belegschaft in Betracht. Für diesen wäre allerdings die Steigerung der Kapitalintensität mindestens ebenso ausschlaggebend wie Leistung und Wachstum. So interessant diese Maßstäbe sein mögen, sie reflektieren nicht das, was wir erforschen wollten.

Das Kriterium des langfristigen Erbringens der Kapitalkosten bei gleichzeitiger Steigerung von Umsätzen und Profiten hat sich als sinnvoll für unsere Studie erwiesen, auch wenn wir Managementteams, die das Wachstum ihrer Unternehmen ermitteln wollen, dringend anraten, diese Indikatoren um andere, sowohl langfristige wie kurzfristige Wachstumskennzahlen zu ergänzen.

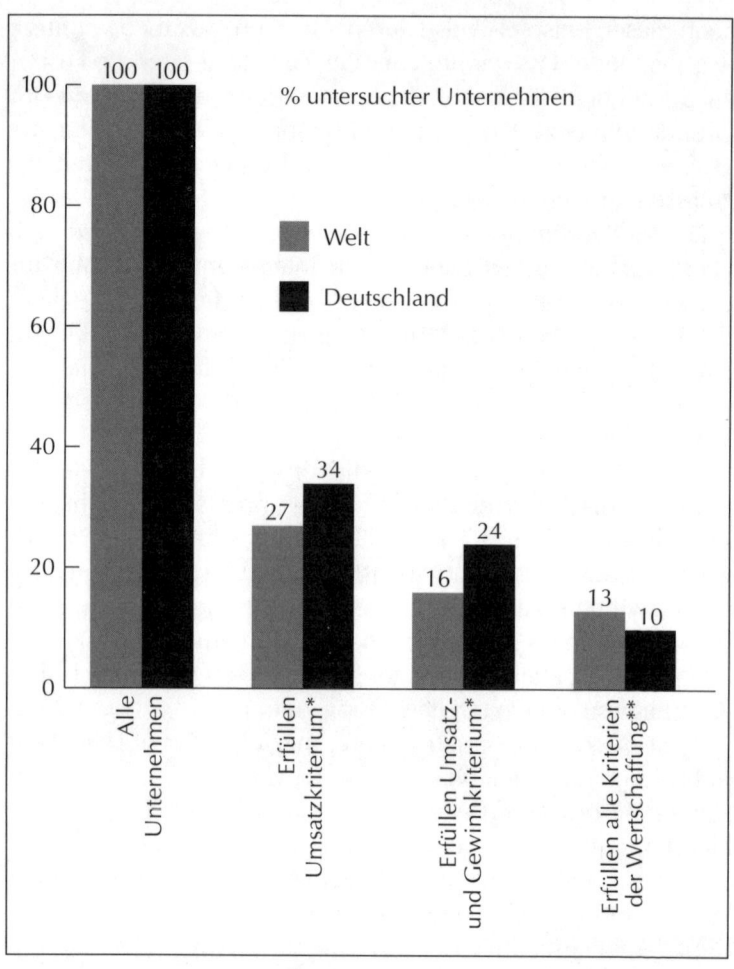

Abb. 1.1: Wenige Unternehmen erzielen nachhaltiges Wachstum

Quellen: Worldscope-Datenbank, Bain-Analyse.

Anmerkungen: Verglichen wurden Unternehmen mit >500 Millionen US-Dollar Umsatz in sieben Ländern (USA, Australien, England, Frankreich, Deutschland, Italien und Japan), für die alle Zahlen zur Verfügung stehen.

  * Jährliche reale Wachstumsrate >5,5 % für 1988–1998.
** Durchschnittliche jährliche Erträge für Anteilseigner (Wertzuwachs der Börsennotierung plus Dividende pro investiertem US-Dollar) – Kapitalkosten >0 für 1988–1998.

Das Kerngeschäft

Wir vertreten die These, dass eine klare Definition des Kerngeschäfts eines Unternehmens entscheidend ist für nachhaltiges, profitables Wachstum. Die Geschäftsfelder eines Unternehmens kann man aus zwei einander ergänzenden Perspektiven betrachten. Die erste (Outside-In-Perspektive) entspricht dem Standpunkt der Außenwelt; dabei bestimmt der Markt die natürlichen Grenzen eines Geschäfts. Die zweite (Inside-Out-Perspektive) entspricht dem Standpunkt innerhalb des Unternehmens. Die Grenzen des Geschäfts ergeben sich aus der internen Definition des (einzigartigen) Unternehmenskerns, basierend auf vorhandenen Produkten, Mitarbeitern und Fähigkeiten.

Ein Beispiel für diese Unterscheidung: Die Unternehmen Enterprise Rent-A-Car, Alamo Rent-A-Car und Avis gehören eindeutig einer Branche an, die nach äußerlichen Kriterien als Mietwagenbranche definiert ist. Zu diesem Geschäft gehören Ankauf und Unterhaltung eines Wagenparks, das Betreiben automatisierter Reservierungsdienste, das Verwalten eines Netzwerks von Filialen und ein Serviceangebot an Kunden, die sich für unterschiedlichste Zwecke einen fahrbaren Untersatz mieten. Innerhalb dieses Geschäfts haben freilich alle drei Unternehmen unterschiedliche Kernbereiche:

- Enterprise hält 70 Prozent Marktanteil bei Versicherungs- und Reparatur-Ersatzwagen. Das Unternehmen wurde in diesem besonderen Marktsegment gegründet, schuf ein Filialnetz in den Vorstädten und entwickelte sein Geschäftsmodell nach Maßgabe der Bedürfnisse von Kfz-Werkstätten und Versicherungsgesellschaften.
- Alamo Rent-A-Car macht das Kerngeschäft mit Freizeitmietern, denen es nichts ausmacht, ihren Mietwagen anderswo als am Flughafen abzuholen. Das Unternehmen errichtet Filialen in beliebten Ferienorten wie Orlando im Bundesstaat Florida.
- Kerngeschäft bei Avis sind Flughafenvermietungen. Firmenkunden stellen den Hauptteil der Abnehmer und verlangen

nach rascher Abwicklung, neueren Modellen, Annehmlichkeiten für die berufliche Nutzung und natürlich nach Filialen auf allen wichtigen Flughäfen.

Jedes dieser Unternehmen würde seinen Kern anders definieren, und jedes tut recht daran. Und doch partizipieren sie alle am Mietwagengeschäft, das extern von der Wirtschaft zunehmend als eine einzige Wettbewerbsarena betrachtet wird.

Ein ganz anders geartetes Beispiel ist Gillette. Den Kern dieses Unternehmens bilden seit der Gründung vor einem knappen Jahrhundert Rasierprodukte für Männer. Nachdem es in seinem Kernbereich 70 Prozent Marktanteil verbuchen konnte, suchten die Gillette-Manager nach unkonventionellen Wachstumschancen und taten sich außerhalb der Marktnische für Rasierzubehör um. Gillette definierte das Kerngeschäft neu und kümmerte sich eher um Kontrolle und Partizipation an der Auslage der Einzelhandelskassen, weshalb man in Schreibwaren, Duracell-Batterien und andere distributionsgerechte Produkte expandierte. Darüber, ob sich diese Strategie auszahlen wird, ist das letzte Wort noch nicht gesprochen. Allerdings liegt hier das Beispiel eines Unternehmens vor, das seinen Kern derart umgestaltet hat, dass er über die externen, von der übrigen Geschäftswelt festgelegten Grenzen hinauswächst.

Um Ihr Kerngeschäft zu definieren, müssen Sie zunächst die folgenden fünf Erfolgsfaktoren erkennen:

1. Ihre potenziell gewinnträchtigsten Kunden,
2. Ihre am besten ausdifferenzierten strategischen Fähigkeiten,
3. Ihre herausragenden Produktangebote,
4. Ihre wichtigsten Vertriebskanäle,
5. jeden anderen wichtigen strategischen Erfolgsfaktor, der die obigen ergänzt (beispielsweise Patente, Markenname, Kontrolle über eine wichtige Schaltstelle in einem Netzwerk).

Wenn wir bei Bain & Company mit einem Beratungsauftrag beginnen, fragen wir fast immer als Erstes: »Wie definiert sich die Branche, in der Sie konkurrieren?« und: »Was ist Ihr Kerngeschäft und die Quelle möglicher Wettbewerbsvorteile?« Die Beantwortung dieser beiden Fragen setzt das Verständnis jedes einzelnen der fünf genannten Faktoren voraus.

Kürzlich verkündete ein Artikel im *Wall Street Journal:* »US-Unternehmen setzten sich mit dem Konzept des ›Kern‹-Geschäfts auseinander!« Der Autor erörtert die dieser Aufgabe innewohnenden Schwierigkeiten und stellt fest: »In diesen Tagen geht man an der Wall Street und in den Vorstandsetagen in sich und stellt sich die überraschend komplizierte Frage: Was macht ein Kerngeschäft aus? Ist es ein Produkt? Eine »Rüstkammer« des geistigen Eigentums? Ein Prozess? Oder ist es ein Geschäftskonzept ..., das auf eine Vielzahl unterschiedlicher Branchen anwendbar wäre?«[3]

Einigen Unternehmen fällt es nicht allzu schwer, ihr Kerngeschäft präzise auf den Punkt zu bringen; für andere stellt dies eine extreme Herausforderung dar. Wichtig ist für alle, eine möglichst klare Definition zu bekommen. Im Fall von Gillette schien Rasierzubehör für Männer das Kerngeschäft zu sein. Dieser Gillette-Bereich brachte 1910 die schnellsten Zuwächse und größten Profite, und das ist bis heute so geblieben. Zu den Faktoren, die diesen Schwerpunkt ausmachen, gehören wichtige Kompetenzen wie die Erfahrung in der Herstellung hochwertiger, präziser Miniaturapparate, eine ausgefeilte Technologie beim Schärfen und Einsetzen der Klingen und eine umsichtige Markenpolitik. Gillette hat diese Faktoren genutzt, um eine Vielzahl verwandter Branchen zu erobern, von Haarpflegemitteln (Toni) über Elektro-Kleingeräte (Braun) bis zu Zahnbürsten (Oral-B) und Batterien (Duracell). In einigen Fällen waren, wie wir noch sehen werden, diese Expansionen erfolgreich und bauten auf Gillettes Kern auf. In anderen stellten sie nur Ablenkungen vom Kerngeschäft dar.

Unternehmen wie Coca-Cola, Black & Decker, Ford, Vodafone, Dell-Computer, Boeing, Starbucks, Wal-Mart und sogar Bain & Company haben relativ fest umrissene Schwerpunkte, die von den leitenden Angestellten verstanden und als Basis für profitables Wachstum genutzt werden. In einigen Unternehmen wie PepsiCo gibt es diverse und deutlich unterschiedliche

Schwerpunkte – in diesem Fall das Cola-Geschäft und das Geschäft mit salzigem Knabbergebäck von Frito-Lay. Bei anderen Unternehmen, wie Deutsche Post, E.on, AOL-Time Warner, 3M, Vivendi, wirft die eindeutige Identifikation des Kerngeschäfts dagegen Probleme auf, da sie über mehrere Geschäftsbereiche verfügen. Vielschichtige und konglomeratähnliche Mischkonzerne sind allerdings eher die Ausnahme und finden sich selten im Rang der nachhaltigen Wertschöpfer. Siemens, dessen Geschäftsportfolio aus Informations-/Kommunikationstechnologie, Industrie-/Gebäudetechnik, Energie, Transport, Medizintechnik sowie Beleuchtungstechnik besteht, kann als ein Beispiel hierfür gelten. Auch der vormals staatliche Monopolist Deutsche Post baut derzeit vier parallele Geschäftsfelder, namentlich Brief, Express, Logistik und Finanzdienstleistungen auf. Ebenso verfügt das Unternehmen General Electric, unter der Leitung von Jack Welch, über verschiedene Kerngeschäfte, von denen einige auch allein Marktführer sind, und deren gemeinsames Element die Managementprozesse sowie Führungsstrukturen von GE bilden.

Allerdings sind die wenigsten Mischkonzerne imstande, eine Vielzahl starker Schwerpunkte erfolgreich zu meistern. Unter den von uns definierten nachhaltigen Wertschöpfern finden sich nur wenige Mischkonzerne, was mit den Erkenntnissen vieler bisheriger Studien über Diversifikation übereinstimmt. Vielmehr nimmt nach unseren Beobachtungen die überwiegende Mehrheit der leistungsstärksten Unternehmen führende Positionen in einem, allerhöchstens zwei Kerngeschäften ein und dringt mit diesem Schritt für Schritt in angrenzende Segmente vor, während sie zugleich den ursprünglichen Schwerpunkt stärken und mit ihm neue Kunden, Vertriebskanäle, Produkte oder Anwendungen erschließen.

Für die Zwecke unseres Buchs definieren wir das *Kerngeschäft* als die Menge aus Produkten, Kapazitäten, Kunden, Vertriebskanälen und Gebieten, die das Wesen eines Unternehmens ausmacht und das die Basis seiner Wachstumsmission verkörpert – die nachhaltige und profitable Steigerung seines Umsatzes. Diese Definition ist, wie wir zugeben müssen, unscharf und dürfte erhebliche Auseinandersetzungen im Management nach sich ziehen. Sie lässt Widersprüche offen zwischen dem, was ein Unternehmen tatsächlich ist, und dem, was es sein möchte oder aus Wettbewerbsgründen zu sein vorgibt. Hinzu kommt das Missverhältnis zwischen der Gesamtheit der Kundschaft und der Anzahl Kunden, die tatsächlich den Gewinn einbringt – die klassische 80/20-Faustregel, wonach weniger als 20 Prozent eines Kundenstamms für 80 Prozent des Unternehmensgewinns sorgen. Umgekehrt impliziert dies, dass die Mehrzahl der Kunden gar nicht zum Kerngeschäft gehört und folglich nichts zum Wachstumsziel beiträgt. Im Mittelpunkt der Wachstumsstrategie eines Unternehmens steht, das Kerngeschäft so zu definieren, wie wir es versuchen, und alle verfügbaren Ressourcen in dieses Kerngeschäft zu stecken, bis sein Potenzial vollständig erschlossen ist.

Mit diesem Buch umgehen

In diesem Buch geht es um ein einziges Thema: die überragende Bedeutung, die dem Ausbau des Kerngeschäfts als wichtigstem Wachstumsmotor eines Unternehmens zukommt.

Die Maßstäbe des Wachstums, an denen sich das Management orientieren sollte, haben wir konkret festgelegt: Ziel des Managements ist es, Umsatz und Gewinn nachhaltig zu steigern. Nur dadurch wird langfristig Shareholder Value geschaffen. Wir definieren das Kerngeschäft so präzise wie möglich und heben hervor, dass der Vorgang des Definierens zu den zentralen Aufgaben des Managements gehört und seiner Natur nach keine exakte Wissenschaft darstellt.

Dass die Suche nach Gewinn aus dem Kernbereich nichts Neues ist, räumen wir gern ein, und kommen im Folgenden immer wieder auf die umfassenden Arbeiten unserer Vorgänger über dieses und verwandte Themen zurück. Aus drei Gründen glauben wir aber, das Thema völlig neu angehen zu müssen. Erstens belegt eine überwältigende Fülle statistischer Daten, dass Managementteams ihr Kerngeschäft häufig unterschätzen. Wie kommt es, dass ihre Erwartungen so niedrig sind? Zweitens ist die Konzentration auf ein starkes Kerngeschäft zwar notwendig, reicht aber nicht aus, um nachhaltiges Wachstum zu fördern. Managementteams sehen sich immer wieder vor die Wahl gestellt, in angrenzende Marktsegmente vorzudringen, und gelegentlich ist dieser Schritt auch überlebenswichtig für die Stärkung des Kerns und für das Erschließen neuer Gewinnchancen. Wie sollen Managementteams mit diesem Widerspruch umgehen? Wann ist Konzentration auf den Schwerpunkt angesagt, wann soll man Chancen in angrenzenden Bereichen wahrnehmen? Drittens muss sich das Management mitunter dazu durchringen, das Wesen des Kerngeschäfts grundlegend umzugestalten, um neues und nachhaltiges Wachstum zu schaffen. Das gilt erst recht, wenn die Branche selbst in Turbulenzen gerät. Wie werden Manager mit dieser Entscheidung fertig, die riskanter sein dürfte als jede andere, die sie treffen könnten: den Kern zu verändern, um letztendlich den Kern zu schützen?

Um diese Fragen zu klären, haben wir das vorliegende Buch nach drei grundlegenden Aspekten gegliedert, die dem Management bei der Suche nach Gewinn aus Kernbereichen begegnen:

1. den Markt erobern und Einfluss in der Branche des Kerngeschäfts oder in einem Teil der Branche erlangen,
2. nachdem das geschehen ist, in die logischen und verstärkenden angrenzenden Marktsegmente rund um den Kern expandieren,
3. Branchenturbulenzen dazu nutzen, den Kern zu verändern oder neu zu definieren.

In Kapitel 2 werden wir erörtern, wie man den Kern definiert, und anhand von Beispielen darstellen, wie man das Gesamtpotenzial in einem Kerngeschäft erkennen kann. Wir werden das erste Paradoxon des Wachstums erläutern: *Die leistungsstärkeren Geschäftseinheiten laufen Gefahr, am weitesten hinter ihrem vollen Potenzial zurückzubleiben.* Das konnten wir bei Managementteams beobachten, die das Wachstum einer Firma dadurch anheizen wollen, dass sie sich auf die leistungsschwachen Abteilungen konzentrieren. Wir halten dagegen, dass Wachstum nur möglich wird, wenn stattdessen die Leistung der Besten optimiert wird – unabhängig davon, wie viel sie jetzt schon leisten. Die stärksten Geschäftseinheiten bieten vorrangig Chancen, bessere Wachstumsraten zu liefern.

Doch zunächst führen wir den Nachweis, dass ein starker Kern als wichtigster Impulsgeber für Wettbewerbsvorteile fungiert. Anschließend erläutern wir die Grenzen des Kerngeschäfts, die Mittel der Abgrenzung beim Erobern einer marktführenden, einflussreichen Stellung und die Ursachen, weshalb nicht selten die besten Kerngeschäfte ihr eigenes Wachstumspotenzial unterschreiten. Außerdem werden wir eine Reihe klassischer Quellen »versteckten Werts« aufweisen. Allerdings wird es in Zeiten der Branchenturbulenz schwieriger, die Grenzen eines Kerngeschäfts zu wahren; daher verlieren auch die herkömmlichen Maßstäbe des Marktanteils an. Bedeutung. In vielen traditionellen Branchen war der Wettbewerb unter identischen Geschäftsmodellen die Regel. Heutzutage beobachten wir mehr und mehr Konkurrenz unter vollkommen verschiedenen Geschäftsmodellen. Dieser zunehmenden Wettbewerbskomplexität gerecht zu werden, gehört zu den Hauptproblemen moderner Geschäftsstrategie in vielen Branchen.

Im 3. Kapitel wenden wir uns dem Thema zu, das wir mit »Expansion in angrenzende Marktsegmente« umschrieben haben: das Vordringen in neue, aber verwandte Geschäfte, die rund um das Kerngeschäft angesiedelt sind. Bei der Erörterung der Expansion in angrenzende Marktsegmente (auch Adjacencies genannt) werden wir das zweite Paradoxon des Wachstums einführen: *Je stärker das Kerngeschäft, desto mehr Gelegenheiten ergeben sich, in gewinnträchtige angrenzende Marktsegmente vorzustoßen, aber auch an Konzentration zu verlieren.* Kapitel 3 untersucht das typische Muster, das sich bei Unternehmen mit vorbildlicher Wachstumsgeschichte zeigt. Manche Geschäfte wie die von ServiceMaster und Reuters haben sich in Jahrzehnten, wenn nicht in noch längerer Zeit entwickelt, indem sie aus einem relativ stabilen Kern systematisch in angrenzende beziehungsweise ergänzende Marktsegmente expandierten. Wir untermauern mit eigenen Erhebungen Dutzende von Studien, aus denen hervorgeht, dass Überexpansion oder falsche Wahl des angrenzenden Marktsegments die viel versprechendsten Wachstumsstrategien zu Fall bringen. Manchmal ist es die Branchenturbulenz, die das Management zwingt, sich gegen Unwägbarkeiten abzusichern und auf die Peripherie der Branche zu setzen, statt Jahr für Jahr den einmal eingeschlagenen Pfad zum Wachstum zu beschreiten, wie etwa der Einzelhandel durch Vermehrung von Filialen.

Im 4. Kapitel erläutern wir, wann und wie ein Kerngeschäft neu zu definieren ist, gerade vor dem Hintergrund von Branchenturbulenzen. Hier führen wir das dritte Paradoxon des Wachstums ein: *Gerade Managementteams, die die größten Erfolge beim Aufbau eines starken Kerngeschäfts vorweisen und von der Expansion in angrenzende Marktsegmente profitieren können, sind gegen Branchenturbulenz besonders anfällig.* Von der Neudefinition wird zwischen den Zeilen in jedem Kapitel des Buches die Rede sein. Was wir über langlebige, starke Kerngeschäfte berichten, die sich erfolgreich neu definieren und die Führung stärken konnten, ist für Familienunternehmen nicht gerade ermutigend.

Kapitel 4 handelt ferner von der zunehmend engen Verknüpfung von Organisation und Wachstumsstrategie. In Zeiten der Turbulenz und gesteigerter Reaktionsgeschwindigkeit muss die alte Faustregel »erst Strategie, dann Struktur« umformuliert werden zu »manchmal *bestimmt* die Struktur die Strategie«. Die Fähigkeit, rasch zu reagieren und die Strategie dem aktuellen Marktgeschehen anzupassen, beschert vielen erfolgreichen Unternehmen wichtige Wettbewerbsvorteile.

Im 5. Kapitel formulieren wir einige Empfehlungen für den Entwurf und die Optimierung einer Wachstumsstrategie. Außerdem schließen wir mit dem vierten Paradoxon des Wachstums: *Jede etablierte Organisation verhindert Wachstum.* Im heutigen turbulenten Branchenumfeld ist – das gilt für Unternehmensstrategien, Strukturen und einzelne Mitarbeiter – die Fähigkeit zum Wandel entscheidend, wenn man nachhaltiges und profitables Wachstum erreichen will. Um den Wandel zu meistern, sollten sich Manager nicht verweigern, sondern sich auf ihn einlassen.

So einfach die Botschaft vom Gewinn aus dem Kerngeschäft klingt, für das Management stellt die Umsetzung in der Praxis eine enorme Herausforderung dar. An jedem Paradoxon des Wachstums droht das Management zu scheitern, jedes scheint das Ziel des nachhaltigen, profitablen Wachstums weiter denn je in die Ferne zu rücken. Das Risiko des Misslingens liegt bei nahezu 99 Prozent.

Wir glauben, dass die von uns genannten drei Elemente der Wachstumsstrategie für stabile Branchen wie Textil- oder Lebensmittelindustrie bei langfristigem Gleichgewicht ebenso Gültigkeit haben wie für turbulente Branchen von Elektrogeräten bis zum Onlineversand, die sich von Ungleichgewicht zu Ungleichgewicht hangeln. Allerdings müssen manche griffigen strategischen Faustregeln den Bedingungen der Turbulenz angepasst werden.

Akademische Forschung und Praktiker der Wirtschaft haben, was die traditionellen, anfangs für stabile, kapitalintensive Branchen entwickelten strategischen Regeln betrifft, hervorragende Arbeit geleistet. Jetzt müssen diese angepasst werden, wo Branchen, besonders die informationsintensiven Branchen, angesichts wirtschaftlicher Turbulenz vor einer Neuorientierung stehen. Beispielsweise hat Clayton Christensen unübertrefflich geschildert, wie neue Wettbewerber auf den Plan treten und Oberwasser gewinnen, wenn sie sich »Umbruchtechnologien« zunutze machen und preisbewusste Konsumentengruppen ansprechen, während die bisherigen Platzhirsche tatenlos zusehen.[4] Carl Shapiro hat dargelegt, dass die ökonomischen Besonderheiten der Informationstechnologie ein neues ökonomisches Regelwerk erfordern, um solide Geschäftsstrategien zu entwickeln.[5] Andere haben untersucht, weshalb Großunternehmen sich dem Wandel nur zögernd stellen oder weshalb Marktanteile gegenüber früher an Bedeutung verloren haben. Im Folgenden werden wir solche Grundlagenstudien immer wieder zitieren und an ihre Ergebnisse anknüpfen.

Wiederholt haben wir auf die paradoxen Aspekte geschäftlicher Wachstumsstrategien hingewiesen. Naturgemäß ist die Welt voller Paradoxien. Um einen Golfball weiter zu schleudern, wird der Schläger lockerer geführt. Um ein Flugzeug abheben zu lassen, wird der Gashebel nach hinten gezogen. Um rasches und kräftiges Wachstum einer Pflanze zu fördern, wird sie zurückgeschnitten. Um die bestorganisierte Ökonomie der Welt zu schaffen, muss man dem freien Markt erlauben, seine Kräfte zu entfalten.

Alle Analysen dieses Buches werden von einem letzten Paradox überlagert: *Aus der Konzentration kommt das Wachstum; den Kreis enger fassen heißt, Expansion zu fördern.* Bemerkenswert scheint uns, dass trotz zahlreicher Wachstumschancen, die sich den meisten Managementteams heutzutage bieten, die zuverlässigste und angemessenste Lösung darin besteht, vom Kerngeschäft zu profitieren.

2

Das profitable Kerngeschäft

Die Idee eines Kerngeschäfts ökonomischer Aktivitäten ist so alt
wie die Wirtschaftswissenschaften selbst. David Ricardos ver-
gleichende Untersuchung von Außenhandelsvorteilen aus dem
Jahr 1817 zielt unter anderem darauf ab, einen Kernbereich von
Aktivitäten einzugrenzen, auf die eine Nation ihren Schwer-
punkt legen sollte. Alfred Marshalls Untersuchung wachsender
Skalenerträge im späten 19. Jahrhundert nahm die Ideen der
Branchendefinition und des Wettbewerbsvorteils aus dem
Wachstum im Kerngeschäft vorweg. Ökonomen der dreißiger
und vierziger Jahre des 20. Jahrhunderts, die sich für Antitrust-
Maßnahmen interessierten, waren ständig mit Problemen der
Branchendefinition konfrontiert und stellten die Frage, inwieweit sich Marktdominanz aus einem Kern heraus entwickelt.
Während der achtziger Jahre, in der Ära der Aufspaltungsspezi-
alisten und des Reengineerings, wiesen Michael Porter und andere Autoren nach, dass die Erträge bei jenen Unternehmen gesunken waren, deren Aktivitäten immer diffuser wurden und die
über einen nur unscharf definierten Kernbereich verfügten.
Neuerdings beschwören zahlreiche Veröffentlichungen wieder
die Konzentration auf den Kern. Das reicht von »In Search of Excellence« (»Auf der Suche nach Spitzenleistungen«) des Auto-
renteams Thomas J. Peters und Robert H. Waterman mit ihrer
»Schuster, bleib bei deinen Leisten«-Botschaft über Hamels und

Prahalads Kernkompetenz-Konzept bis hin zur Vorstellung einer zentralen Kernvision von Collins und Porras'»Built to Last«. Im Mittelpunkt unserer Arbeit steht der Nachweis, dass profitables Wachstum oft von einem starken Kern gefördert wird – je stärker und konzentrierter, desto besser. Im Übrigen erörtern wir, wie man den Kern definiert und kräftigt, wie man einem Kernbereich die besten Wachstumschancen entlockt und wann man Abstand gewinnen und den Kern neu definieren muss.

Kräfte durch Konzentration auf den Kern entfalten

Den Hauptteil der nachhaltig wachsenden Unternehmen machen jene aus, die nur wenige, konzentrierte Kerngeschäfte betreiben. Ein historischer Rückblick zeigt: Die am stärksten diversifizierten Unternehmen tun stets gut daran, ihre Aktivitäten einzuschränken und zu konzentrieren, um die Zahl ihrer Wachstumsbereiche zu verringern, während Unternehmen mit einer Vielzahl mittelmäßiger Geschäfte einen einzelnen starken Kernbereich ausbauen sollten. Unsere Erhebungen haben diese Auffassung deutlich gestützt:

- Die meisten Unternehmen mit nachhaltiger Wertschöpfung besitzen nur einen oder zwei starke Kerne.
- Private-Equity-Gesellschaften erzielen ihre besten Erfolge, indem sie diffusen Konglomeraten verwaiste Nebengeschäfte abkaufen und sie auf diese Weise neu konzentrieren.
- Ausgliederungen von Geschäftseinheiten schaffen in der Regel zwei Dinge: Fokussierung und Wertschöpfung.
- Diversifikation ist mit einer im Durchschnitt niedrigeren Unternehmensbewertung verknüpft, als dies für Unternehmen mit Fokussierung auf das Kerngeschäft gilt.
- Die wenigen Unternehmen, die zunächst schrumpften, aber immer noch Unternehmenswert generierten, waren solche, die sich auf einen starken Kern konzentrierten. Nicht selten führte dies letzten Endes dazu, dass sie ihr Wachstum wieder anfachen konnten.

Belege bei nachhaltigen Wertschöpfern

Aus der Untersuchung von Unternehmen, die im Verlauf eines Jahrzehnts Wertschöpfung und mindestens 5,5 Prozent reales Jahreswachstum verzeichnet haben, geht hervor, dass nachhaltige Wertschöpfer zu fast 80 Prozent nur ein Kerngeschäft betreiben, in welchem sie eindeutig Marktführer sind (s. Abbildung 2.1). Diese Geschäfte machen einen Großteil des profitablen Wachstums der Unternehmen aus.

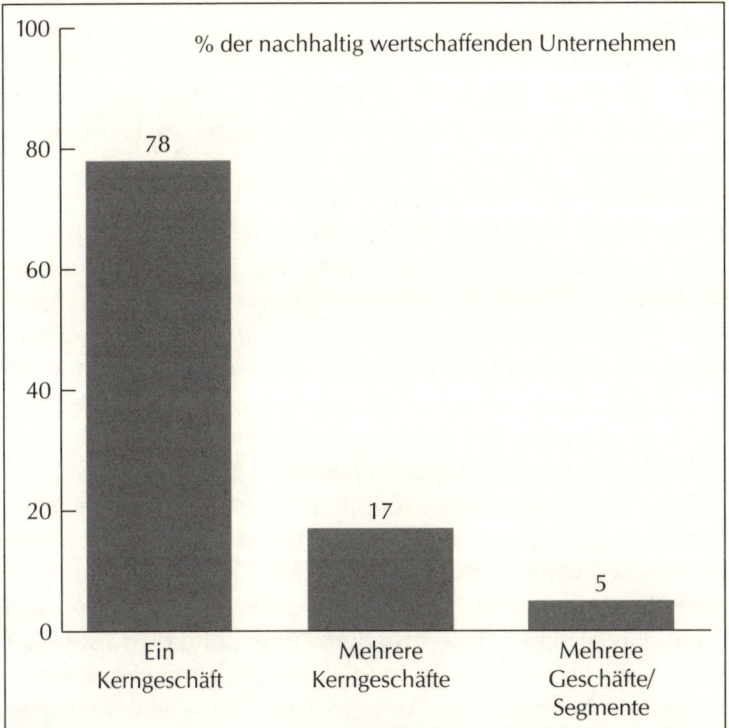

Abb. 2.1: Nachhaltige Wertschöpfer führen in ihren Kernbereichen

Quellen: Worldscope-Datenbank, OneSource, Branchenberichte, Bain-Analyse.

Bemerkungen: Kernbereich wird definiert als das Geschäft, das den Hauptteil des Umsatzes einer Firma ausmacht. *Dominanz* ist definiert als relativer Marktanteil >1,2.

Weitere 17 Prozent der nachhaltig wertschöpfenden Unternehmen verfügen über mehrere Geschäftsbereiche, in denen sie eine marktführende Position innehaben und aus denen sie ihr Wachstum generieren. Mischkonzerne oder stark diversifizierte Unternehmen sind unter nachhaltigen Wertschöpfern nur mit fünf Prozent vertreten, dagegen mit 21 Prozent unter nicht nachhaltigen Wertschöpfern. Das berühmteste Beispiel für ein erfolgreiches Unternehmen mit hohem Grad an Diversifikation ist General Electric – ein Konglomerat dominierender Geschäftseinheiten. Doch mit seinen Erfolgen der letzten Jahrzehnte beziehungsweise im letzten Jahrhundert steht General Electric unter den Mischkonzernen praktisch allein auf weiter Flur. Allerdings erzielte auch GE den Großteil seiner Wertschöpfung in den letzten Jahren in nur einem Geschäftsbereich – GE Capital.

Vergleicht man diese Zahlen mit den DAX-Unternehmen in Deutschland, so fällt auf, dass auch hier die Mehrzahl entweder in einem Kerngeschäft (50 %) oder zwei separaten Kerngeschäften (30 %) tätig ist. Bei genauerer Betrachtung der Unternehmen mit mehreren Kernbereichen, wie BASF oder Preussag, lässt sich ein Trend zu verstärkter Fokussierung auf nur ein Kerngeschäft identifizieren: Im Falle von BASF ist das die Betonung der Chemie, bei Preussag sehen wir den Wechsel vom Industriegeschäft mit Stahlprodukten hin zum Tourismus.

Viele der nachhaltigen Wertschöpfer, die wir untersucht haben, folgten einem wiederkehrenden Schema: Eine eng fokussierte, nachhaltig wertschöpfende Firma überflügelt nach und nach ihre Konkurrenz, die an ein diversifiziertes Unternehmen ohne klaren Fokus oder Kern gebunden ist. Beispielsweise bleibt Pepsi – bis zu seiner jüngst erfolgten Aufspaltung ein Lebensmittel-Mischkonzern – im Softdrink-Geschäft regelmäßig hinter dem stärker fokussierten Konkurrenten Coca-Cola zurück. Anheuser-Busch führt unangefochten im amerikanischen Brauereiwesen – gefolgt von Miller Breweries, die einem Lebensmittel-Verpackungskonzern gehört. Motorola und Ericsson, beides Unternehmen mit vielen separaten Bereichen, hinken beim Mobiltelefongeschäft hinter Nokia her. Hewlett-Packard, bis zur jüngst erfolgten Ausgliederung ein Technologie-Mischkonzern, rangiert hinter der manisch auf PC-Hardwareproduktion fixierten Firma Dell. IBM und zahlreiche andere Technologiekonzerne müssen im Bereich der Datenspeichersysteme der EMC^2 Corporation den Vortritt überlassen.

Fast scheint es, als wohne den meisten Wachstumsstrategien eine unbekannte, zerstörerische Kraft inne, die Unternehmen dazu zwingt, sich auf ihre Kerngeschäfte zu beschränken und dadurch die Quellen ihrer tatsächlichen Differenzierung gegenüber der Konkurrenz außer Acht zu lassen. Stellen wir uns einmal die folgenden Fragen: Wieso ist Sears in Finanzdienstleistungen eingestiegen, als das einst dominierende Handelsgeschäft auseinander bröckelte? Weshalb hat General Motors, als die Automobilproduktion unter Druck geriet, Electronic Data Systems (EDS) aufgekauft? Warum investierte die Computerfirma Compaq in den Kauf von Digital Equipment Corporation, als das Hauptgeschäft mit PCs und Servern vom weltweit schärfsten Konkurrenten attackiert wurde? All diese Unternehmen werden von klugen Leuten geleitet. Sie müssten doch mit dem empirischen Befund vertraut sein, der eindeutig für die Wettbewerbsstärke durch geschäftliche Fokussierung sowie für die Logik spricht, Rivalen durch Investitionen im Kernbereich auszustechen. Was also war geschehen?

Belege aus dem Private-Equity-Bereich

Eindrucksvolle Belege für den strategischen Wert einer Konzentration auf starke Kernbereiche liefern Unternehmen, die sich von verwaisten Töchtern großer Mischkonzerne zu eigenständigen Unternehmen mausern, deren Kernbereich allein sie selbst sind. Kein Wunder, dass Private-Equity-Gesellschaften mit Vorliebe die nicht schwerpunktbezogenen Geschäfte der Mischkonzerne aufkaufen.

Nehmen wir den Fall Accuride. Accuride lieferte Felgen und Radnaben für LKWs an Hersteller wie Ford, Volvo, General Motors, MAC und Freightliner. Unter dem Dach des früheren Eigentümers Firestone Tire & Rubber war Accuride ein Waisenkind. Der Geschäftsbereich konnte nicht im Entferntesten mit den Reifen- oder Gummigeschäftseinheiten im Firestone-Kernbereich mithalten. Eigenartig war auch, dass Accuride gegen eine Vielzahl anderer Unternehmen konkurrierte wie Goodyear und Budd, für die das Metall verarbeitende Felgen- und Radnabengeschäft ebenso sekundär war. Konnte dieses kernbereichsfremde Geschäft jemandem, der bei Accuride investierte und anders mit ihm umging, eine Wachstumschance bieten? Bei Bain Capital war man überzeugt davon und griff zu.

Der Kauf durch Bain Capital änderte die Perspektive bei Accuride: Schluss mit den Etatkürzungen, der Vernachlässigung des Managements und der Außenseiterrolle, die dem Geschäftsbereich bei Firestone anhaftete. »Ab jetzt«, kommentiert Mitt Romney, Managing Director bei Bain Capital, »hieß es: Werde groß oder stirb!«[1] Accurides Führungskräfte betrachteten den Markt und seine Spielregeln aus neuer Perspektive. Ihre These lautete: Falls man es schaffen würde, bei mehreren Großkunden dem 100-Prozent-Lieferanteil nahe zu kommen, so könnte die Dynamik der Branche zugunsten ihres Unternehmens ausschlagen und ihnen langfristig den Löwenanteil der in dieser Branche erzielten Profite sichern. Das wiederum würde Goodyear und Budd davon abbringen, viel Geld in ein Marktsegment zu stecken, das beim besten Willen nicht ihr Kerngeschäft war. Im Grunde verkörpert schon der Investitionsverzicht eines Konkurrenten ein willkommenes Ergebnis jeder Strategie.

Um ihr Ziel zu erreichen, stockten die Accuride-Manager zunächst ihre Kapazitäten im Niedrigkostenbereich auf und boten in erster Linie Rabatte und bessere Konditionen, mit denen die Konkurrenz nicht gleichziehen konnte. Romney fährt fort: »Goodyear reagierte zu langsam und beschloss, klein beizugeben. Masco war schockiert und stoppte den Bau von Fabrikanlagen. Ich erinnere mich noch, wie ich an einem Wintertag auf dem verlassenen Gelände mit Bauruinen und schneebedecktem Maschinenpark herumspaziert bin. Budd eröffnete ein Werk in Mexiko. Doch damit hatte es sich auch: Das Spiel war gelaufen.«

Nirgendwo wird der Sinn einer Fokussierung so deutlich wie beim Überlebenskampf einer Einzelproduktfirma gegen weniger konzentrierte Wettbewerber unter dem Dach großer Mischkonzerne mit ihren im Konflikt zueinander stehenden Planzielen sowie der existierenden Quersubventionierung. Accuride erlebte, wie sein relativer Marktanteil steil nach oben tendierte, der absolute Anteil sich verdoppelte und die Profitabilität in kaum zwei Jahren um 66 Prozent stieg. Der Weitblick hinsichtlich eines vernachlässigten Kerngeschäfts, das gegen andere Kernbereiche konkurrieren muss, hat Bain Capital fast den 20fachen Ertrag der ursprünglich investierten Summe eingebracht.

In dieser Erfolgsstory sind die beim Konzentrieren auf den Kern freigesetzten Kräfte als entscheidende Faktoren erkennbar. Obwohl es in der Wirtschaft keine kontrollierbaren Experimente gibt, weil zu viele ökonomische Faktoren einbezogen werden müssten, gibt es doch manche mit Accuride vergleichbare Fälle. Sie unterstreichen die aus der intensiven Konzentration auf einen einzigen Geschäftsbereich resultierende Stärkung des Kerns, die beim Aufkauf von Konkurrenten, bei wachsenden Investitionen in den profitablen Kern und durch aggressivere Strategien positiv zu Buche schlägt. Wie die Geschichte spekulativer Aufkäufe und die Chroniken von Private-Equity-Firmen zeigen, glückten die erfolgreichsten Investments gerade bei mangelhaft geführten, nicht kernbezogenen Geschäften (mit durchaus profitablem Schwerpunkt), die ein neuer Eigentümer erwarb und erfolgreich wiederbelebte.

Belege bei Ausgliederungen (Spin-offs)

Die Erfahrungen, die Unternehmen beim Aufspalten oder Ausgliedern von Geschäftsbereichen in Form börsennotierter Tochterunternehmen machen, belegen ebenfalls, welche Kräfte eine Konzentration freisetzt. David Sadtler, Andrew Campbell und Richard Koch haben untersucht, welche Effekte Spin-offs haben, und stellten fest, dass sie die relative Wettbewerbsposition der Unternehmen am Aktienmarkt um durchschnittlich 15 Prozent verbessern.[2] In einer anderen Studie wurden mehr als 100 Unternehmen befragt, die Ausgliederungen vorgenommen hatten. Dabei fand der New Yorker Analyst Steven Bregman heraus, dass die Spin-offs von 1991 bis 1996 eine jährliche Ertragsrate von 37,2 Prozent einbrachten, verglichen mit den

Zuwächsen von nur 17,5 Prozent, die der Standard-&-Poor-Index im selben Zeitraum erlebte.[3]

Im Falle von Siemens lassen sich die Effekte von Spin-offs besonders eindrucksvoll nachzeichnen. Im Juli 1999 wurde der Siemens-Konzern mit 46 Milliarden Euro bewertet. Nur ein Jahr später, im Juni 2000, nachdem Siemens Epcos und Infineon an die Börse gebracht hatte, betrug der kombinierte Wert über 152 Milliarden Euro, also mehr als das Dreifache. Nach der zuerst durchgeführten Ausgliederung von Epcos stieg die Bewertung des nun schärfer gefassten Kerns von Siemens von 46 auf 59,5 Milliarden Euro im Zeitraum Oktober bis November 1999 an. Ein Zuwachs von knapp 30 Prozent. Das Konglomerat gewann nicht nur an Profil, sondern streifte einen Teil des Bewertungsabschlags an der Börse durch die Ausgliederung einer Division ab.

Auch PepsiCo ist ein Beispiel für den positiven Spin-off-Effekt. In den letzten 20 Jahren rangierte das Unternehmen weit abgeschlagen hinter Coca-Cola, auch wenn Pepsi sich redlich schlug und seinen Aktionären insgesamt 23 Prozent Gewinn bescherte. Schlimmer war, dass Pepsis Fast-Food-Restaurantgeschäft nachließ und hinter McDonald's, einen anderen fokussierten Konkurrenten, zurückfiel. 1997 gliederte Pepsi seine mit 14 Milliarden US-Dollar bewerteten Restaurantketten Taco Bell, Kentucky Fried Chicken und Pizza Hut aus.

Kenner des Unternehmens waren davon überzeugt, das Restaurantgeschäft beeinträchtige das Softdrinkgeschäft negativ, und umgekehrt mangele es den kernbereichsfremden Restaurants wegen des Softdrinkgeschäfts an Konzentration. Das *Wall Street Journal* unterstellte gar einen ökonomischen Wertverlust allein durch die Kombination:

»Manche Analysten wenden ein, dass Pepsi im profitablen Softdrinkgeschäft – dem Verkauf des notwendigen Konzentrats an Restaurants für deren Softdrinkanlagen – weit hinter Coke liegt, weil Pepsi selbst über Fast-Food-Ketten verfügt. Die Coca-Cola-Vertreter erklären den Restaurantinhabern, dass sie mit jeder Pepsi, die sie anbieten, ihre eigenen Konkurrenten Taco Bell und Pizza Hut finanzieren.«[4]

Das Management räumte gegenüber den Investoren ein, dass der Betrieb der Restaurantketten zu zeitraubend und ablenkend sei, um sich auf das Kerngeschäft zu konzentrieren. Geschäftsführer Roger Enrico gestand, dass »eine stärkere Fokussierung ausgesprochen heilsam wäre«.[5]

Ein Zeitungsartikel von damals charakterisierte das Restaurantgeschäft als »Anker, der am Grund des Ozeans den Sand pflügt«.[6] Die Ausgliederung brachte schließlich sowohl den ursprünglichen Kernbereich als auch die Neugründung Tricon Global Restaurants in die Erfolgszone. Die letztgenannte Firma überholte eine Restaurant-Vergleichsgruppe um den Faktor 2.

Belege aus Diversifikationsstudien

Weitere Belege für die Macht eines starken, eigenen Kernbereichs entnehmen wir Arbeiten über den Einfluss von Diversifikation (das Gegenteil der Konzentration auf einen Kern) auf den Shareholder Value.

Die wohl gründlichste Studie hierzu hat Constantinos Markides vorgelegt, der Ausmaß und Wirkung unternehmerischer Refokussierung in den achtziger Jahren des 20. Jahrhunderts untersuchte. Er definierte *Refokussierung* als unternehmerische Entscheidung, die Bandbreite der Aktivitäten einzuschränken, um sich auf Geschäfte im »Kern« zu konzentrieren (das heißt, den Grad der Diversifikation abzusenken). Er stellte in seiner Untersuchung heraus, dass in den achtziger Jahren mehr Unternehmen refokussierten als es in den Sechzigern der Fall gewesen war. In den sechziger Jahren entschloss sich nur ein Prozent der führenden US-Konzerne zur Refokussierung, während 25 Prozent diversifizierten. In den achtziger Jahren wandten sich über 20 Prozent dieser Unternehmen dem Kerngeschäft zu, während nur acht Prozent diversifizierten. Überdies zeigt die Studie, dass eine Refokussierung durch Ausgliederung kernbereichsfremder Geschäfte und Aufkauf verwandter Betriebe erfolgte. Über 65 Prozent der Aufkäufe durch die 100 führenden US-Konzerne zwischen 1981 und 1987 waren mit dem Kerngeschäft verwandt, während nahezu 58 Prozent der Ausgliederungen nichts mit dem Kerngeschäft zu tun hatten. Markides stellte außerdem fest, dass die Reduzierung der Diversifikation den Marktwert steigerte. Kündigte eine Firma die Refokussierung an, so kletterte der Marktwert noch am selben Tag um fast zwei Prozent.[7] Auch Michael Porter stellte in einem Aufsatz in der *Harvard Business Review* 1987 den Beitrag der Diversifikation zur unternehmerischen Leistung auf den Prüfstand. Die Analyse der Diversifikationsgeschichte von 33 großen US-Unternehmen zwischen 1950 und 1989 ergab ein trübes Bild: Tatsächlich hatten die Konzerne im Durchschnitt mehr als die Hälfte ihrer Unternehmensübernahmen und über 60 Prozent ihrer Erwerbungen in völlig neuen Bereichen wieder abgestoßen. Bei branchenfremden Aufkäufen war die Ausgliederungsrate mit 75 Prozent sogar noch höher.[8]

Belege bei schrumpfenden Wertschöpfern

Ein abschließender Beleg für den positiven Effekt der Konzentration auf einen profitablen Kern entstammt der Analyse der raren und flüchtigen Gruppe von schrumpfenden Wertschöpfern. Es handelt sich nur um wenige Unternehmen (nur drei bis vier Prozent unserer nachhaltigen Wertschöpfer), deren (reale) Umsätze in unserem Erhebungszeitraum bei gleichbleibend positiver Wertschöpfungsrate gesunken ist. 85 Prozent der schrumpfenden Wertschöpfer in unserer Stichprobe folgten ein und demselben Schema: Die Unternehmen schrumpften bis auf eine Teilmenge von Geschäften, angesiedelt um den ursprünglichen Kern. Als Beispiel kann Sears dienen, wo man sich entschloss, die Finanzgeschäfte auszugliedern und den Schwerpunkt im Einzelhandel wiederzubeleben.

Bei den schrumpfenden Wertschöpfern fällt besonders auf, dass die Strategie des Gesundschrumpfens dazu führte, das Kerngeschäft wieder in den angestammten Mittelpunkt zu rücken. Nehmen wir nur die irische Brauerei Guinness, die auf das Jahr 1759 zurückgeht, als der 34-jährige Arthur Guinness bei St. James Gate am Stadtrand von Dublin eine kleine, aufge-

54

gebene Brauerei pachtete (für jährlich 45 Pfund bei einer Laufzeit von 9000 Jahren). 1886 ging Guinness als erste Brauerei-AG an die Londoner Effektenbörse und wurde bald darauf zum weltweit größten Bierhersteller.

Nach dem Zweiten Weltkrieg begann die Guinness-Familie in großem Maßstab zu diversifizieren und kaufte sich in nicht weniger als 250 andere Unternehmen ein. Um 1980 war es vorbei mit dem Wachstum; Stout, das berühmte Dunkelbier von Guinness, kämpfte mit einer ernstlich ausgedünnten Kapitaldecke. Die einzige Hoffnung, die dem Unternehmen noch blieb, war der Rückzug in den Kernbereich. Jetzt startete man ein Ausgliederungsprogramm und verkaufte in weniger als anderthalb Jahren über 150 Tochterunternehmen. Das freigesetzte Kapital reinvestierte man ins Biergeschäft: Automatisierung, Entwicklung neuer Produkte, Aufwertung der Marke und Ausdehnung auf internationale Märkte. In den darauf folgenden acht Jahren stieg der Aktienkurs des Unternehmens um das 1000fache an! Nur gut, dass sich Guiness rechtzeitig auf seinen Kern zurückbesonnen hatte.

Ausnahmen vom starken Kern

Obwohl die Zahlen belegen, dass ein dominierender Marktanteil in einem abgegrenzten Kerngeschäft zu höherer Profitabilität führt, gilt dies in einigen Konstellationen nur bedingt.

Erstens erklärt es nicht den Erfolg, den viele starke Nachahmer verbuchen können, wie American Express gegenüber Visa bei Kreditkarten oder Canon gegenüber Xerox bei Kopierern. Dies zu verstehen erfordert eine gründlichere Beschäftigung mit der Frage, wie ein Unternehmen durch Marktmacht und -beeinflussung zu Wettbewerbsvorteilen gelangt, ohne zunächst über die Größenvorteile des Marktführers zu verfügen. Gerade das Internet bietet potenziellen Nachahmern immer mehr Möglichkeiten. Die Kapitalmärkte sorgen zunehmend für die nötige Finanzkraft, indem sie den Neulingen ein Vielfaches der tatsächlichen Produktivitätsrate als Finanzierungsmittel bereitstellen. Dass AOL imstande war, Time Warner aufzukaufen, ist gewiss das treffendste Beispiel für dieses Prinzip.

Zweitens unterstreichen unsere Zahlen zwar die Bedeutung relativer Marktanteile in wohldefinierten Branchen, doch gilt dies nicht für eine immer öfter anzutreffende unscharfe und fließende Branchenstruktur, die es äußerst schwer macht, Marktanteile und relevante Wettbewerber überhaupt zu bestimmen. Märkte müssen wir uns wie Kommunikationsmittel in der Wohnung vorstellen. Dort konkurrieren TV-Kabel mit Festnetztelefon mit Mobiltelefonie und so weiter. Es reicht nicht mehr, gegen eine Hand voll ähnlicher Wettbewerber in einer streng abgezirkelten traditionellen Arena anzutreten. Kein Industrieverband versorgt Sie mit den gesammelten und aufbereiteten Daten der Marktforschung, wie es in Branchen üblich war, die beispielsweise Stahl, Fabrikwerkzeuge und Schreibmaschinen herstellten. Heutzutage müsste ein vergleichbarer Industrieverband für jede dieser Produktgruppen mehrdeutige Grenzen haben – wenn es sie denn überhaupt gäbe.

Am Ende dieses Kapitels fassen wir die wichtigsten Voraussetzungen für die Ausbildung eines starken Kerns als Fundament einer Wachstumsstrategie zusammen. Für jede einzelne nennen wir Hilfsmittel und erörtern die gängigsten Fehlerquellen in den von uns studierten Fallbeispielen.

Die Branche definieren

Ausgangspunkt jeder Wachstumsstrategie ist eine klare Vorstellung von der Branchenstruktur und von der Definition Ihres Kerngeschäfts. Sind die Grenzen stabil oder fließend? Welche Geschäftsbereiche müssen unter allen Umständen verteidigt werden, welche tragen dagegen keinen strategischen Charakter? Welche Bereiche bilden in der Zukunft die Quelle des Unternehmensgewinns, welche schmälern ihn in der Gegenwart? Was ist der wahre Ursprung für Differenzierung sowie die Fähigkeit, Wettbewerber auszustechen? Welche Anforderungen werden etwaige Veränderungen der Branchenstruktur an Ihre Kernkompetenzen stellen, um auch künftig konkurrenzfähig zu agieren?

Die wohl größten Gefahren bei den von uns erforschten Unternehmen entstanden durch Fehler der Branchendefinition. Sie führten zu vorzeitigem Aufgeben des Kerngeschäfts und zu Misserfolgen bei Geschäften, denen man besser nicht nachgegangen wäre, weil diese den ursprünglichen Kernbereich schädigten.

Dell Computer, im Zeitraum 1990 bis 1999 eines der Top-Unternehmen in der Leistungstabelle der Großunternehmen, verabschiedete sich zwischenzeitlich vom Kerngeschäft und kehrte reumütig wieder zurück. Seit dem Börsengang von 1988 war Dell rasch gewachsen. 1993 beschloss man, aus dem Kerngeschäft, dem Direktverkauf von Computern, zu expandieren und ein Verkaufsprogramm zu lancieren, das auf Discount- und Großhändler zielte. Kurze Zeit später fing das Unternehmen an, rote Zahlen zu schreiben. Im dritten Quartal 1993 erwirtschaftete man einen Verlust von 37 Millionen bei einem Umsatz in Höhe von 600 Millionen US-Dollar. Michael Dell und sein Team führten das Problem auf die Distanzierung vom Kerngeschäft mit seinem »Direktverkaufsmodell« und den Versuch zurück, genau wie die Konkurrenz über den Einzelhandel zu verkaufen. Obwohl das Einzelhändlerprogramm damals nur zehn Prozent aller Dell-Geschäfte ausmachte, hatte es enorme Wirkung. Die Expansion dünnte den Kernbereich selbst aus, wie Michael Dell heute einräumt: »... wegen der Verwirrung, die sie in unsere Strategie brachte. Bei jeder größeren Geschäftsentscheidung im Kernbereich wurde darüber sinniert, wie sie sich auf den unprofitablen Einzelhändlerbereich des Geschäfts auswirkt. [...] Als wir das merkten, haben wir sofort einen Rückzieher gemacht. So schmerzlich und kostspielig es für uns auch war, es brachte für das Unternehmen die entscheidende Wende und hat uns vor der Katastrophe gerettet!«[9]

Zu Beginn der neunziger Jahre, als sich dieser Vorgang bei Dell abspielte, wurden im sich rasch wandelnden PC-Geschäft jährlich Wachstumsraten von 20 Prozent und mehr verzeichnet. Kein Wunder, dass schon die geringste Drehung am Lenkrad das rasende Dell-Fahrzeug vorübergehend an den Randstreifen führte, weshalb der Fahrer einen Riesenschreck bekam und wieder auf den Asphalt zurücksteuerte. Allerdings kann ein ähnliches Abdriften vom Kern auch in Branchen vorkommen, deren Umfeld bedeutend langsamer wächst. Gleich welcher Branche oder welchem Sektor Sie angehören, die Konzentration auf den Kern erfordert unablässige Sorgfalt.

Beispielhaft für nachhaltiges, profitables Wachstum, das sich aus der Refokussierung des Kerns ergibt, steht der Fall Hilti International. Hilti wurde 1941 von den Brüdern Martin und Eugen Hilti in Liechtenstein gegründet, um das von ihnen entwickelte DX-Bolzenschubwerkzeug zu vermarkten. Damit werden durch ein patentiertes Verfahren Metallbolzen in Beton oder Stahl gesetzt. Seitdem wuchs das Unternehmen auf fast 1,8 Milliarden US-Dollar Umsatz und gilt als Innovationsführer in der Befestigungs- und Abbautechnik.

Zu Beginn der neunziger Jahre durchlebte Hilti eine ausgedehnte Phase der Stagnation – in einer Branche, die per se weniger als ein Prozent Wachstum verzeichnet. Das Unternehmen reagierte, indem es seine Produktpalette deutlich durch die Aufnahme von Ergänzungsprodukten verbreiterte, die zu den Anwendungsketten in den einzelnen Branchen passten wie Silikondichtmassen, Bauschäume, Schrauben und Zubehör im Sanitär- und Elektrobereich. Die Verkaufsorganisationen wurden primär nach Umsatz incentiviert, was dazu führte, dass vor allem diese Low-Margin-Produkte aggressiv verkauft wurden. Dies ließ das Umsatzwachstum auf sieben Prozent ansteigen, führte aber auch, weil mehr und mehr die profitablen Kernprodukte vernachlässigt wurden, zu einer Reduktion der Gewinnmargen.

Das Führungsteam erkannte die Problematik und hielt die Zeit für gekommen, die Wachstumsstrategie grundsätzlich zu überdenken. Bei der Überprüfung sämtlicher Kundensegmente und Produktlinien entdeckte das Management, dass viele Produkte im »Commodity-Bereich« unter Vollkosten-Gesichtspunkten mit dem bestehenden Vertriebsansatz nicht profitabel zu vertreiben waren oder Randsortimente blieben. Das Unternehmen hatte sich in diesen Jahren von seinen Kernfähigkeiten, der Konzentration auf innovative Produkte und Serviceleistungen, die den Kundenmehrwert erzeugen, zum Teil entfernt. Tatsächlich identifizierte eine Studie der Universität Aachen während dieser Phase Hilti als einen der innovativsten Hersteller Mitteleuropas. Beispielsweise hatte Hilti den ersten Bohrhammer mit Staubabsaugung entwickelt, mit dem ein Maurer arbeiten kann, ohne ein Staubkorn auf dem Boden zu hinterlassen. Auf Initiative ihres Vorstandsvorsitzenden, Dr. Pius Baschera, konzentrierte sich Hilti wieder auf den Kernbereich. Die neue Strategie des Unternehmens nannte Baschera Champion 3 K (Kunde, Kompetenz und Konzentration). Daraus resultierten verstärkte Investitionen in die Produktentwicklung aufbauend auf vertieftem Anwendungs- und Applikationswissen und in noch stärkere Konzentration auf Produkte und Applikationen, bei denen Hilti für seine Kunden konkreten Mehrwert auf dem Bau generieren konnte – sowohl diffizile Anwendungen mit anspruchsvollen technischen Spezifikationen, aber auch insbesondere im Werkzeugbereich sichere, qualitativ hochwertige und leistungsfähigere Produkte. Der Holzbearbeitungsbereich wurde für Hilti neu mit Geräten erschlossen, die sich durch erhöhte Ergonomie und Funktionalität auszeichneten. Gleichzeitig drosselte Hilti das Engagement bei Randprodukten im Commodity-Bereich und verabschiedete sich von einigen Produktbereichen, wie Silikon-Dichtmassen, Schrauben und Schleifscheiben für Winkelschleifer. Das Umsatzwachstum seit Mitte der neunziger Jahre betrug durchschnittlich neun Prozent pro Jahr, die Gewinne stiegen um 14 Prozent pro Jahr, bei zunehmender geographischer Ausbreitung und beschleunigter technischer Produktentwicklung. Ein Beispiel für herausragende Innovationskraft ist der große Meißel- und Bohrhammer mit elektrischer Sicherheitsabschaltung bei zu großem Drehmoment – ein technischer Durchbruch für die Arbeitssicherheit des Anwenders.

Heute sucht das Unternehmen wieder nach neuen Wachstumsinitiativen. Aber diesmal wird man das Engagement um den Kernbereich technischer, hoch entwickelter Qualitätsprodukte gruppieren, die Hebelkraft des weltweiten technischen Vertriebs nutzen und die hochwertige Markenidentität schützen.

Die richtigen Grenzen ziehen

Ohne klaren Blick für die Geschäftsgrenzen wäre es schwierig, die eigene Wettbewerbsposition, die relative Bedeutung unterschiedlich positionierter Wettbewerber oder die strategische Bedeutung verschiedener Wachstumsoptionen einzuschätzen. Damit Sie die richtigen Entscheidungen treffen, ist es unabdingbar, den Kernbereich, die relevanten geschäftlichen Grenzsegmente rund um den Kern und das konkurrierende ökonomische Umfeld genau zu definieren. Ausschlaggebend für die strategische Verteilung von Angriff und Verteidigung an den Grenzen ist, inwieweit sich die angrenzenden Marktsegmente auf Ihren eigenen Schwerpunkt beziehen. Mapping – die Kartographie des Umfelds – sollte der Ausgangspunkt jeder betrieblichen Wachstumsstrategie sein.

Dort, wo Sie die stärkste Position hinsichtlich Kundentreue, Wettbewerbsvorteilen, einzigartigen Kompetenzen sowie der Fähigkeit zum Erwirtschaften von Gewinn innehaben, finden Sie den profitablen Kernbereich. Wenn Sie in Ihrem Kernbereich keine Gewinne erzielen, ist (mal von der Anfangsphase der Markterschließung und der Unternehmensgründung abgesehen) höchstwahrscheinlich etwas faul. Rings um den Kern liegen die bei einer Expansion viel versprechendsten angrenzenden Marktsegmente, wo die im Kernbereich erworbenen Kompetenzen umgesetzt werden oder wo Abwehrkämpfe nötig sind, um den Stamm Ihrer Kernbereichskunden zu verteidigen. Doch solche Kämpfe erfordern einen starken Kern, auf den Sie aufbauen können.

Aber, werden Sie fragen, sollten wir nicht Grenzen beseitigen, anstatt neue zu ziehen, wenn wir eine neue Strategie entwickeln? Müssten wir nicht aus unserem Glashaus heraus, statt uns hinter Definitionsfragen zu verschanzen? Nein. Eine missglückte Definition des Kerngeschäfts (ob durch Fehleinschätzung oder bloßen Schlendrian) verführt Sie dazu, in Bereiche zu investieren, wo sich profitables Wachstum kaum einstellen mag, oder Bereiche zu vernachlässigen, die einer Stärkung bedürfen. Das Geschäft akkurat zu definieren heißt, eine logische Hierarchie der Gebiete innerhalb ihres Kernbereichs und um ihn herum zu schaffen. Dies hilft Ihnen, klüger zu investieren, Investitionen jenseits der Geschäftsgrenzen zu stoppen sowie Ihren Marktanteil und Ihren Gewinn mit jenem der Wettbewerber zu vergleichen.

Betrachten Sie es als ein Tennisspiel: Nehmen wir an, zwei Spieler hegen unterschiedliche Meinungen von der Größe des Spielfelds, aber nur einer hat Recht. Derjenige mit der falschen Definition wird mit Sicherheit das Spiel verlieren. Entweder feuert er die Bälle über das Aufschlagfeld hinaus oder nicht weit genug, womit er seinem Gegner den Return erleichtert. Spielen sie im Doppel und sind die Paare uneins über die Grenzen des Spielfelds, wäre ein heilloses Durcheinander die Folge, und das Team würde sich rasch auflösen.

Denken Sie einmal über folgende aktuelle Entscheidungen zur Wachstumsstrategie nach, die von subtilen Fragen bei der Branchendefinition abhängen:

– Gehört Coca-Cola dem Cola-Geschäft, dem Softdrinkgeschäft, dem Geschäft mit alkoholfreien Getränken oder einer ganz anderen Branche an? Zahlreiche Beispiele belegen, dass Coca-Cola den Geschäftserfolg nach dem Anteil am allgemeinen Getränkeverzehr bemisst, nicht nach dem Anteil unter den Cola-Getränken. Diese Definition stärkt den Sinn für das Ausschöpfen des eigenen Potenzials und führte – verglichen mit anderen Wettbewerbern – zu einer kühneren Investmentstrategie (»I'd like to buy the world a Coke«).
– Marvel Enterprise hat Spiderman und andere Gestalten erfunden. Engagiert sich das Unternehmen nun im Comicgeschäft, im Superheldengeschäft, im Trickfilmgeschäft oder in der Kinder-Unterhaltungsbranche? Ganz gleich, wie die Antwort lautet: Sie wirkt sich erheblich auf das Management der Figuren aus. Jedenfalls hat sich Disney schon vor langer Zeit für die Unterhaltungsbranche entschieden.
– Umfasst die Geschäftsdefinition von Amazon logischerweise nur Bücher und EDV, oder erstreckt sie sich auf alle greifbaren Konsumgüter, Versandhandel im Internet, oder etwas anderes? Das Expansionsvorhaben des Unternehmens setzt auf

eine breite, widersprüchliche Definition der eigenen Zukunft. Was dabei herauskommt, wird sich zeigen. Hoffentlich lässt sich die Unternehmensführung dabei von einer soliden Definition des Geschäfts leiten.

– Definiert eine Firma, die Windschutzscheiben herstellt, ihr Geschäft zutreffend als Windschutzscheiben-Produktion? Oder sollte sie erwägen, Subsysteme einzubeziehen und ihr Aufgabenfeld auf das gesamte Drum und Dran der Windschutzscheibe oder des Seitenfensters ausdehnen? Die Zulieferindustrie macht gegenwärtig eine Phase ausgedehnter Konsolidierung durch. Zunehmend integrieren und fertigen die Unternehmen ganze Systeme wie Türen, Sitze oder elektronische Baugruppen und Subsysteme, indem sie entlang der Wertschöpfungskette expandieren. Hier kann die Geschäftsdefinition nicht nur eine offensive, sondern zugleich eine schützende Funktion einnehmen.

– Sind die neuen Internetbörsen wie beispielsweise e-STEEL im Aktiengeschäft, im Softwaregeschäft, in der Internet-Kommunikationsbranche oder als Spezialdienstleister (Finanzierung, Logistikmanagement) tätig – oder handelt es sich lediglich um Anbieter von Softwareprogrammen? Diese Fragen werden sich in den nächsten Jahren von selbst beantworten, doch gegenwärtig sind sie maßgeblich für die Formulierung einer Wachstumsstrategie, die das Management dieser vollkommen neuartigen Geschäftsmodelle vor manche Herausforderung stellt.

– Macht Nokia Geschäfte mit der Herstellung immer raffinierterer Handys, oder könnte sich der Schwerpunkt von Hardware zu Software und zu Dienstleistungen verlagern, die in das Telefon als Distributionsvehikel eingebaut sind? Da das Handygeschäft des Unternehmens allmählich abebbt, muss Nokia seine Geschäfte auf realistische und nachvollziehbare Weise neu definieren.

– Was muss CBS tun, um den einst nahezu marktbeherrschenden Kernbereich zu stärken? Soll sich der Anbieter auf die Produktion von Programminhalten konzentrieren? Den Kern ausdehnen und Dominanz im Kabel-TV-Geschäft anstreben? Die CBS-Nachrichtenkompetenz reaktivieren, um mit mehr

Energie gegen CNN anzutreten, wie NBC es mit seiner Tochter CNBC versucht hat? Oder sich andere Schachzüge überlegen? Ähnlich interessant wird es sein, ob RTL eine weitere Differenzierung seiner Senderfamilie vornehmen wird, um die Stellung in Europa auszubauen.

– Wie soll sich AT&T verhalten, wenn sich die Technologie der Sprachtelefonie ändert, wenn die Übermittlung von Daten exponentiell wächst und von der herkömmlichen Telefonleitung auf drahtlose, breitbandige oder private Netze und, allen voran, aufs Internet ausweicht? Was wird in diesem Fall aus der Geschäftsdefinition und dem Kernbereich bei AT&T?

Da jede Wachstumsstrategie auf einem starken Kerngeschäft gründet, muss man zwei Dinge definieren: das, was ein Kerngeschäft ist, und ebenso wichtig, was es nicht ist.

Unschärfe der Geschäftsabgrenzung

Ohne eine klare und präzise Vorstellung von den Grenzen des Kerngeschäfts und deren wahrscheinlicher zukünftiger Veränderung ist es sehr einfach, fatale Fehler in der Wachstumsstrategie zu machen. In dieser Studie warnen wir immer wieder davor, dass eine mangelhafte Definition des Geschäfts zu den häufigsten und gefährlichsten strategischen Irrtümern gehört. Allerdings sind die Geschäftsgrenzen heute schwieriger zu definieren und verschieben sich öfter denn je.[10]

Durch den Einsatz von Spezialisten für Outsourcing und Kundensegmentierung verringern sich unserer Erfahrung nach Umfang und Bandbreite der meisten Kerngeschäfte, die das Potenzial zu signifikanten Wettbewerbsvorteilen haben. Gleichzeitig dehnt sich die Umgebung jedes Kerngeschäfts, das für eine Strategie relevante so genannte »angrenzende Marktsegment«, mehr und mehr aus. Hinzu kommt, dass in ebendiesem Grenzsegment potenzielle Wettbewerber für Ihr aktuelles Kerngeschäft angesiedelt sind oder entstehen. Im Zusammenspiel von Kerngeschäft, angrenzenden Marktsegmenten und Wettbewerbsintensität wiederum liegt der Schlüssel für den künftigen »Profitpool« ihres Kerngeschäfts.

Hierfür ein paar Beispiele: Jahrelang war digitales Imaging, eine Technologie der Dokumentverwaltung, hart an der Grenze des Xerox-Fotokopierer-Kerngeschäfts. Erst als die Drucker immer leistungsstärker und schneller wurden und neue Textverarbeitungssysteme auf den Markt kamen, wurde die Digitalisierung von Bildern zur Gefahr und zum wichtigsten Treiber des künftigen Xerox-Profitpools. Oder nehmen wir die terrestrisch übertragenen Fernsehnachrichten, die in den USA über lange Zeit fest in der Hand dreier Sender waren, während das Kabelfernsehen ein Schattendasein führte. Heutzutage, mit der Dominanz des Kabels, verfügen die drei Sender über eine minimale Einschaltquote bei Nachrichtensendungen und über einen noch viel geringeren Anteil an der Gewinnspanne. Oder denken Sie an die Dynamik, die heutzutage in der Telekommunikationsindustrie vorherrscht. Wann werden die Geschäftsgrenzen der Festnetz- und Mobiltelefonie verschmelzen? Wann wird sich die Internettelefonie durchsetzen und beiden die Gewinne streitig machen?

Das sind nur drei Beispiele für große und zunehmend wichtige angrenzende Marktsegmente rings um ein fest umrissenes Kerngeschäft. Das Verschwimmen der Konturen und die Schaffung größerer Spielräume von strategischer Relevanz rund um den Kern unterliegen dem Einfluss einer ganzen Reihe von Trends, die vermutlich auch in absehbarer Zukunft anhalten werden:

- Outsourcing und die Desintegration herkömmlicher Wertschöpfungsketten,
- zunehmende Kunden-Mikrosegmentierung und neue, enger fokussierte Wettbewerber,
- zunehmender Wettbewerb zwischen völlig neuen Geschäftsmodellen statt ausschließlich zwischen Varianten desselben Modells,
- digitale Konvergenz, die die Konturen zwischen informationsverarbeitenden und digitalen Einzelbranchen verschwimmen lässt,

64

- Globalisierungstendenzen, die zur Aufweichung regionaler und geographischer Marktabgrenzung führen,
- zunehmend ausgeklügelte Supply-Chain-Strategien, die zu einer ebenso starken Konkurrenz zwischen diesen Wertschöpfungsketten wie zwischen einzelnen Unternehmen führen.

Das eigene Kerngeschäft definieren

Ihr eigenes Kerngeschäft definiert sich durch die besondere Kombination von Produkten, Kundensegmenten und Technologien, mit denen Sie sich den größten Wettbewerbsvorteil verschaffen. Die Grenzen zu definieren erfordert sowohl ein gutes Fingerspitzengefühl für geschäftliche Zusammenhänge als auch die Durchführung detaillierter quantitativer Analysen.

Zu den zentralen Voraussetzungen bei der Formulierung der richtigen Geschäftsdefinition gehört ein klares Verständnis jener Kernkunden und -produkte, von denen Sie den größten Beitrag zum Gewinn ihres Unternehmens erwarten, oder die in der Vergangenheit einen solchen Beitrag leisteten. Uns überrascht, wie oft Mitglieder von Managementteams bei Einzelgesprächen in der Einschätzung ihrer Kernbereichskunden und -produkte voneinander abweichen. Es fördert Ihr Verständnis des Kerns und den so wichtigen Konsens im Führungsteam, wenn Sie den Unternehmensgewinn genau analysieren und den Profitpool für das Kerngeschäft über alle Wettbewerber und Kundensegmente hinweg identifizieren können.

Haben Sie sich ein genaues Bild von der Wirtschaftlichkeit und Profitabilität der Kerngeschäftskunden und -produkte gemacht, können Sie anschließend sukzessive eins der vom Kernbereich her aufgefächerten Marktsegmente untersuchen. Sie bewegen sich dabei sozusagen in konzentrischen Kreisen um ihr Kerngeschäft herum, wobei es in komplexen Märkten insgesamt bis zu zehn oder mehr Segmente geben kann. Jedes muss verstanden und für Investition und Ressourceneinsatz priorisiert werden. Im Allgemeinen stellen wir fest, dass die wichtigsten strategischen Entscheidungen im Kern sowie in ein oder zwei angrenzenden Marktsegmenten getroffen werden.

Nehmen wir als Beispiel das PC-Geschäft mit Unternehmen wie Compaq, Dell, Siemens-Fujitsu, Gateway und anderen. Die folgenden unterschiedlichen wirtschaftlichen Aktivitäten beziehen sich allesamt auf Wachstum und Wettbewerb. Die sich daraus ergebenden Geschäftssegmente vom Kerngeschäft bis hinaus zum entferntesten Rand sind hier aufgelistet, soweit möglich, in dieser Reihenfolge:

1. Segmente innerhalb des Kerns (zum Beispiel PCs, die an Grundschüler in den USA verkauft werden),
2. der Kern selbst (der weltweite PC-Markt),
3. indirekte Wettbewerber im Computing (wie die an ein Netzwerk angeschlossenen »dummen« Terminals),
4. erweiterte PC-Produkte (wie kleinere Server und Workstations),
5. potenzielle künftige Konkurrenten (Netzwerk-Appliances und Handheld-Devices),
6. ergänzende Produkte anderer Geschäftsfelddefinitionen (Software, Internet-Serviceprovider),
7. Produktlinienerweiterungen (Zusatzspeicher),
8. Rückwärtsintegration in die Zulieferkette (Komponenten),
9. Vorwärtsintegration (Einzelhandel, Großhandel),
10. andere Geschäftsmodelle, die Möglichkeiten des Kosten-Sharings mit PC-Geschäften aufweisen.

Es versteht sich, dass Ressourcen größtenteils dafür aufgewandt werden sollten, den eigentlichen Kernbereich des PC-Geschäfts zu verteidigen und auszubauen, neue Wettbewerber in ihre Schranken zu weisen und ergänzende Produkte und Services zu entwickeln, um die Kundenbindung zu vertiefen. Dennoch wäre es verfrüht, eine Geschäftsdefinition vorzunehmen und eine Strategie zu entwickeln, ohne zuvor den gesamten Profit-pool der PC-Branche zu analysieren, auch hinsichtlich der Marktmacht der Zulieferer und Absatzkanäle. Zudem ist eine Bewertung von möglichen Technologiesprüngen innerhalb und vor allem außerhalb traditioneller Geschäftsgrenzen vorzunehmen. Spezifische Wettbewerber mögen, je nach eigener Stärke, ihren Kern leicht abgewandelt definieren. Dennoch gilt die Geschäftsdefinition für alle gleichermaßen, mit fortlaufend abnehmender Tendenz wie in obiger Liste (Punkte vier bis neun). Beispielsweise wird Apple das Zentrum seines Kerngeschäfts im Bereich um Anwendungen aus Bildung und Publishing definieren, wo das Unternehmen die bei weitem größten Marktanteile hält. Gateway wird den inneren Kern als Verkauf von PCs an Privatleute und Konsumenten definieren – im Gegensatz zum gewerblichen Geschäft, in dem das Unternehmen schwächer vertreten ist.

Einen Bereich als (zumindest vorübergehend) nicht zum Kern gehörend zu definieren, kann ebenso nützlich sein wie die Definition eines Bereichs als Kerngeschäft. Die Meidung einer Wettbewerbsarena hilft Ihnen, die Organisation auf die entscheidenden Wettbewerbsfaktoren und Stoßrichtungen zu fokussieren. Ohne eine solche Konzentration neigen Organisationen generell dazu, zusätzliche Geschäftsfelder und Prioritäten auszubilden. Von dieser häufig auch kostspieligen Tendenz sind besonders erfolgreiche Unternehmen betroffen, denen sich neben einem stabilen Kerngeschäft eine zunehmende Fülle von möglichen neuen Geschäftsfeldern eröffnet.

Den Kern zu definieren erfordert damit offenkundig eine Bestimmung dessen, was einerseits eindeutig irrelevant ist und was andererseits in eine Grauzone fällt, die sorgsam analysiert und durchdacht werden muss. Die wichtigsten Entscheidungsfragen, die in diesen Grauzonen oder an verschwommenen Geschäftsgrenzen beantwortet werden müssen, lauten wie folgt:

– Muss ich meine bestehende Geschäftsfelddefinition erweitern, um ein neues Segment oder eine neue Technologie einzubeziehen? Wird die Wettbewerbsdynamik in der Grauzone zu anderen Geschäften den Profitpool meines Kerngeschäfts beeinträchtigen? Wenn ja, wie? Und wie soll ich reagieren?
– Wäre einer der Konkurrenten, der mich derzeit nicht unmittelbar bedroht, dazu imstande, in meine Kernbereichs-Kundenbasis einzudringen? Wenn ja, was kann ich dagegen tun?

- Gibt es Fähigkeiten oder Kompetenzen, die mir heute fehlen, um die Dynamik in den angrenzenden Marktsegmenten meines Kerngeschäfts zu verstehen und folglich auch zu antizipieren?
- Sollte ich Partnerschaften oder Allianzen eingehen, um die Ertragskraft meines heutigen Kerngeschäfts abzusichern und zu stabilisieren?

Fast jedes Geschäft hat einen Kern sowie eine meist wachsende Anzahl von komplexen angrenzenden Marktsegmenten. Den Kernbereich zu definieren ist unabdingbar. Doch mindestens ebenso wichtig für langfristiges, nachhaltiges Wachstum ist es, Gebiete und Wettbewerber, die man vorübergehend für kernbereichsfremd hält, mit großer Sorgfalt zu beobachten. Wie die Beispiele und Analysen in diesem Buch zeigen, verkörpert gerade das Spannungsfeld zwischen der Aufrechterhaltung eines starken Kerngeschäfts und dem Eingehen auf Gefahren und Chancen in angrenzenden Marktsegmenten die zentrale Herausforderung einer Wachstumsstrategie.

Marktmacht und -beeinflussung durch Differenzierung

Erfolgreiche Differenzierung verhilft einem Unternehmen zu nachhaltiger Marktmacht, Einfluss auf Kunden oder Dominanz über Wettbewerber. In diesem Abschnitt erörtern wir die traditionelle Kennziffer, den relativen Marktanteil, und suchen alternative Quellen für Marktmacht und Einfluss, die nachhaltig wertschöpfende Unternehmen zu ihren Gunsten nutzen. Ein trotz fehlender Skalenerträge wachsendes Potenzial für die Erzielung einer einflussreichen Marktposition verleiht starken Nachahmern und Marktneulingen größeren strategischen Biss, als unsere Daten über stabile Branchen vermuten lassen. Dennoch gibt es eine Reihe von klaren Anforderungen für starke Nachfolgerschaft.

Traditionelle Indikatoren und Ursachen von Marktmacht

Wie unsere Daten zeigen, hatten zwischen 1988 und 1999 nahezu 75 Prozent der nachhaltig wachsenden Unternehmen die Marktführung in ihrem Kerngeschäft erreicht (gemessen als Verhältnis zwischen ihrem Marktanteil und dem des stärksten Konkurrenten). Obwohl man in letzter Zeit viel von »neuen Geschäftsmodellen« hört, ist der relative Marktanteil nach wie vor der wichtigste Indikator für Marktmacht. Eigentliche Ursache für diese Marktmacht stellen üblicherweise nicht die Skalenvorteile an sich dar. Solche Skalenvorteile entstehen durch andere Formen der Differenzierung, wie beispielsweise durch die Produktentwicklung oder die Kontrolle des Vertriebskanals. In mancher Hinsicht resultieren Skalenvorteile selbst aus fundamentalen Wettbewerbsvorteilen im Kernbereich. Nichtsdestotrotz haben drei Viertel der profitabelsten Unternehmen in ihrem jeweiligen Markt einen herausragenden relativen Marktanteil. Diese Differenzierung sorgt in den meisten Fällen auch für eine bessere Kostenposition und höhere Gewinne.

Bei einer Analyse von 180 Unternehmen quer durch 33 Branchen verglichen wir die Wertschaffung (als Differenz aus Profitabilität und Kapitalkosten) mit dem jeweiligen relativen Marktanteil. Wir stellten durchgehend fest, dass der durchschnittliche Ertrag von Unternehmen mit schwachem relativen Marktanteil (30 Prozent dessen, was der Hauptkonkurrent hält) 21,6 Punkte niedriger lag als der von Unternehmen, deren relativer Marktanteil doppelt so hoch wie der ihrer Hauptkonkurrenten ist. Obwohl der relative Marktanteil in neueren Wirtschaftspublikationen häufig kritisiert wird, weil er oft als einziges Kriterium für Marktmacht und -beeinflussung Verwendung findet, bleibt er gleichwohl aber für die meisten Branchen ein signifikanter Maßstab.

Selbst in Zeiten des Internetbusiness achten Unternehmen Tag für Tag intensiv auf die Entwicklung ihres relativen Marktanteils, auf die Faktoren, die sein Wachstum beschleunigen, und ihren relativen Anteil am Profitpool. Das gilt bei EMC? für verkaufte Speicherkapazität pro Anwendungssegment im Vergleich zu der Hauptkonkurrenz. Das gilt bei Dell Computer für neue PC-Einheiten, die je nach Typ und Land verkauft werden. Das gilt bei Microsoft für Softwareinstallation von Betriebssystemen gegenüber, sagen wir, Linux, ebenso wie bei SAP für R3 im Gegensatz zu Konkurrenzsoftware. Das gilt bei AOL für Abonnenten und für den Anteil an der Onlinenutzung. Und es gilt bei Charles Schwab, ConSors und Comdirect für die Erfassung des Online-Aktienhandels. Zum Teil liegt es daran, dass diese Indikatoren heutzutage die Werte auf dem Kapitalmarkt beeinflussen, aber auch daran, dass sie die realen Kosten und Umsätze determinieren.

Macht und Einfluss auf dem Markt entwickeln

Als wir nach Ursachen von Marktmacht bei 100 führenden kleinen Unternehmen und bei unserer Stichprobe der nachhaltigen Wertschöpfer suchten, entdeckten wir vier prinzipielle Wege, auf denen Unternehmen starke Marktpositionen, Einfluss in der Wettbewerbsarena eines Kerngeschäfts und damit Skalenvorteile entwickeln. Sie sind in Abbildung 2.2 dargestellt. All diese Methoden stehen grundsätzlich allen Unternehmen offen – sowohl den Nachahmern als auch den Marktführern. Ein Unternehmen, das seine Wachstumsstrategie entwickelt, sollte sich daher fragen, welche dieser Methoden seine Quelle für Marktmacht und -beeinflussung darstellen kann.

Kundenbindung
Die robusteste Form von Marktmacht resultiert aus dem Aufbau eines hohen und stabilen Niveaus der Kundenbindung innerhalb eines abgegrenzten Kundensegments. Eine Erhöhung der Kundenbindung um nur fünf Prozent bei den besten Kunden einer Kreditkartenfirma kann den Gewinn um 75 Prozent steigern. Dieses Wachstum resultiert aus der Steigerung des Gesamtwertes des einzelnen Kunden über seinen Lebenszyklus, und aus der Steigerung der Wachstumsrate durch Erhöhung der Kundentreue, das heißt Verminderung der Kundenabwanderungsrate. Weil eine Erhöhung der Kundenbindung das Wachstum davon abhält, aus den »Löchern im Eimerboden« abzuflie-

Kunden-basiert	Vertriebs-basiert	Produkt- oder Kompetenz-basiert	Kapital-basiert
– überragender Kundenservice und -beziehung (Kundenbindung) – hohe Wechselkosten – überlegene Informationen über Kundenverhalten/Bedürfnisse – auf neues Kundensegment ausgerichtetes Geschäftsmodell	– Dominanz im Vertriebskanal – Partnerschaft mit zentralen Spielern des Vertriebskanals – Beherrschung eines Kontrollpunkts	– niedrige Produktionskosten/Kostenführerschaft – einzigartige Produktmerkmale – echte Innovationen (nie da gewesene Produkte) – Patente – erheblicher Anteil an der Bedarfsdeckung eines Kunden (Share-of-Wallet)	– hohe Bewertung und dadurch Schaffung einer eigenen Akquisitionswährung – Verfügbarkeit von Kapital zwecks Verdrängung von Konkurrenten durch hohe Investitionen

Abb. 2.2: Wege zur Erlangung von Marktmacht und -beeinflussung

ßen, kann ein Unternehmen die Wachstumsrate um fünf oder zehn Prozent erhöhen, wenn sie einen dauerhaften Einmal-Zuwachs der Kundenloyalität erzielt. Nur wenige Verbesserungen im Geschäftsleben wirken sich derart eindrucksvoll auf das nachhaltige profitable Wachstum aus.

Kundentreue kann als Wettbewerbsvorteil in einem existierenden Kundensegment ausgebaut werden, wie bei USAA geschehen, einer Versicherung für aktive und ehemalige Militärangehörige. Auch Spezialangebote europäischer Versicherer, wie beispielsweise das Studentenpaket der Allianz, sollen dazu dienen, langfristig treue Kunden aufzubauen. USAA hat heute eine Kundenbindungsrate von über 98 Prozent in dem Zielkundensegment und verkauft an jeden der Kunden durchschnittlich 4,5 separate Produkte – eine fast unvergleichlich hohe Kundendurchdringung. USAA begleitet jeden Kunden über 23 Lebensstationen und hat seine Marketing- und Vertreterprogramme sorgfältig um diese besonders abschlussträchtigen Ereignisse gruppiert.[11] Die durch Kundenbindung erzeugte Marktmacht resultiert in diesen Beispielen aus den hohen Anbieter-Wechselkosten für einen Kunden in Verbindung mit einem erstklassigen Service und dem profunden Know-how des Unternehmens.

Eine andere Methode, Marktmacht und -beeinflussung aufzubauen, ergibt sich aus der Identifikation oder gar Schaffung eines völlig neuen Kundensegments. Hierbei ist es das Ziel, eine dominante Position im Bewusstsein von Konsumenten, insbesondere bei deren Erfahrungen mit einem Produkt oder einer Dienstleistung zu erreichen. Starbucks-Kaffee verzeichnete in den neunziger Jahren eine jährliche Wachstumsrate von 55 Prozent, während im gleichen Zeitraum der Kaffeeverbrauch nur um 1,3 Prozent stieg. Das Unternehmen versorgt acht Millionen Kunden pro Woche, die erstaunlicherweise durchschnittlich 18 Mal im Monat in Starbucks-Läden kommen. Es ist nicht unüblich, dass Kunden fünf bis zehn Kilometer fahren, um ihre Tasse Starbuck-Kaffee zu bekommen. Oberflächlich betrachtet könnte diese Kundentreue mühelos mit der toxischen Wirkung des kräftigen, wohlschmeckenden Gebräus erklärt werden. Doch starken Kaffee haben andere Anbieter auch im Angebot. Die Verlockung liegt vielmehr in der sorgfältig arrangierten Mischung von Produkt, Ambiente und der schier allgegenwärtigen Verfügbarkeit. Gewiss hätten manche andere Kaffeeröster, wie beispielsweise Nestlé, Ideen und Mittel genug, eine Kaffeehauskette ins Leben zu rufen, aber keiner hat seine Marktführerschaft dazu genutzt. Starbucks Marktmacht und -beeinflussung fußt heute auf Skalenvorteilen, aber diese Skalenvorteile standen keineswegs am Anfang der Entwicklung.

Bei einer Befragung von 2116 Onlineeinkäufern, die Kleidung, Lebensmittel, Elektro- und Haushaltsgeräte im Internet bestellen, zeigte sich, dass Loyalität und Kaufrate (Anteil Kaufkunden von Gesamtbesuchern der Website) die beiden wichtigsten Faktoren für den Erfolg von Websites sind.

Betrachtet man einen Ein-Jahreszeitraum, sind die beiden Elemente etwa gleich bestimmend. Die Simulation einer ökonomischen Langzeitstudie ergab allerdings, dass Kundentreue einen größeren Einfluss auf Langzeit-Kundenstamm und Weiterempfehlungsrate ausübt. Je länger Kunden bei einer Website einkaufen, desto mehr Geld geben sie aus. Bei Kleidung beispielsweise ist die fünfte Bestellung durchschnittlich 40 Prozent größer als die erste. Beim zehnten Mal bestellt ein Kunde 81 Prozent mehr als zu Beginn. Und was den Wettbewerb betrifft: Lebensmittelhändler, Modehäuser und Elektronik-Fachhändler, die einen Stamm loyaler Kunden mit hoher Wiederbestellquote haben, erreichen dadurch eindeutige Wettbewerbsvorteile.[12] In jedem Fall hat e-Treue im Internet noch größeren Einfluss als Offlinetreue im stationären Einzelhandel.

Aus diesem Grund haben etablierte Katalogfirmen wie Quelle oder Direktvertreiber wie Hilti in Form ihrer langfristig gewachsenen Kundschaft und Markentreue eine solide Basis für Erfolg im e-tailing. Um den Einfluss der Kundentreue zu verdeutlichen, muss man Folgendes in Rechnung stellen: Wir kategorisierten die Internetunternehmen nach dem Grad des finanziellen Erfolgs. Bei Internet-Modehäusern, die als leistungsstark bekannt sind, wie The Gap und Abercrombie & Fitch, lag die Kundenbindung fast 30 Punkte höher als bei weniger erfolgreichen Häusern. Hinzu kommt, dass leistungsstarke Unternehmen Weiterempfehlungsquoten von 30 bis 70 Prozent erzielen, im Vergleich zu den null bis zehn Prozent bei Modehäusern mit geringerem Zuspruch. Der gleichen Prüfung unterzogen wir den Online-Elektronikfachhandel, mit demselben Ergebnis. Stärkere Unternehmen wie Crutchfield wiesen Kundenbindungsraten von über 90 Prozent auf, während schwächere Anbieter wie buy.com rund zehn Prozent niedriger lagen. Spielen wir das wirtschaftliche Modell zweier Händler durch, von denen einer, sagen wir, 20 Prozentpunkte höher in der Kundenbindung liegt und der andere zehn Prozentpunkte höher bei den Weiterempfehlungen, so zeigt sich ein drastischer Unterschied in der Ertragskraft der Unternehmen. Das Ergebnis leuchtet ein: Die Loyalität eines homogenen und loyalen Kundensegments auszubauen ist fast immer wirtschaftlich sinnvoller als sich Breitenwirkung ohne Rücksicht auf Loyalität zu verschaffen. Seit unserer Umfrage müssen einige Unternehmen, deren Kundenbindung und Weiterempfehlungsrate im

Vergleich mit Wettbewerbern Schwächen aufwies, um ihre Marktpräsenz kämpfen. Als beispielsweise buy.com an die Börse ging, wurde die Aktie zum Preis von fast 30 US-Dollar gehandelt. Das war kurz nach unserer Umfrage. Im April 2001 betrug der Wert der Aktie gerade noch 0,25 US-Dollar.

Dominanz im Vertriebskanal

Die Dominanz eines neuen oder bereits existierenden Vertriebskanals für Produkte oder Dienstleistungen zu erreichen, ist die zweithäufigste Methode, Marktmacht und -beeinflussung zu gewinnen. Manchmal geschieht dies aus der Position des Nachahmers heraus. Das ist keine Erfindung unserer Tage. So entwickelte sich schon Venedig im 15. Jahrhundert von einem Fischerdorf zu einer der wohlhabendsten Städte Europas, indem es den See- und Handelsweg kontrollierte, auf dem Gewürze und Tee in den Westen gelangten.

Die Kontrolle des Vertriebskanals hat auch Dell (»Wachstumsaktie des Jahrzehnts« laut *Wall Street Journal)* geholfen, den Markt zu erobern und eine weltweit führende Stellung bei PCs und Workstations zu erreichen. Computer-Bauteile und sogar fertig montierte Rechner konnte man schon lange vor der Dell-Gründung über den Versand bestellen. Allerdings hat niemand das Potenzial des Direktvertriebs so klar erkannt wie Michael Dell. Dass er die Ware ausschließlich direkt verkaufte statt über Großhändler, Wiederverkäufer und Einzelhändler (so verkaufen Compaq und IBM ihre Computer), brachte handfeste ökonomische Vorteile: Niedrigere Kosten, weil zahlreiche Zwischenstufen und die Aufschläge von Mittlern umgangen wurden, niedrigere Lagerbestände, im Durchschnitt aktuellere (gewinnträchtigere) Komponenten, weil der Bestand sechs und nicht 60 Tage im Verteilsystem hängt, und ein Distributionssystem, das bezüglich Kosten und Kundenansprache für jedes Kundensegment maßgeschneidert werden kann. Das Geniale an der Einrichtung eines solchen Vertriebs lag nicht allein in den niedrigen Kosten, sondern auch im Potenzial für verbesserten Kundenservice und, wie es der Zufall wollte, in der Möglichkeit, ihn per Internet auf Volldampf zu bringen. Der natürliche, strukturelle Kostenvorteil, den dieser Direktkanal gegenüber der Konkurrenz verschaffte, betrug zehn bis 15 Prozent bei nur einem Zehntel der Lager- und Kapitalbindung. Heutzutage beträgt der Anteil der direkt verkauften Computer 35 Prozent, und bald könnten nahezu alle Rechner über den Direktkanal vertrieben werden. Andere Computeranbieter, wie Compaq, versuchten, das von Dell eingeführte Direktmodell nachzuahmen, bis jetzt nur mit bescheidenem Erfolg.

Das Internet verschafft vielen Unternehmen das Potenzial, sich in ihrer Branche durchzusetzen und über den neuen Kanal der Onlineverkäufe zu Marktmacht und -beeinflussung zu kommen. Charles Schwab bediente sich virtuos des Internets, um seine Firma von einem Nachahmer auf dem Markt der Finanz- und Anlageberatung für Privatkunden zu einem eindeutigen Marktführer zu machen. Nach unserer Schätzung hält Schwab einen relativen Marktanteil von drei im Online-Handelsvolumen und streicht gut 70 Prozent des Online-Profitpools ein. Und auch in Europa haben Anbieter und ausgegründete Tochterfirmen von etablierten Banken wie ConSors, Direkt Anlage Bank und Comdirect eine dominante Position.[13]

Buchstäblich in die Hunderte gehen die neuen Geschäftsmodelle für das Internet, bei denen der Onlinekanal für den Warenverkauf auf Fernbestellung (wie bei Amazon), den Informationsfluss (wie bei Yahoo!), den Kauf von Aktien (beispielsweise ConSors) sowie für das Hin und Her industrieller Transaktionen (wie bei e-STEEL) erobert wird. Alle stehen für den Versuch, sich Zugriff auf die entscheidenden Kontrollpunkte zu verschaffen, an denen die Onlinenutzer ihre Kaufentscheidungen treffen.

Differenzierung durch Produktentwicklung
Die Fähigkeit, sich durch eine exzellente Produktentwicklung zu differenzieren, ist in unserer Stichprobe der Wertschöpfer die seltenste Plattform für Marktmacht und -beeinflussung. Unsere Analyse der nachhaltigen Wertschöpfer deutet darauf hin, dass weniger als fünf Prozent in erster Linie dieser Methode folgten. Unternehmen, die über die Fähigkeit zur Entwicklung hochwertiger Produkte verfügen, sind allerdings oft imstande, in neue Märkte einzudringen und dort den etablierten Anbietern auf profitablem Wege Marktanteil abzuringen.

Die vielleicht beste und längste Erfolgsgeschichte beim Aufbau von Marktmacht durch existierende Produkte in neuen Märkten stellt die Sony Corporation dar. Sony ist heute ein 63-Milliarden-US-Dollar-Unternehmen, dessen Umsätze von 1996 bis 1999 um jährlich 13,9 Prozent gestiegen sind und dessen Gewinne sogar um eindrucksvolle 48,9 Prozent pro Jahr wuchsen. Seit seiner Gründung als Elektrogerätefirma im Jahr 1946 ist Sony durch eine Fülle innovativer Produkte ständig gewachsen. Die erste Etappe, die auf Mitgründer Masaru Ibuka zurückgeht, war die Erfindung des ersten Taschenradios in Japan. Dieser starke Geschäftskern blieb erhalten und wurde im Verlauf eines halben Jahrhunderts angepasst. Beispielsweise stieg Sony 1968 ins Geschäft mit Fernsehgeräten ein und wuchs mit seiner Trinitron-Serie, die besseren Empfang und gestochene Farbqualität bot, im Handumdrehen über die zunächst weit größere Konkurrenz hinaus. Heute sind Fernsehgeräte von Sony Industriestandard. Noch ein Beispiel: 1995 stieg Sony in das Geschäft mit Spielkonsolen ein, in dem Sega und Nintendo Marktführer waren. Heute ist Sony Marktführer auf diesem Gebiet und hat sich über 80 Prozent des Profitpools gesichert. Die nächste Generation der Playstation ist schon da. Der Zukunft stellt sich Sony mit der Einrichtung eines Entwicklungszentrums für Datenverarbeitung (ergänzend zum berühmten Sony Design Center mit 200 Designern in elf Studios weltweit), dessen Ansprüche über den Xerox-PARC hinausgehen. Hier wird erforscht, wie sich alle Sony-Produkte zu einem einzigen digitalen Netzwerk untereinander verknüpfen lassen. Das Geheimnis dieser bemerkenswerten Unternehmensgeschichte ist die Geschwindigkeit, mit der neue Produkte zur Marktreife gebracht werden, und dahinter steckt wiederum die zügige Entwicklung von Prototypen.[14]

Erschließung von Kapitalquellen
Die noch vor kurzem im Internet herrschende Kapitalmarkt-Manie verweist uns auf eine letzte, drastische Methode, Marktmacht und -beeinflussung zu erlangen: Man schafft sich (fast) unabhängig von Marktanteilen und Profitpool einen derart ho-

hen Marktwert, dass massive Investitionen und sogar Aufkäufe möglich werden. Und letztlich etablieren Unternehmen mithilfe dieses so genannten »Gründer«-Kapitals Marktmacht und -beeinflussung. Obwohl die Wirtschaftspresse viel darüber berichtet, entsteht auf diesem Weg mitnichten das meiste nachhaltige und profitable Wachstum. Dennoch mögen in einigen speziellen Wettbewerbsfeldern (zum Beispiel Telekommunikation) die Kapitalmärkte die Produktmärkte in ihrer Bedeutung überflügelt haben, wenn es darum geht, einen Nachahmer oder einen Innovator mit Macht und Einfluss auszustatten.

Selbst die Schlacht zwischen den Internet-Start-ups avanciert immer häufiger zu einem Wettrennen ums Geld. Critical Path und Mail.com bieten beide Provider- und E-Mail-Service an. Heute haben beide Einnahmen von rund einer Million US-Dollar und schreiben große Verluste. Doch damit sind die Ähnlichkeiten auch schon erschöpft. Auf dem Höhepunkt war Critical Path mit 3,2 Milliarden US-Dollar bewertet worden, Mail.com nur mit 370 Millionen. Nutzt Critical Path diesen Vorsprung in seiner Bewertung, so kann es durch Aufkäufe eine wesentlich größere Rolle in der Branche spielen, ähnlich wie bereits Healtheon/WebMD im Gesundheitswesen oder AOL beim Internetzugang beziehungsweise bei Internetinhalten durch die Fusion mit Time Warner.

Das volle Potenzial eines starken Kerns ausschöpfen

Unsere bisherige Argumentation lässt sich wie folgt zusammenfassen: Nur die wenigsten Unternehmen wachsen und schaffen nachhaltigen Wert, selbst über so kurze Phasen wie zehn Jahre hinweg. Diejenigen, denen es gelingt, konzentrieren sich in aller Regel auf ein oder allerhöchstens zwei starke Kerngeschäfte, in denen sie klare Marktführerschaft besitzen. Starke Nachahmer sind eher die Ausnahme und machen sich die ökonomischen Bedingungen zunutze, die üblicherweise nur den

Marktführern möglich ist. Die Ertragsverhältnisse und die Marktmacht bescheren den Unternehmen höhere Renditen, festeren Zugriff auf den erweiterten Profitpool der Branche und stärkere Kontrolle über investierbares Kapital in ihrem jeweiligen Wettbewerbsumfeld. Typisch für bekannte Fälle wie Coca-Cola, Anheuser-Busch, Intel, Microsoft, Vodafone/Mannesmann oder SAP ist, dass kontinuierliche Ertragsführerschaft erst zu einem überdurchschnittlichen Wachstum führt und daraufhin zu »traditioneller« Marktführerschaft durch Skalenvorteile. Beispielsweise wuchsen zwei Drittel unserer nachhaltigen Wertschöpfer rascher als der Durchschnitt ihrer jeweiligen Branche und gewannen dadurch Marktanteile. Tatsächlich kann unseren Erhebungen zufolge der durchschnittliche nachhaltige Wertschöpfer seinen Umsatz zweimal so schnell wie die Branche steigern, seinen Nettogewinn aber mehr als dreimal so schnell. Dabei stellt sich natürlich die Frage: Wie können die anderen Unternehmen, von denen die meisten doch als Nachahmer auftreten, überhaupt zu Marktmacht gelangen und die Größenvorteile der Marktführer kompensieren?

Wir glauben, dass die meisten Unternehmen über die nötigen Voraussetzungen verfügen oder einst verfügt haben, aber aus irgendeinem Grund das Potenzial ihres profitablen Kerns verkannten. Dieser Fehler führte dazu, dass nicht mehr genug in den Kern investiert, die Leistungsziele zu niedrig gehängt (das heißt das Unternehmen einem Defizit an Management ausgesetzt), oder Kernbereiche vorzeitig aufgegeben wurden, um nach vermeintlich fetteren Weiden in neuen Branchen Ausschau zu halten. Offenbar folgen Unternehmen einer innewohnenden Neigung, drei Aspekte des Kerns zu unterschätzen:

1. steigende Erträge aus der Marktführerschaft, was letztlich zu höheren Gewinnen führt,
2. hoher Einfluss auf investitionsfreudiges Kapital, der Wettbewerbsvorteile generiert,
3. wachsender Zugriff auf den erweiterten Branchen-Profitpool, der den Weg für Gewinnwachstum in benachbarten Branchen ebnet.

Steigende Erträge aus Marktführerschaft

Wie viel sollte mein Geschäft einbringen? Wo sollten Zielgrößen beziehungsweise Erwartungen des Managements für Gewinn und Rendite auf das eingesetzte Kapital angesiedelt sein? Diese maßgeblichen Fragen muss sich jeder CEO Jahr für Jahr stellen. Und viele beantworten sie falsch, weil sie das volle Potenzial ihres Kerngeschäfts und mögliche Ertragssteigerungen durch Investitionen in die Marktposition ihres Kerngeschäfts verkennen. Genau dadurch setzen Manager ihre Ziele zu niedrig, erreichen nur ungenügendes Wachstum, müssen zusehen, wie ihre Marktanteilschancen schwinden und geben Wettbewerbern Anreize, mehr zu investieren.

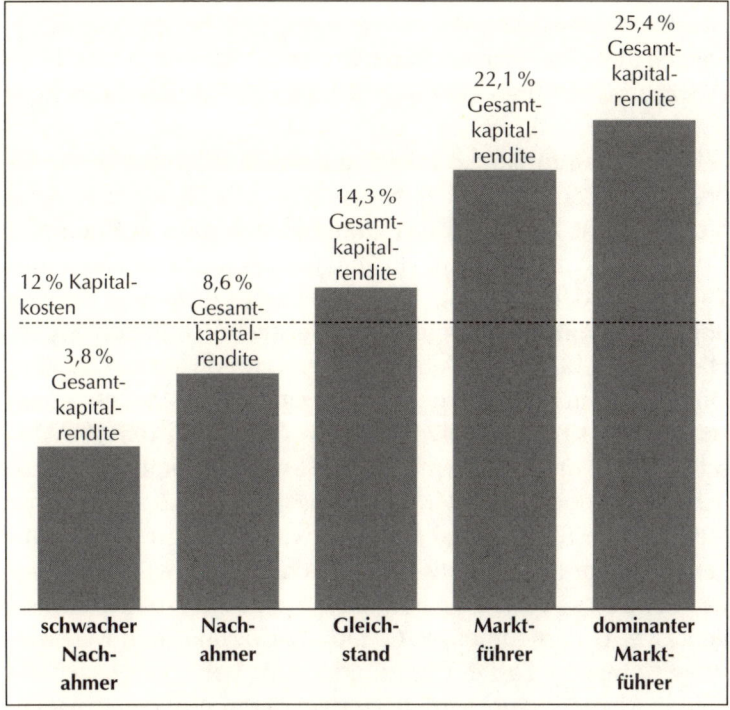

Abb. 2.3: Marktführerschaft treibt Erträge

Quelle: Daten von 185 Unternehmen in 33 Branchen. Berechnung der Erträge unter Berücksichtigung der Kerngeschäftsdefinition.

Aber wie stark sind die Ertragszuwächse im Kernbereich mit zunehmender Dominanz? Die Antworten fallen je nach Branche und Wettbewerbssituation unterschiedlich aus, aber es zeigt sich dennoch ein Muster. Gemäß unserer Befunde, die in Abbildung 2.3 zusammengefasst sind, erwirtschafteten jene Unternehmen, die bezüglich ihrer Marktposition ungefähr auf gleicher Höhe mit ihren Hauptwettbewerbern lagen, eine Gesamtkapitalrendite von 14,3 Prozent. Marktführer erreichten dagegen 22,1 Prozent, während die Gesamtkapitalrendite bei dominanten Marktführern auf eindrucksvolle 25,4 Prozent kletterte. Eine Untersuchung mit 104 Unternehmen aus Deutschland bestätigte diese Größenordnungen.

Der Gewinn eines Marktführers kann zehn bis 15 Punkte oder mehr über dem Branchendurchschnitt liegen, während er gleichzeitig seinen Marktanteil ausbaut. Dell beispielsweise erwirtschaftete 200 Prozent Kapitalrendite, während zugleich die Wachstumsrate drei- bis viermal höher lag als der Branchendurchschnitt.

Beispielhaft für jene, die eine außerordentlich starke Marktposition behaupten und zeitweise das volle Renditepotenzial nicht erkannt haben, ist das Unternehmen Dun & Bradstreet Credit Services. Die Wurzeln reichen bis in die Anfänge des 19. Jahrhunderts zurück, als Empfehlungsbriefe von Banken und prominenten Mitbürgern wie Geistlichen hilfreich waren, Händlern bei Geschäftsleuten größeren Kredit zu verschaffen. Das funktionierte in kleinen, lokal begrenzten Märkten, deren Teilnehmer sich persönlich kannten. Doch als die US-Wirtschaft sich entwickelte, reichte die Methode nicht mehr aus. Schlimmer noch, die Wirtschaftskrise von 1837 stürzte über 600 Kreditinstitute in den Bankrott, was die Angst der Gläubiger verstärkte und es notwendig machte, Kreditwürdigkeit auf verlässlichere Weise zu garantieren. Kurze Zeit später entstanden zwei Unternehmen, R. G. Dun & Co. und John M. Bradstreet Company. Fast ein Jahrhundert lang bekämpften sich die beiden Rivalen, wuchsen im Tandem heran und einer machte dem anderen die Profitabilität streitig, weshalb keiner langfristig die Nase vorn behielt. Als 1933 die Große Depression ein Ende fand, fusionierten beide, um dem zu erwartenden Ab-

schmelzen ihres Gewinns auf diese Art und Weise entgegenzu-
wirken.

Das war die Keimzelle der modernen Dun & Bradstreet Corporation. Die Fusion der beiden Marktführer erwies sich schon
bald als profitabel und florierte in den folgenden fünf Jahrzehnten. Um 1980 lag der Umsatz des Unternehmens bei 1,2 Milliarden US-Dollar, zu denen das Kreditgeschäft rund 500 Millionen US-Dollar beisteuerte. Anders als seine Teilbereiche zu
Beginn des Jahrhunderts hatte das Kreditgeschäft einen relativen Marktanteil, der über sechsmal so groß war wie der seines
nächsten Konkurrenten, erfreute sich einer Gewinnspanne von
11,2 Prozent und erwirtschaftete 56 Millionen US-Dollar Gewinn. Damit war es in der Spitzengruppe unter den US-Unternehmen platziert. Und doch sollte sich im Lauf des folgenden
Jahrzehnts zeigen, dass für dieses Geschäft noch immer nicht
das volle Potenzial ausgeschöpft war.

Unter neuer Geschäftsführung begutachtete das Unternehmen das Kreditgeschäft und stellte fest, dass das profitable Kerngeschäft eindeutig unterhalb des vollen Gewinn- und Wachs-
tumspotenzials agierte. In den folgenden Jahren reinvestierte das
Unternehmen verstärkt die erwirtschafteten Gewinne, stellte das
Geschäft auf Computer um und führte neue Marketingkonzepte
für die Datenbereitstellung ein, verbesserte die Datenqualität
und die Preispolitik und schuf einen Telefon- und Online-Ver-
triebsservice. Bis 1990 hatten sich die Verkäufe im Kreditgeschäft
auf fast eine Milliarde US-Dollar verdoppelt, die Gewinnspanne
war mit 28,2 Prozent nahezu auf das Dreifache gestiegen, die
Gewinne kletterten auf 269 Millionen US-Dollar. Bis 1997 hatte
das Unternehmen erneut Umsatz und Gewinn verdoppelt.

Das Besondere daran war nicht die richtige Strategie des
Unternehmens, sondern die Tatsache, dass in einem aus der
Zeit vor dem nordamerikanischen Bürgerkrieg stammenden
Kerngeschäft immer noch solche Gewinne zu erzielen sind.
Der Fall Dun & Bradstreet illustriert, welcher Wert in einem
starken Kern verborgen liegen kann. Zugleich bestätigt sie un-
sere klare, aber nicht unbedingt selbstverständliche Erkenntnis:
Je besser Ihr Geschäft läuft, desto eher laufen Sie Gefahr, dass es
sein volles Potenzial nicht ausschöpft.

Durch Investitionen Branchen beeinflussen

In einer Stichprobe von 20 Paarvergleichen konkurrierender Unternehmen untersuchten wir, inwieweit unsere nachhaltigen Wertschöpfer mehr als ihre Rivalen in ihr Kerngeschäft investieren. Als Investitionsrate bezeichnen wir die Summe der Investitionen in Anlagevermögen, Forschung und Entwicklung sowie Werbung im Verhältnis zum Umsatz. Die nachhaltigen Wertschöpfer investierten mit einer Rate von 15,3 Prozent fast doppelt so viel wie ihre Rivalen, die bei 8,7 Prozent lagen. Höhere Investitionen (im Vergleich zu den Wettbewerbern) stellen einen Grund dar, weshalb sich zwei Drittel der nachhaltigen Wertschöpfer in den zehn Jahren unseres Erhebungszeitraums mit signifikant höherer Wachstumsrate entwickelten als der Branchendurchschnitt. Interessanterweise stellen wir in unserer Beratungsarbeit für Großkonzerne immer wieder fest, dass die relative Investitionsrate kaum Beachtung findet. Dabei liefert sie eine Menge Informationen über die Zukunft einer Branche und ihre Wettbewerbsdynamik. Eine Strategie zu planen, ohne die Investitionsrate der Konkurrenz zu kennen und zu deuten heißt, Wettervorhersagen zu machen, ohne die Windgeschwindigkeit und Temperatur zu messen.

Betrachten wir den wohlbekannten Fall von Intel unter dem Gesichtspunkt der traditionellen Kernfokussierung und der relativen Reinvestitionsrate. 1980 war Intel gemessen am Marktwert kleiner als Advanced Micro Device oder National Semiconductor. Heute vertreibt das Unternehmen vierteljährlich rund 20 Millionen Chipeinheiten, während es seine Rivalen zusammen auf höchstens ein bis zwei Millionen bringen: Eine totale Umkehrung der strategischen Verhältnisse. Intels Marktwert ist mehr als 13mal so groß wie der gemeinsame von AMD und National Semiconductor. Seit 1984 mussten beide Wettbewerber den Aufstieg und rasanten Absturz ihrer Aktienkurse erleben.

Zu dieser Geschichte gehört auch, dass Intel in den vergangenen 18 Jahren den strategischen Fokus immer enger fasste und zugleich eine umsichtige Investitionsstrategie verfolgte. Obwohl Intel 1984 mit derselben Rate reinvestierte wie die

Konkurrenz, konzentrierten sich die Investitionen auf immer kleinere Bereiche (darunter Speicher, Chip-Sätze, integrierte Logik-Schaltungen sowie Logik-Chips). Überdies steckte Intel jede Menge Geld in neue, kostengünstig produzierende Anlagen und neue Produkte (wie die 486er-Chip-Familie). In der Phase zwischen 1992 und 2000 wuchsen die jährlichen Durchschnittsinvestitionen von 300 Millionen auf über sieben Milliarden US-Dollar an. Im Gegensatz dazu stagnierten bei AMD und National Semiconductor die Investitionen zwischen 500 Millionen und einer Milliarde im Jahr.

Im Rückblick bemerkte ein ehemaliger Intel-Direktor, den wir interviewten:

Während der frühen neunziger Jahre wollten die meisten Halbleiterunternehmen allen alles bieten. Wir haben uns damals für einen anderen Kurs entschieden, sind aus dem Speichergeschäft ausgestiegen und konzentrierten unsere gesamten Kräfte darauf, Digital-Logik-Chips für den PC zu entwickeln.»Es muss das Mutterschiff voranbringen«, lautete das oberste Prinzip unserer Investitionen, und damit war das Geschäft mit Mikroprozessoren gemeint, für nichts anderes gab es Geld. In den folgenden 15 Jahren haben wir, verglichen mit der Konkurrenz, das Investitionsniveau immer höher getrieben, während wir uns zugleich immer weiter fokussierten und auf jede Diversifikation verzichteten, die nicht eindeutig das Kerngeschäft stärkte.[15]

Die Investmentberater von Motley Fool erklärten hierzu kürzlich:

Wenn man die Schlacht zwischen Intel und AMD [Advanced Micro Devices] verfolgt, kommt es einem vor, als sähe man die Harlem Globetrotters gegen die Washington Generals antreten. Die Globetrotters (Intel) brauchten die Generals (AMD), um überhaupt spielen zu können – und Antitrust-Befürchtungen einzudämmen. Die Globetrotters hätten womöglich sogar das eine oder andere Match sausen lassen können, trotzdem dürfte kaum jemand daran gezweifelt haben, wer das Spiel am Ende gewinnt.[16]

Den erweiterten Branchen-Profitpool beeinflussen

Man kann sich jedes profitable Kerngeschäft im Zentrum eines komplizierten Netzwerks vorstellen, aus eigenen Zulieferern, Zulieferern der Zulieferer, eigenen Kunden, Kunden der Kunden, ergänzenden Produkten, Alternativprodukten, Wettbewerbern und so weiter. Die Querverbindungen des Netzwerks hat Michael Porter in vielen Aufsätzen über Strategie und Positionierung geschildert.[17] Jede dieser Verbindungen birgt üblicherweise eine Quelle wirtschaftlichen Mehrwerts und Gewinns. Das Ausmaß der Marktführerschaft einer Firma in ihrem Kerngeschäft bestimmt darüber, inwieweit sie diese dem eigenen Kerngeschäft angrenzende Gewinnquelle mitgestaltet oder gar anteilig einstreicht.

Dieses Konzept mag abstrakt klingen, ist es aber ganz und gar nicht. Beispiele der neueren Unternehmenspolitik bei Intel und Microsoft zielen auf die Fähigkeit der Unternehmen ab, die marktbeherrschende Stellung im Kerngeschäft auf angrenzende Marktsegmente auszudehnen (im Fall Microsoft zum Beispiel von Betriebssystemen auf die Internetbrowser). Der Dominoeffekt, den The Home Depot, der amerikanische OBI-Markt, über sein ausgedehntes Netzwerk von Zulieferern, deren Zulieferer und deren Zulieferer bewirkt, ist von primärem strategischem Interesse für jene Lieferanten, deren Gewinne mit dem Verhalten und der Gunst eines einzigen Kunden steigen oder fallen. Coca-Colas Fähigkeit, mühelos andere Softdrink-Kategorien zu erobern und zu beeinflussen – wenn es sein muss, auch die Mineral- und Tafelwasserbranche – zeigt, wie Marktführerschaft Wachstumschancen in angrenzenden Marktsegmenten beeinflusst, die den Nachahmern nicht so leicht zugänglich sind. So kommt es, dass der dritte verborgene Wert der Marktmacht darin besteht, den Profitpool zu formen und Macht und Einfluss in lukrativen angrenzenden Marktsegmenten zu gewinnen.

Nehmen wir nur den Fall W. W. Grainger, eine 1927 gegründete Firma, die sich zum national führenden amerikanischen Großhändler von Kleinteilen und Bedarf für Industriewartung und -reparatur gemausert hat. Grainger hat ein Sortiment von über 200 000 Artikeln: von Lüftungsanlagen über Motoren,

Ventilatoren und Generatoren bis hin zu Werkzeug und Prüfinstrumenten alles, was Kunden in sehr unterschiedlichen Marktsegmenten, wie gewerbliche, industrielle, öffentliche Kunden, brauchen. Alle Produkte sind durch Onlinebestellung und über ein dichtes Netz von Verkaufsstützpunkten erhältlich. Grainger verfügt über 350 Filialen in den gesamten Vereinigten Staaten und Puerto Rico. 70 Prozent aller Unternehmen in den USA befinden sich im Umkreis von 20 Autominuten zu einer Grainger-Filiale.

Während der siebziger Jahre erfreute sich Grainger eines profitablen Wachstums von jährlich elf Prozent. 1980 fiel das Geschäft plötzlich auf eine Wachstumsrate von zwei Prozent zurück, die bis 1985 anhielt. Das bis dahin attraktive Wachstum der *Börsennotierung* stürzte ab, und der Gewinn je Lagerbestandseinheit verfiel. Es stellte sich die Frage, ob Grainger – drei- bis viermal größer und profitabler als seine nächsten Konkurrenten – die Expansionsgrenze in seiner Branche erreicht hatte. In seinen traditionellen Märkten, Produkten und Geographien hatte das Unternehmen einen Marktanteil von immerhin 40 Prozent erreicht. Hinzu kam, dass der Großhandel für industriellen Bedarf für die Vielzahl von Familienbetrieben bekannt ist, die auch bei magerer Handelsspanne über lange Zeit zu existieren vermögen. War es also wirklich mit dem Wachstum des Grainger-Kerngeschäfts vorbei?

Das Unternehmen initiierte ein Projekt, um sein volles Wachstumspotenzial zu erkunden und herauszufinden, was sie an der Ausschöpfung hinderte. Dabei trat zutage, dass man das volle Potenzial des Kerngeschäfts zehnmal zu niedrig eingeschätzt hatte! Der 3-Milliarden-US-Dollar-Markt, für den man das Kerngeschäft zu betreiben glaubte, war in Wirklichkeit 30 Milliarden US-Dollar groß. Grainger stellte fest, dass die Dichte seines Zweigstellennetzes den relativen Marktanteil und die Profitabilität positiv beeinflusste. Die Eröffnung zusätzlicher Läden verkürzte die Anfahrtszeit des Kunden und ließ die Umsätze deutlich in die Höhe schnellen. Mehr noch, Grainger hatte sich bisher weitgehend auf spezialisierte Industrieeinkäufer und spezialisierte Produkte beschränkt, namentlich Elektronik- und Elektroteile. Doch die Filialstruktur und ein Wiedererkennungswert des Namens bei 85 Prozent der Kunden ermöglichten ebenso Verkäufe einer breiteren Produktpalette an einen breiteren Kundenkreis zu niedrigen Grenzkosten. Seinem traditionellen Kundenstamm konnte Grainger eine komplette Produktpalette anbieten. Größere geographische Filialdichte und ein höherer Share-of-Wallet führten zu niedrigeren Kosten und erhöhten die Fähigkeit, in die Stammkundschaft zu investieren und das Serviceniveau zu heben.

Schnell hatte Grainger die Lücken zum vollen Potenzial erkannt und adressiert – mit beachtlichen Resultaten. Die Umsätze des Unternehmens kletterten von 1,1 Milliarden US-Dollar 1985 auf 4,8 Milliarden 1999 – ein Zuwachs von elf Prozent pro Jahr, fast zweimal so viel wie der als Vergleichmaßstab dienende Branchendurchschnitt. Die Investitionsrate verdoppelte sich und das potenzielle Marktvolumen, das es mit dem Kerngeschäft nun zu erschließen galt, lag um das Zehnfache über jenem der alten Geschäftsdefinition.

Das profitable Kerngeschäft definieren

Unserer Erfahrung nach gehört die Definition des Kerngeschäfts zu den frustrierendsten Aufgaben des Top-Managements. Zwar wissen Führungskräfte, dass sie auf die Frage: »Was ist Ihr Kerngeschäft?« eine klare Antwort parat haben sollten. Dennoch ist es oft nicht einfach, hierzu befriedigende Auskünfte zu bekommen. Zum Teil liegt es daran, dass mehrere unterschiedliche, aber verwandte Themen miteinander vermischt werden, die jedes für sich betrachtet und anschließend erst auf schlüssige Weise oder in einem vorgegebenen Rahmen integriert werden sollten. Wenn sie eine praktikable Geschäftsdefinition erarbeiten, sollten sich Manager die folgenden Fragen stellen:

1. Wo liegen die Grenzen meines Geschäfts, meiner Branche? Wo diejenigen, die »natürliche« ökonomische Grenzen sind, welche von Kundenbedürfnissen und von Grundregeln der Wirtschaftlichkeit definiert werden? Welche Pro-

dukte, Kunden, Vertriebskanäle und Wettbewerber schließen diese Grenzen ein?

2. Welches sind die wichtigsten Kompetenzen und Fähigkeiten, die benötigt werden, um effektiv in diesem durch die Grenzen definierten Wettbewerbsfeld anzutreten und zu bestehen?

3. Worin besteht mein eigenes Kerngeschäft aus Sicht jener Kunden, Produkte, Technologien und Vertriebskanäle, die mir derzeit Erträge bringen und mit meinen momentanen Ressourcen dazu beitragen, dass ich konkurrieren kann?

4. Was ist der wichtigste Differenzierungsfaktor, der mich meinen Kunden unverwechselbar erscheinen lässt?

5. Welche interessanten angrenzenden Marktsegmente finden sich um meinen Kern herum? Sind die Definitionen meines Geschäfts und meiner Branche derart fließend, dass sie die Wettbewerbs- und Kundenlandschaft verändern werden?

Um zu verdeutlichen, dass dies ganz unterschiedliche Fragen sind, lassen Sie uns den Fall der Autovermietung Enterprise Rent-A-Car betrachten. Enterprise bewegt sich im Mietwagenmarkt, einschließlich der Segmente Geschäfts- und Privatkunden, Kleinflotten-Leasing und Unfall-Ersatzwagen-Vermietung. Über die Jahre haben auch Avis und Hertz Know-how im Flottenmanagement, Reservierung, Preis- und Rabattpolitik, Unterhaltung eines Zweigstellennetzes und Kostenmanagement aufgebaut, um in der Mietwagenbranche erfolgreich zu konkurrieren. Doch das angestammte Kerngeschäft von Enterprise ist mit einiger Sicherheit das Segment der Unfall-Ersatzwagen, in dem das Unternehmen über 70 Prozent Marktanteil hält. Enterprise zeichnet sich insbesondere durch sein auf Niedrigkosten ausgelegtes Geschäftsmodell, die gute Zusammenarbeit mit Versicherungskonzernen und Werkstätten und die Kompetenz, Kunden und Pkws reibungslos zueinander zu bringen, aus. Die angrenzenden Marktsegmente um diesen Kern enthielten früher Flugplatz- und Freizeitvermietung und sogar Leasing, doch aus einer Vielzahl struktureller Gründe verschwimmen diese traditionellen Geschäftsgrenzen.

Einer ähnlichen Logik folgen heute viele Geschäfte. Denken Sie nur an Unternehmen, denen Sie täglich begegnen wie McDonald's bei Imbissketten, Blockbuster im Videoverleih oder H&M im Bekleidungseinzelhandel, und spielen Sie die oben gestellten Fragen selbst durch. Keine von ihnen ist leicht zu beantworten. Und alle hängen von der Antwort auf die übergeordnete Frage ab:»Was ist mein Kerngeschäft?«

Vorteile genießen jene Unternehmen, deren Kernbereich sich genau mit den»natürlichen Grenzen« des Geschäfts deckt, die über Wettbewerbsvorteile verfügen und in einer Branche agieren, in der die Konturen normalerweise nicht ständig verschwimmen. Auf manche Unternehmen in unserer Liste der nachhaltigen Wertschöpfer trifft diese Beschreibung durchaus zu, wenigstens im Zeitraum der zehn betrachteten Jahre. Zu ihnen gehören Coca-Cola, Gillette und Grainger. Komplizierter wird die Lage, wenn die natürlichen Branchengrenzen ganz anders liegen als das Kerngeschäft einer Firma. Dies führt entweder zu einer unstabilen Marktposition oder zur Notwendigkeit, eine geschützte Nische in einem weiträumigeren Wettbewerbsfeld zu schaffen, wo die größeren Konkurrenten an der Peripherie des Kernbereichs lauern. Ein gutes Beispiel für Versicherungen bietet USAA, deren Kern Finanzprodukte für ehemalige Militärangehörige sind und deren Geschäft inmitten zweier Goliaths wie Fidelity für Investment und Allstate für Versicherungen gedeiht. In Europa sind berufsständische Versicherungsvereinigungen (zum Beispiel Handwerk) ein ähnliches Beispiel.

Ein weiteres Beispiel für eine sehr enge, nischenähnliche Definition des profitablen Kerngeschäfts stellt Porsche im Bereich Automobile dar. Allerdings konnte die Nischenpositionierung von Porsche erst nach einer deutlichen Rückbesinnung auf das Kerngeschäft klare Konturen zurückgewinnen. Als Wendelin Wiedeking 1992 Vorstandsvorsitzender bei der Porsche AG wurde, verkaufte das Unternehmen nur noch 14 362 Fahrzeuge, ein Viertel des Absatzes von 1986. Porsche befand sich tief in der Verlustzone und die meisten Industrieexperten glaubten nicht mehr an ein unabhängiges Überleben der einst stolzen Marke. Nach einigen Design-Ausflügen (Modelle 928 und 944), die für den Geschmack der meisten Autokäufer nicht mehr viel mit einem »echten Porsche« zu tun hatten, besann sich das Unternehmen auf sein erfolgreichstes Modell, den Porsche 911, zurück. Daneben entwickelte man das als Roadster konzipierte und nur halb so teure Schwestermodell Boxster, das auf ein jüngeres Kundensegment abzielte (das Durchschnittsalter von Boxster-Besitzern beträgt 35 Jahre, jenes der 911-Fahrer dagegen 45 Jahre). Als Ergebnis dieser Rückbesinnung schnellte die Nachfrage binnen kurzer Zeit auf 34 000 Fahrzeuge nach oben. Wiedekings Erfolgsrezept lag – neben einer Verschlankung der Produktion und dem Entwicklungs-Know-how – vor allem in der sehr engen, nicht mit den natürlichen Branchengrenzen einhergehenden Definition des Kerngeschäfts. Ob sich die gemeinsam mit VW erfolgte Entwicklung des Geländefahrzeugs Cayenne (Markteinführung Ende 2001) mit dieser engen Definition verträgt, muss die Zukunft allerdings noch zeigen.

Zusammenfassung

Nachhaltiges und profitables Wachstum ist extrem schwer zu erlangen, wenn Sie nicht mindestens ein starkes und differenziertes Kerngeschäft besitzen, auf dem Sie aufbauen können. Das dauerhafteste Wachstumsmuster liegt in einem starken oder dominierenden Kerngeschäft, das gefördert wird mit kontinuierlichen Reinvestitionen, einer stetigen Anpassung an neue Rahmenbedingungen und Veränderungen des Branchenumfelds sowie durch nachhaltige Investitionen in angrenzende und neue Marktsegmente, neue geographische Märkte, technische Innovationen und Vertriebskanäle.

In diesem Kapitel haben wir die drei wichtigsten ersten Schritte bei der Entwicklung, Optimierung oder Überprüfung einer Wachstumsstrategie beschrieben:

1. Definieren Sie die Grenzen des Geschäfts und Ihr eigenes Kerngeschäft.
2. Erkennen und verifizieren Sie mögliche Quellen für wettbewerbliche Differenzierung, die Ihrem Unternehmen fort-

laufend Marktmacht und Einfluss auf Kunden, Wettbewerber und den Branchen-Profitpool zu sichern vermag.

3. Durchkämmen Sie Ihr Kerngeschäft und prüfen Sie, ob es sein volles wirtschaftliches Potenzial ganz ausschöpft. Merken Sie sich das erste Paradoxon des Wachstums: Die stärksten Kerngeschäfte neigen am ehesten dazu, ihr volles Potenzial zu verfehlen.

3

Das Alexanderproblem

Der scheinbare Widerspruch zwischen der Konzentration auf einen Kernbereich und dem Aufbruch in unbekanntes Neuland ist allgegenwärtig und gilt nicht allein im Wirtschaftsleben. Er findet sich vielmehr überall, in der Weltpolitik ebenso wie im Alltag. Die Auflösung dieses Widerspruchs zieht regelmäßig die größten Patzer oder auch die genialsten Ideen nach sich.

Alexander der Große herrschte über das größte je von einem einzelnen Heerführer eroberte Territorium der Erde. Es reichte vom Olymp bis zum Mount Everest. Gewiss mag der mazedonische Held nicht jedem als das ideale Vorbild eines CEO einleuchten, aber er hat sein Königreich in weniger als vier Jahren aufgebaut, marschierte 6500 Kilometer weit und gewann 100 Prozent seiner Schlachten, eine bemerkenswerte Leistung für die Kürze der Zeit. Doch schuf er damit einen nachhaltigen Wert? Wenige Jahre nach seinem Tod war sein Reich zersplittert, und die eroberten Länder gingen wieder verloren. Alexanders Problem bestand weder in unzureichendem anfänglichen Ressourceneinsatz noch in mangelhafter Ausführung. Ihm fehlte es an einer Langzeitstrategie. Es gelang ihm nicht, die ungewöhnlich schnellen Eroberungen vom Nahen Osten bis nach Nepal abzusichern und zu nutzen. Sie lagen viel zu weit vom mazedonischen Kern entfernt, um sie effektiv zu regieren.

Seine Schwäche bestand in der Unfähigkeit, im Kernbereich verankert (in seinem Fall: an der Regierung) zu bleiben und gleichzeitig rapide Zuwächse zu konsolidieren. Sie ist beispielhaft für ein allgemein bekanntes Problem, das jeder Wachstumsstrategie innewohnt. In unserer Analyse der Wachstumspfade der nachhaltigen Wertschöpfer im Vergleich zu ihren Wettbewerbern erwies sich die *Auswahl* neuer angrenzender Marktsegmente rings um das Kerngeschäft als entscheidend. Von ihr hängt es am häufigsten ab, ob daraus ein neuer Schub profitablen Wachstums folgt oder vielmehr Verzettelung und Stagnation. Verknüpft ist dieser Entscheidungsprozess mit dem fundamentalen Widerspruch zwischen Schutz und Förderung des Kerngeschäfts durch entsprechende Investitionen einerseits und der Expansion in die angrenzenden Marktsegmente andererseits. Wie die Unternehmen diesen Widerspruch lösen, beeinflusst maßgeblich die Nachhaltigkeit des Wachstums.

Dieses Kapitel beschäftigt sich mit dem zweiten Element unserer Wachstumsstrategie: Expansion in die dem Kern angrenzenden Bereiche, den so genannten Adjacencies. Wir untersuchen drei Aspekte, denen für profitables, nachhaltiges Wachstum entscheidende Bedeutung zukommt: 1. die Chancen in angrenzenden Marktsegmenten identifizieren und die dort am häufigsten vorkommenden Muster erkennen, 2. die angrenzenden Marktsegmente richtig beurteilen und auswählen sowie 3. die klassischen Stolpersteine bei der Expansion in angrenzende Marktsegmente umgehen. Außerdem zeigen wir auf, wie sich einige typische Aspekte der Expansion in angrenzende Marktsegmente mit den heutigen turbulenten Branchenumfeldern und zunehmend vagen Geschäftsgrenzen unter einen Hut bringen lassen.

Expansion in angrenzende Marktsegmente

Expansion in angrenzende Marktsegmente verkörpert das kontinuierliche Bestreben eines Unternehmens, in verwandte Segmente oder Geschäfte vorzustoßen. Die Expansion schöpft aus der Kraft des profitablen Kerngeschäfts, das sie im Idealfall zugleich stärkt. Mit der Zeit kann eine Abfolge von Vorstößen in Adjacencies das Kerngeschäft grundsätzlich umwandeln (indem beispielsweise neue Kompetenzen hinzukommen) und aus sich selbst heraus Wachstum entwickeln. Tatsächlich kann sich durch diese Expansion ein Unternehmen in einer stabilen Branche neu positionieren, um neuen, lukrativen Profitpools zu folgen oder auf neue Umweltbedingungen zu reagieren.

Adjacencies stellen Wachstumschancen dar, die einem Unternehmen erlauben, die Grenzen des eigenen Kerngeschäfts auszudehnen. Von anderen Wachstumspotenzialen unterscheidet sich das angrenzende Marktsegment durch das Ausmaß, mit dem es Kundenbeziehungen, Technologien oder Kompetenzen im Kerngeschäft nutzt, um Wettbewerbsvorteile in einem angrenzenden Wettbewerbsfeld zu gewinnen. Beispiele für die Wahrnehmung der an den Kern grenzenden Geschäftschancen reichen von dem Unternehmen Chrysler, das entschlossen in den Minivan-Bereich vordrang, bis zum Kaffeeröster Starbucks, der Kaffee-Eiscreme in Supermärkten verkauft.

Viele der erfolgreichsten Unternehmen, auf die wir in diesem Buch eingehen, gehören Branchen an, in denen die angrenzenden Marktsegmente extrem vielfältig sind. Diagramme dieses Schritt-für-Schritt-Wachstumsschemas sehen aus wie die konzentrischen Jahresringe eines uralten Baumstamms. Vom angrenzenden Marktsegment beflügeltes Wachstum steht bei Unternehmen wie Motorola, Grainger, Microsoft, Intel, Dell und Disney im Mittelpunkt eines nachhaltigen profitablen Wachstums. Untersuchen wir einmal die Beispiele American Express, Nike und Dell.

Die Kreditkartenfirma American Express verzeichnete Wachstum, indem sie ihr Kerngeschäft seit über 150 Jahren ausgedehnt hat. Ursprung der American-Express-Gründung bildeten nicht übertragbare Zahlungsanweisungen, die mit den Zahlungsanweisungen der staatlichen Post konkurrieren konnten. Angesichts der Schwierigkeit, Kunden für diesen Service in Europa zu gewinnen, erfand man 1891 das Bekannteste unter den American-Express-Produkten, die Travellerschecks. Reisezahlungsmittel und ihre Systeme standen im Mittelpunkt der langjährigen Expansion in neue Adjacencies. 1958 wurde die American-Express-Kreditkarte ins Leben gerufen, 1987 die Optima-Karte mit zusätzlichem Kreditrahmen. Im Jahr 2000 kaufte man von Electronic Data Systems 4500 Geldautomaten.

Bei einer 150jährigen Wachstumsgeschichte rund um ein Kerngeschäft darf man nicht erwarten, dass immer alles glatt ging. Als man 1981 Shearson Loeb Rhodes aufkaufte und 1984 auch noch die Lehman-Brothers-Investmentbank in das Geschäftsbereichs-Portfolio holte, ging American Express weit über die Ebene der natürlichen angrenzenden Marktsegmente hinaus. Ein Medienvertreter kommentierte diesen Vorstoß wie folgt: »Nach endlosen Namensänderungen und dem schmerzhaften finanziellen Todeskampf der Verdammten entschloss sich American Express endlich, das Verlustgeschäft zu stoppen und die Flucht anzutreten. [...] American Express hat mehr als eine Milliarde US-Dollar in den Wind geschrieben, ganz zu schweigen von unzähligen Managementstunden und jahrelang verpassten Investmentchancen.«[1]

Die Aktionäre honorierten letztlich die Rückkehr des Unternehmens zum Kerngeschäft. Heute ist Blue Card von American Express die meistverwendete Onlinekreditkarte und wird unter dem neuen Geschäftsführer Ken Chenault allmählich zum führenden Zahlungsmittel. Das Unternehmen erzielt inzwischen Umsätze von 19,5 Milliarden US-Dollar und verzeichnet weiterhin profitable und nachhaltige Wachstumsraten von 13 Prozent pro Jahr, bei einer Kapitalrendite in Höhe von 25,3 Prozent rund um das ursprüngliche Kerngeschäft.

Vergleichen wir damit die Strategie, mit der Nike seit Gründung im Jahre 1964 um durchschnittlich 40 Prozent pro Jahr gewachsen ist. Das Unternehmen hat über die Jahre nicht nur auf Wachstum aus dem Kern vertraut, sondern vielmehr einen starken Kern entwickelt und sich anschließend wiederholt große angrenzende Marktsegmente erschlossen, in denen sich die Stärken des Kerns anwenden ließen.

Das Wachstumsmuster bei Nike zeigt damit wiederkehrende, differenzierte Wellen der Expansion in angrenzende Marktsegmente. Von 1976 bis 1983 konzentrierte sich Nike auf seinen Laufschuh-Kernbereich und konnte eine jährliche Verkaufszuwachsrate von 80 Prozent verzeichnen. Doch dann nahm das Wachstum des Laufschuh-Geschäfts ab und erlebte zwischen 1983 und 1987 ein durchschnittliches Nullwachstum. In der folgenden Phase von 1987 bis 1991 erweiterte Nike sein Laufsport-Sortiment eindrucksvoll mit neuen Produktsegmenten, wie Bekleidung, und entfesselte neues Wachstum von durchschnittlich 36 Prozent im Jahr. Schon 1991 bis 1994 sank dieses jedoch wieder auf acht Prozent pro Jahr zurück. Von 1994 bis 1997 wandte sich das Unternehmen daraufhin wieder dem Sportschuhgeschäft zu, stärkte es durch Werbung mit Sportlergrößen, was besonders bei der Air-Jordan-Produktlinie gelang, und stimulierte das Wachstum wieder auf über 30 Prozent im Jahr. Seitdem ist die Expansion wieder abgeschwächt, und das Unternehmen sucht nach den nächsten Wachstumsschüben im Kerngeschäft und angrenzenden Bereichen. Wenigstens ein Segment des angrenzenden Marktsegments wird Golf sein, repräsentiert durch Tiger Woods Entscheidung für den neuen Nike-Golfball bei den US-Open 2000 im kalifornischen Pebble Beach, wo er als Sieger den Rekord von 15 Schlägen Vorsprung auf den Zweiten aufstellte. Nikes Auf-und-Ab-Bewegungen sind extremer als unter unseren nachhaltigen Wertschöpfern üblich. Dennoch bietet Nike ein treffendes Beispiel dafür, dass das Wachstum aus dem Kern erlahmen kann und damit die Verlagerung von Fokus und Ressourcen auf nahe liegende angrenzende Marktsegmente notwendig macht.

Eine detaillierte Betrachtung des Wachstumspfads, den Dell Computer eingeschlagen hat, zeigt demgegenüber eine zeitgleiche Expansion in verschiedene Stoßrichtungen: Geographie, Produkte, Kundensegmente und Zusatz- beziehungsweise Serviceleistungen. Dell begann mit telefonischem Direktverkauf von PCs an mittelständische Unternehmen in den USA. Seit Beginn der neunziger Jahre expandierte man geographisch mit international konkurrenzfähigen Produkten bis zur heutigen Weltmarktstellung. Gleichzeitig wurde das Produktspektrum weiter ausgebaut, von PCs über Notebooks und Workstations bis zu Servern und Speichern. Dell drang auch in angrenzende Kundensegmente vor, von den klassischen Business-Segmenten über Schulen und Verwaltungsbehörden bis hin zu multinationalen Institutionen und Konzernen. Die Bearbeitung eines jeden Segments erfolgte in Form eines maßgeschneiderten Verkaufsansatzes mit eigener Kostenstruktur, einer separaten Gewinn- und Verlustrechnung, einem fokussierten Managementteam sowie einem eigenen Geschäftsmodell. Auch das mit dem handelsüblichen Hardwaregeschäft einhergehende Serviceangebot wurde erweitert: Von Softwarekonfiguration über Internetservice bis zur Beratung. Nicht jede Branche erlaubt diese logische, kristallklar strukturierte Expansion in angrenzende Marktsegmente. Normalerweise ist die Welt nicht so linear und geometrisch ausgerichtet. Im Falle von Dell aber ermöglichte es dem Unternehmen zum leistungsstärksten der neunziger Jahre zu avancieren.

Expansion in logische angrenzende Marktsegmente eines Kerngeschäfts ist eine Offensivstrategie, hat aber auch defensive Konsequenzen. Eine profitable Knautschzone rund um das Kerngeschäft zu etablieren, kann prinzipiell Eindringlinge auf Abstand halten oder strategische Winkelzüge der Konkurrenz abblocken, die ultimativ in das eigene Kerngeschäft führen würden. Als Microsoft gegen Sony und Sega in die Spielkonsolenentwicklung einstieg, feierte die Presse dies damals als »radikalen Abschied vom Kerngeschäft«[2]. Betrachtet man Konsolen als Hardwareprodukte und reine Abspielgeräte für Videospiele, dann trifft diese Auffassung mit Sicherheit zu. Doch die Strategie bei Sony zielt auf Vernetzung des gesamten Haushalts ab. Das PlayStation-2-Produkt ist bereits als potenzieller Dreh- und Angelpunkt des Haushaltscomputers gedacht. Für die Zeitschrift *Wired* war PlayStation 2 »eine derart gute Plattform, dass sie wahrscheinlich der einzige Rechner sein wird, den einige Spieler und ihre Familien je brauchen werden«, und beschrieb sie als Teil eines Systems von Haushaltsgeräten, die »alle miteinander kompatibel sind in einem Haushalts-Netzwerk, das keinen PC mehr nötig hat«.[3] Die Ausschöpfung dieses Potenzials verlangt in erster Linie nach Software, nicht nach Hardware. Aus diesem Grund hieße der Verzicht auf das Spielkonsolengeschäft für Microsoft, eine seiner Softwareflanken einem gefährlichen neuen Rivalen schutzlos preiszugeben.

Zurück zu Alexander

Das Spannungsfeld zwischen der Ausdehnung der Geschäftsgrenzen in einer Phase des Erfolgs einerseits und der Aufrechterhaltung des ursprünglichen Kernbereichs andererseits steht im Mittelpunkt des bereits geschilderten »Alexanderproblems«. Dass Alexander auf dem Weg von Griechenland nach Indien mit seiner dezimierten und erschöpften Streitmacht eine Schlacht nach der anderen gewann, ist eine außerordentliche Leistung. Bei jedem Sieg standen seine Truppen vor der Wahl, aufzuhören, sich zu sammeln und mit dem Erreichten zufrieden zu geben oder aber unverzüglich weiter vorzurücken, in immer entlegenere, zunehmend unbekannte Territorien. Stets entschieden sie sich für das Letztere, offenbar mit Erfolg. Aber hatten sie wirklich Erfolg?

Vergleichen Sie die folgenden Unternehmen, die sich in neue angrenzende Marktsegmente vorwagten und nicht mehr rechtzeitig ins Kerngeschäft zurückkehren konnten, um ernsthaften Schaden zu vermeiden:

- 1994 versuchte Quaker Oats, ein amerikanischer Hersteller von Müsli und isotonischen Getränken, seine Gatorade-Getränkeproduktion auszubauen, und kaufte den Limonadehersteller Snapple für 1,7 Milliarden US-Dollar. Das Ergebnis war eine mehrjährige interne Spaltung und letztendlich der Verkauf von Snapple mit einer Milliarde US-Dollar Verlust. Wie sich herausstellte, steckten zwischen Gatorade und Snapple weniger Synergien, als das Management angenommen hatte. Der Limonaden-Hersteller stellte kein angrenzendes Marktsegment dar, sondern eine Diversifikation.
- Ein Jahrzehnt lang bemühte sich die britische National Westminster Bank um aggressive Expansion in den Vereinigten Staaten. Doch die Bank stieß dort auf härtere Wettbewerbsverhältnisse, als das Management erwartet hatte. Am Ende entschloss sich NatWest, ihr US-Geschäft mit Verlust zu verkaufen. Die Bank hatte dadurch nicht nur Geld verloren,

sondern musste auch noch ein abgeschwächtes Wachstum in ihrem Kernbereich, dem britischen Markt, hinnehmen.

- In den achtziger Jahren machte sich Saatchi & Saatchi daran, planmäßig Dienstleister im Business-to-Business-Bereich, Beratungsunternehmen, eine PR-Firma und andere Dienstleister aufzukaufen, um ihren Kunden »one-stop-shopping« anbieten zu können. Doch die Kunden honorierten die Bündelung bei Saatchi nicht, und das Unternehmen erlebte sieben Verlustjahre in Serie. Die Expansionsstrategie entpuppte sich als eine Diversifikation, die Unternehmenswert zerstörte, weil die Konzentration auf das Kerngeschäft dabei verloren ging.

- Unter neuem Management und mit neuer Wachstumsstrategie stürzte sich der Markenartikler Gucci entschlossen in scheinbar angrenzende Produktbereiche bei preiswerten Textilien, die über Massenvertriebskanäle wie Supermärkte und Duty-free-Shops angeboten wurden. Außerdem lizenzierte das Unternehmen seine Marke für eine Reihe anderer Produkte, von Armbanduhren bis Parfums. Das kurbelte zwar den Umsatz an, doch die Gewinne brachen ein. Die Marke Gucci wurde verwässert. Das Unternehmen hatte in kleine und hart umkämpfte Profitpools expandiert und seinen Markenkern geschwächt. Schließlich kehrte Gucci zum Kerngeschäft zurück und trennte sich vom neuen, unprofitablen Wachstum.

- In den achtziger Jahren übernahm der US-Bierbrauer Anheuser-Busch das Unternehmen Eagle Snack, was damals als logische Expansion in ein angrenzendes Marktsegment erschien, werden doch die meisten Snacks beim Bier verzehrt. Manche Snacks verkauft man, wo Bier ausgeschenkt wird, und mitunter können die gleichen LKWs beides liefern. Und doch haben sich die potenziellen Synergien nie eingestellt. Frito-Lay, die Snack-Tochter von Pepsi kontrollierte den Profitpool bei Salzgebäck und damit auch die für Eagle erzielbaren Gewinne. Als 120 Millionen US-Dollar den Bach heruntergegangen waren und im selben Zeitrum auch noch das Kerngeschäft des Bierverkaufs erlahmte, trennte sich Anheuser-Busch von seiner Fehlinvestition und verkaufte Eagle an Frito-Lay.

Die besten Unternehmen expandieren immer wieder in unbekanntes Neuland, trotz der damit offensichtlich verbundenen strategischen und operativen Risiken. Und selbst die besten Unternehmen können sich im Dickicht der sich ihnen bietenden Chancen und Adjacencies verlaufen.

Mattel zum Beispiel entschloss sich im Jahr 1999, ins Softwaregeschäft einzusteigen und kaufte The Learning Company für 3,8 Milliarden US-Dollar. Zu diesem Zeitpunkt war The Learning Company, eindeutiger Marktführer bei Lernsoftware, ein florierendes Unternehmen mit starkem Wachstum. Doch Analysten und Investoren waren skeptisch. The Learning Company zeigte ein sich abschwächendes Wachstum, und der operative Cashflow geriet mit 43 Millionen US-Dollar ins Minus. Mattel preschte vor und erklärte: »Wir sind wirklich begeistert über die Vorteile, die sich aus dem Zusammenschluss unserer beiden großartigen Unternehmen ergeben!«.[4] Doch Software ist in vielerlei Hinsicht ein schwieriges Geschäft und ist mit Spielzeug ganz und gar nicht zu vergleichen. Nach dem Aufkauf leistete The Learning Company immer weniger und schrieb vierteljährlich Verluste von 100 Millionen US-Dollar nach Steuern. Im Nachhinein urteilte die *New York Times*:

Mattels Nöte zeugen von der offensichtlichen, aber oft übersehenen Tatsache, dass nicht alle Unternehmenshochzeiten von gleicher Natur sind. Manche sind klug, andere von atemberaubender Dummheit. Vor dem Hintergrund eines 24-prozentigen Anstiegs der wertmäßigen Fusionstätigkeit gegenüber dem Vorjahr, laut Thomas Financial Security Data, sollten sich Investoren vor Katastrophen in Acht nehmen![5]

Nur ein Jahr nach dem Einstieg des Unternehmens ins Softwaregeschäft gab Mattel seinen Wiederausstieg mit Milliardenverlusten bekannt.

Ein weiteres Unternehmen mit zwiespältigen Erfolgen bei der Expansion in Adjacencies ist Gillette. Gillette gehört weltweit zu den ganz großen Markennamen und eroberte im Lauf des letzten Jahrhunderts rund 70 Prozent Marktanteil sowie Markendominanz bei Rasierprodukten für Männer. Das Unternehmen begann 1895 mit der Erfindung einer Wegwerf-Rasierklinge durch einen Handelsvertreter namens King Gillette aus Brookline, Massachusetts. Sechs Jahre lang suchte er verzweifelt Finanziers für seine Idee, dann tat er sich mit einem MIT-Ingenieur zusammen, überarbeitete sein Produkt und entwickelte daraus den Sicherheitsrasierer. Mit ihm trat das revolutionäre Konzept der sicheren Selbstrasur den Siegeszug in der Männerwelt an. Dass im Zweiten Weltkrieg jeder US-Soldat den Gillette-Rasierapparat im Rucksack hatte, machte dieses Produkt zum weltweiten Standard.

Fast ein halbes Jahrhundert lang blieb Gillette relativ nah bei seinem Kern und führte lediglich neue Rasierapparate, Rasierseifen und Produkte für Frauen ein. Doch in den letzten Jahrzehnten scheint das Unternehmen neue angrenzende Marktsegmente in vielen Richtungen zu suchen. Das Rasiergeschäft hatte inzwischen einen derart hohen Marktanteil erreicht, dass Zuwächse nicht mehr aus Absatzsteigerungen, sondern nur aus dem Angebot immer raffinierterer und damit höherwertiger Systeme, zum Beispiel Sensor, zu erzielen waren. Nach und nach kaufte sich Gillette Braun Elektrogeräte (1967), Oral-B-Zahnbürsten (1984), Parker-Pen-Schreibgerät (1992) und Duracell-Batterien (1996).

Manche dieser Geschäfte waren durch ihren Einfluss auf das Nicht-Kerngeschäft gerechtfertigt – sofern mit dem Ankauf das Erreichen der Marktführerschaft in diesem neuen Bereich erzielt wurde (Parker kam zu Waterman hinzu). Manche wurden mit der Hoffnung begründet, Kundenakzeptanz und Infrastruktur des bestehenden Kosmetikgeschäfts (Right Guard für Männer, Toni für Frauen) nutzen zu können. Wieder andere rechtfertigten sich auf traditionelle Weise mit ihrem positiven Einfluss auf das Kerngeschäft des Rasierens. Beispielsweise kaufte Gillette 1967 Brauns Kleingeräteproduktion, um den internationalen Vertrieb seiner Produkte zu verbessern und die Nassrasur-Produktlinie mit Brauns elektrischem Trockenrasierer zu ergänzen. Braun war eine erfolgreiche Akquisition, die den Kern des Rasiersortiments stärkte. Als Tochter von Gillette konnte Braun den Umsatz von 70 Millionen auf 1,7 Milliarden

US-Dollar steigern und trägt nach den Nassrasierern den zweit-größten Anteil zum Gesamtgewinn von Gillette bei. Bezeich-nenderweise basieren Zuwächse bei Umsatz und Gewinn von Gillette bis heute fast ausschließlich auf dem Kernbereich Rasur.

Von 1994 bis 2000 waren Rasierapparate und Klingen – fast ein Jahrhundert nach der Gründung – nach wie vor die wichtigsten Triebfedern von Umsatz und Gewinn, während Schreib-geräte, Elektrogeräte und Kosmetika ein negatives Wachstum und sinkende Gewinne verzeichneten. Getrieben durch einen rasanten Rückgang des Aktienkurses und mit der Investorenfor-derung nach stärkerer Fokussierung im Nacken beginnt Gillette mittlerweile, viele dieser Nicht-Kerngeschäfte auszugliedern und seine Ressourcen wieder stärker auf den Kern und die kern-nahen Bereiche zu fokussieren. Beispielsweise verkaufte Gil-lette im August 2000 seine »kränkelnde Schreibwarensparte« an Newell Rubbermaid Inc. und verkündete, »unsere Investi-tionen künftig stärker den drei Kerngeschäften zu widmen«.[6]

Hewlett-Packard's Imaging und Printing-Systems-Sparte stellt, für sich genommen, ein nachhaltig wachsendes Unter-nehmen dar, das erfolgreich seinen starken Kernbereich aus den achtziger Jahren in ein profitables 18,9-Milliarden-US-Dol-largeschäft von heute umwandelte. Seit 1984 wuchs das Ge-schäft mit einer Rate von über 32 Prozent im Jahresdurch-schnitt. In den letzten fünf Jahren stiegen die Umsätze um neun Prozent und die Gewinne um 14 Prozent jährlich. Das Wachs-tumsmuster der Vergangenheit und die künftigen strategischen Pläne des Geschäfts unterstreichen, welche Kraft sich hinter ei-ner Strategie der Stärkung des Kerns verbirgt, und welches Po-tenzial zur Eroberung immer größerer und lukrativerer angren-zender Marktsegmente dadurch zur Entfaltung kommen kann. Mehr noch, es zeigt, dass ein Geschäft mit hohem Marktanteil durchaus noch wachsen kann, indem es sich angrenzende Marktsegmente erschließt.

Das Drucker- und Scannergeschäft geht auf bescheidene An-fänge auf einer Farm in Boise, Idaho, zurück. Dort erhielt ein Manager aus der Computerperipherie-Sparte den Auftrag zur Entwicklung einer kleinen, kostengünstigen Druckerfamilie, wobei sich eine Produktlinie auf Canons Laserdruckverfahren (Laserjet), die andere auf eine HP-eigene neue Tintenstrahltechnologie (InkJet) stützte. Kombiniert mit hoher Auflösung und mäßigen Kosten kam der Durchbruch des Geschäfts in den achtziger Jahren, wobei sich ein starker Kern ausbildete, der bis heute floriert (weltweit 43 Prozent Marktanteil bei Tintenstrahldruckern, 54 Prozent bei Laserdruckern).

Die Erschließung von angrenzenden Marktsegmenten durch Hewlett-Packard lässt sich in vier unterschiedliche Vorgehensweisen einteilen: Die erste Vorgehensweise ist die Erschließung immer feiner segmentierter Kundengruppen, denen man maßgeschneiderte und fokussierte Produkte anbieten kann. Ein Beispiel ist die großformatige Plotter-Technologie für Architekten. Basierend auf ihrem Marktanteil von 72 Prozent beim Großformatdruck konnte HP eine innovative Tintenstrahltechnologie für Grafiker entwickeln, die eine hohe Auflösung sowie eine genaue Farbkalibrierung und Farbnormierung bot und den Markt rasch erobern konnte. Ein weiteres Kundensegment sind die privaten Nutzer von Digitalkameras, ein Segment mit jährlichen Wachstumsraten von 300 Prozent. Hier führte Hewlett-Packard einen Drucker mit eingebauter Software ein. Smart-Media-Karten können direkt in den Drucker gelegt werden, wodurch man die Notwendigkeit umgeht, das Bild zunächst von einem angeschlossenen PC einlesen zu lassen.

Die zweite Vorgehensweise zur Expansion in angrenzende Marktsegmente zielt auf verwandte Produktkategorien ab. Eine ganze Reihe solcher Vorstöße von Hewlett-Packard führte dazu, dass sich die Geschäftsdefinition vom Druckergeschäft zur Digital Imaging erweiterte. Während beispielsweise die Grafik immer stärker computerisiert wurde, gelang es dem Unternehmen, in den Scannermarkt einzusteigen und dem Bedarf im Kundensegment der Grafiker besser zu entsprechen. Inzwischen ist man Lieferant Nummer eins in allen Scanner-Segmenten. Später kombinierte HP die Scannertechnologie mit Druckern, um für den kleineren Bürobedarf integrierte Produkte (Printer, Scanner und Fax) beziehungsweise für größere Unternehmen Multifunktionsdrucker (Drucker und Kopierer) zu bauen. Diese beiden Produktkategorien sorgten in den letzten Jahren für hohes relatives Wachstum. Ebenso überzeugend fiel der Einstieg in den Bereich Digitalkameras aus, wo man sich um eine komplett integrierte Digitalfotografielösung bemühte. Aus dem Stand gelang es Hewlett-Packard, seit 1997 zum drittgrößten Anbieter von Digitalkameras auf dem US-Massenvertriebsmarkt zu werden.

Die dritte Vorgehensweise der Expansion, getrieben durch die Suche nach immer neuen Verbrauchsmaterialien und Zubehör für Kernprodukte, führte HP zu einer kompletten Druckerzubehörpalette. So brachte HP Qualitätspapier auf den Markt, womit man einen überraschend hohen Marktanteil gewinnen konnte. Als typisches Beispiel mag hier ein Sortiment von spezialbeschichtetem Photo-Glossy-Papier für den privaten Anwender im Bereich Digitalbilddruck gelten. Das Produkt erreichte den zweithöchsten Marktanteil und verzeichnete ein rasantes Wachstum bei gleichzeitig hoher Gewinnspanne. Dieses »Rasierklingen-Konzept« (»den Rasierer verscherbeln, an den Klingen verdienen«) war von zentraler Bedeutung für das Wachstum und die Profitabilität aller HP-Drucker, besonders bei Tintenstrahldruckern.

Die vierte Vorgehensweise der Expansion ist der vorwärtsgerichtete Schritt in Kopier- und Druckprozesse selbst. Dieser Schritt erweitert das Marktpotenzial von Hewlett-Packard von insgesamt 30 Milliarden auf 130 Milliarden US-Dollar, weil Presse, Buchdruck, zentrale Kopierstellen in Unternehmen und eine Vielzahl von Dienstleistungen für Privatkunden hinzukommen. Als Beispiel sei Hewlett-Packards Vorhaben genannt, Drucker in jeden Haushalt zu bringen. Diese können entweder direkt mit dem Internet verknüpft sein oder ergänzend als Zusatzgeräte dienen, mit denen sich alles über eine TV-Konsole ausdrucken lässt: online bestellte Eintrittskarten, Briefmarken, Landkarten bis hin zu Werbebroschüren. Über große geographische Distanzen könnten auch Zeitungen für Hotels ausgedruckt werden, was kostspielige Transportwege einsparen und Touristen selbst auf Reisen in fernen Kontinenten das Lesen ihrer Lokalzeitung ermöglichen würde. Dabei bleiben kleine, kostengünstige Drucker der »innere Kern« dieses Geschäfts, die in direkter Linie von der ursprünglichen Produkteinführung in den achtziger Jahren abstammen, während die Grenzen der Branche nach außen erweitert und in klassischer Manier abgesteckt werden: kreative Ausnutzung des Kernbereichs mit den Zielen Wachstum und Gewinnerzielung ohne gleichzeitige Schwächung des Kerns.

Im Verlauf unserer Recherchen haben wir Fallstudien von Hunderten scheinbar viel versprechender Expansionen in angrenzende Marktsegmente katalogisiert, die nicht das erwartete Ergebnis brachten. Tatsächlich hat wohl jeder Manager schon einmal erlebt, dass eine Expansion in angrenzende Marktsegmente schief gehen kann. Jede Entfernung vom Kern birgt Risiken in sich. Doch wer sich gar nicht bewegt und nicht gelegentlich das Risiko eines Scheiterns in Kauf nimmt, bemüht sich nicht ausreichend um die Ausdehnung der Grenzen. Wie Collins und Porras in »Built to Last« schreiben: »Als wir die Geschichte von visionären Unternehmen studierten, erstaunte uns, wie oft sie ihre besten Entscheidungen ohne strategische Planung trafen, sondern vielmehr durch Herumexperimentieren, Trial-and-Error, Opportunismus und – im wahrsten Sinne des Wortes – durch Zufall. [...] Opportunistisches Ausprobieren und absichtsvolle Zufälle.«[7] Die Autoren schildern die so geglückten Expansionen: Johnson & Johnson in Babypuder, Marriott in Flughafenservice, American Express ins Tourismusgeschäft – alles ungeplante Erfolgsstories. Firmen, die auf kontrollierte Experimente verzichten (General Electric vergleicht seine Experimente mit dem Errichten von »Popcornständen«), können natürlich auch keinen Vorteil aus solchen »absichtsvollen Zufällen« ziehen.

In diesem Kapitel wollen wir nicht so tun, als hätten wir eine Patentlösung, mit der sich ein für allemal entscheiden ließe, wohin man expandieren soll. Womit wir dienen können, sind einige methodische Vorschläge für das Ausloten der angrenzenden Marktsegmente. Sie sollen vielmehr Ihre Chancen verbessern, die richtige Entscheidung zu treffen, und zugleich vor den gefährlichsten Riffen warnen, an denen bisher die meisten Wachstumsstrategien auf Grund gelaufen sind.

Angrenzende Marktsegmente definieren und ausloten

Eines scheint offensichtlich: Je stärker und dynamischer das Kerngeschäft einer Firma, desto breiter das Angebot an zusätzlichen Expansionsmöglichkeiten. Daraus folgt unmittelbar, dass die Unternehmen mit dem stärksten Kern zugleich am häufigsten Gefahr laufen, sich zu verzetteln. Damit sind sie dem zweiten Paradoxon des Wachstums ausgesetzt. Aus diesem Grund können jene Unternehmen, die neue Wachstumsinitiativen ergreifen (gleichwohl ohne den starken Kern aufs Spiel zu setzen), ganz besonders von einer methodisch umfassenden Überprüfung und Analyse viel versprechender angrenzender Marktsegmente profitieren.

Was in einer solchen »Adjacency-Landkarte« stehen sollte, hängt in erster Linie von der Einschätzung des Managementteams ab und in zweiter Linie von Mitarbeitern, die im direkten Kundenkontakt stehen. Darüber hinaus sollte diese Karte auch von der Wahrnehmung des Unternehmens und seiner Märkte durch Außenstehende (insbesondere Kunden) sowie schließlich von einer Analyse von Start-ups in angrenzenden Geschäftsfeldern beeinflusst werden. Bei einer Führungskräftetagung erklärte kürzlich John Chambers von Cisco, dass er ständig ein Papier mit den Namen von 25 kleinen Start-ups mit sich führt, die für sein Kerngeschäft von besonderer Relevanz sind.

Expandieren kann man grundsätzlich auf dreierlei Weise:

1. Die direkte Erschließung, wenn sich unmittelbar die Gelegenheit bietet. Das ist die bei weitem größte Kategorie der Expansionen in angrenzende Marktsegmente. Ein Beispiel stellt die Staples-Gründung Staples.com dar, die als neuer Absatzkanal die Onlineabwicklung von Bestellungen für Büroprodukte erlaubt. Die Entscheidung von Starbucks, Kaffeehäuser in China zu betreiben, ist ein weiteres Beispiel. Ebenso wie die Ausweitung des Auktionshandels bei eBay von Konsumgütern auf Güter des gewerblichen Bedarfs, ei-

ne Erschließung eines angrenzenden Kundensegments. Und überall sehen wir neuerdings Restaurants, die auch nach Hause liefern, ein simples Beispiel für einen angrenzenden Produktbereich.

2. Der Kauf einer »Option« in einem mit dem Kern verwandten Bereich, um sich gegen künftige Unwägbarkeiten abzusichern. Viele der von Intel, Microsoft oder auch Bertelsmann getätigten Venture-Capital-Investitionen bei Internetfirmen müssen eher als Absicherung für die Zukunft, statt als unmittelbare Umsatz- oder Gewinnquellen zur Stärkung des Kerns gelten.

3. Die schnelle Abfolge mehrerer strategischer Initiativen, um die Grenzen des Kerngeschäfts zu erweitern und neue Fähigkeiten aufzubauen. Ein extremes Beispiel ist World-Com mit der MCI-Akquisition (Ferngespräche) und dem Erwerb von Sprint (Mobiltelefonie), um damit die Marktposition als Kabel- und Internetdienstleister zu ergänzen. Ein anderes Beispiel ist Vodafone mit einer schnellen Abfolge regionaler Akquisitionen in der Mobiltelefonie (Airtouch, Mannesmann, Airtel und andere).

Übersichtskarten der angrenzenden Marktsegmente können, wie die Karte in Abbildung 3.1 zeigt, die Komplexität der Auswahl offenbaren. Hier sind die Alternativen als Verzweigungen aus dem Kern heraus dargestellt. Einer der Knotenpunkte, von denen die Verzweigungen abgehen, steht für Kundensegmente, die noch Expansionsmöglichkeiten bergen. Ein zweiter repräsentiert neue Vertriebskanäle, der dritte neue geographische Märkte, der vierte neue Stufen in der Wertschöpfungskette, die fünfte neue Geschäfte, der sechste neue Produkte.

Ein weiteres Beispiel in Abbildung 3.2 zeigt eine anders gegliederte Adjacency-Landschaft, in diesem Fall für einen Hersteller alkoholischer Getränke. Ausgehend vom Kern liegen auf den Speichen die Optionen, gestaffelt nach der Entfernung vom Kerngeschäft. Möglich wäre je nach Strategie auch, die Geschäftschancen auf den Speichen nach der Priorität zu ordnen, die das Management ihnen beimisst.

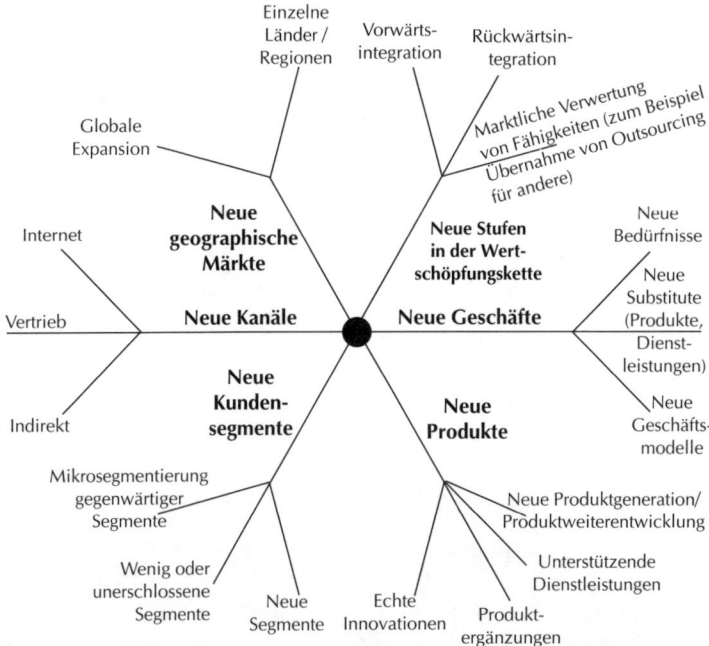

Einzelne
Länder /
Regionen

Vorwärts-
integration

Rückwärtsin-
tegration

Globale
Expansion

Marktliche Verwertung
von Fähigkeiten (zum Beispiel
Übernahme von Outsourcing
für andere)

Internet

**Neue
geographische
Märkte**

**Neue Stufen
in der Wert-
schöpfungskette**

Neue
Bedürfnisse

Neue
Substitute
(Produkte,
Dienst-
leistungen)

Vertrieb

Neue Kanäle

Neue Geschäfte

**Neue
Kunden-
segmente**

**Neue
Produkte**

Neue
Geschäfts-
modelle

Indirekt

Mikrosegmentierung
gegenwärtiger
Segmente

Neue Produktgeneration/
Produktweiterentwicklung

Wenig oder
unerschlossene
Segmente

Neue
Segmente

Echte
Innovationen

Produkt-
ergänzungen

Unterstützende
Dienstleistungen

Abb. 3.1: Angrenzende Marktsegmente um den Kern herum

Offensichtlich gibt es viele Verfahren, die gesamte Bandbreite der angrenzenden Marktsegmente abzustecken und zu charakterisieren. Nachfolgend skizzieren wir ein Verfahren, das wir mit Erfolg bereits häufig eingesetzt haben. Beginnen Sie mit der Definition des Kerns und damit, einen Konsens über Ihre zentralen Differenzierungsfaktoren und Wettbewerbsvorteile zu erzielen. Wenn Sie dies getan haben, identifizieren und beschreiben Sie Zug um Zug die angrenzenden Marktsegmente nach folgender Ordnung:

1. Identifizieren Sie die angrenzenden Marktsegmente, in denen Sie bereits aktiv sind, und erfassen Sie anhand von einfachen Kennzahlen (Marktanteil, Profitabilität, Investitionen), wie Ihr Geschäft in jedem einzelnen Bereich läuft.

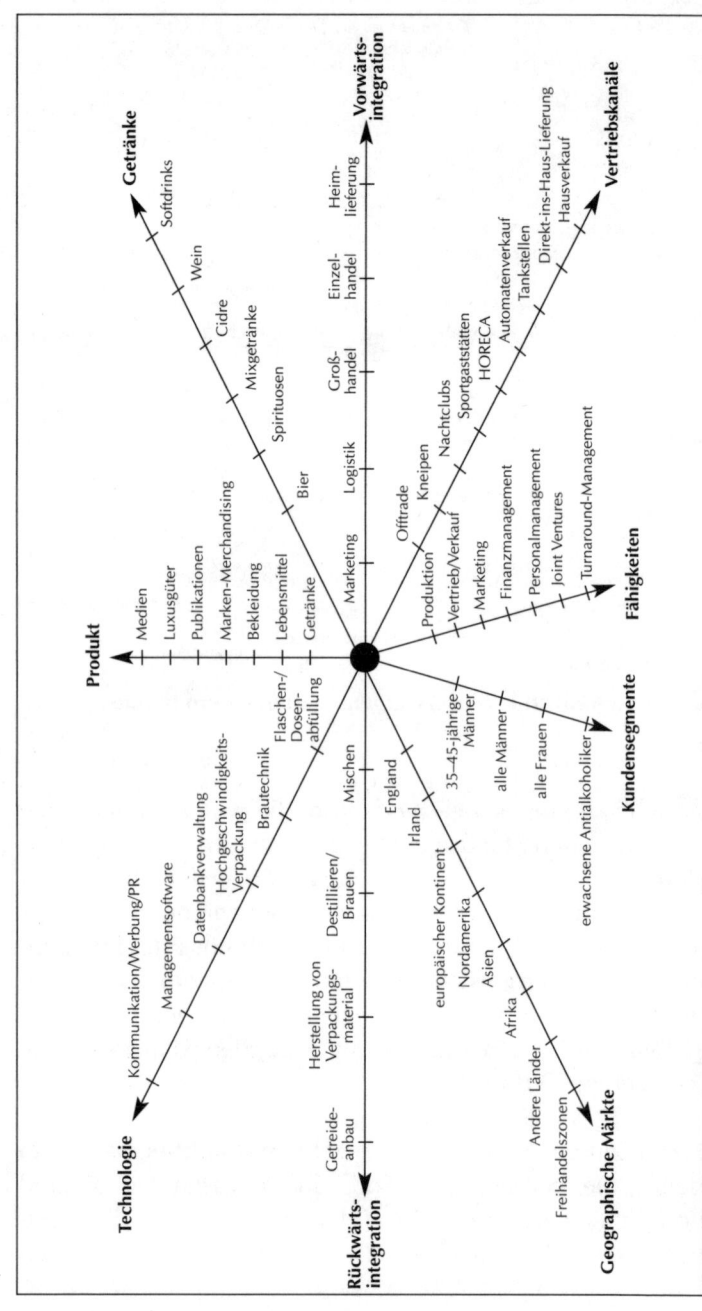

Abb. 3.2: Mehrstufige Adjacency-Karte eines Herstellers alkoholischer Getränke

2. Identifizieren Sie jene angrenzenden Marktsegmente, für die sich Ihre Organisation interessiert oder die sie bereits abgelehnt hat.

3. Identifizieren Sie andere bekannte Adjacencies, darunter auch solche, die Sie nur mittels zwei, drei oder mehreren strategischen Initiativen erreichen können.

4. Identifizieren Sie angrenzende Marktsegmente, die sich aufgrund von erfolgten Investitionen oder Akquisitionen Ihrer Wettbewerber offenbaren.

5. Identifizieren Sie angrenzende Marktsegmente, die aufgrund potenzieller neuer Wettbewerber (dies sind meist kleine, aber wachsende Unternehmen oder Start-ups) relevant werden könnten.

6. Identifizieren Sie künftige angrenzende Marktsegmente, die sich durch technologische oder andere Entwicklungen auftun könnten.

7. Stellen Sie dieses gesamte Umfeld in einem einzigen Raster oder einer Landkarte dar (wie in den Abbildungen 3.1, 3.2 oder 3.3), und denken Sie darüber nach, welche zusätzlichen angrenzenden Marktsegmente möglicherweise noch fehlen.

Nachdem Sie die Adjacencies und Wachstumschancen rund um den Kern umfassend aufgelistet haben, erstellen Sie eine grobe Bewertung und Prioritätenfolge. Eine solche Hierarchie kann auf den folgenden qualitativen und quantitativen Variablen beruhen: potenzielle Größe, Stärke eigener Vorteile (abhängig von Einzigartigkeit des eigenen Kerns), Stärke der möglichen Konkurrenz, Offensiv- und Defensiv-Bedeutung für den Kern, Langzeitperspektive eines mehrstufigen Vorgehens, Machbarkeit der Implementierung. Der Zwang zum Erstellen einer Rangfolge wird beim Management fast immer eine höchst produktive, auf Daten fußende Diskussion über strategische Kernfragen auslösen.

Schließlich müssen Sie Maßnahmenbündel oder strategische Szenarien entwerfen und sich an das mühsame finanzielle und analytische Ausarbeiten einer Wachstumsstrategie begeben. Keines dieser Vorhaben ist einfach, doch alle sind (in der einen oder anderen Form) lebenswichtig für die meisten Geschäfte, an denen Sie sich beteiligen wollen oder werden.

Wie schon früher erwähnt, wundern wir uns immer wieder, wie viele Unternehmen aller Größenklassen ihre Wachstumschancen nicht systematisch und im Kontext einer Bestandsaufnahme erörtern, die ihnen helfen würde, Prioritäten zu setzen. Der jährlich von Bain herausgegebene Bericht der von Unternehmen eingesetzten Managementtools und Analysetechniken, der auf einer Stichprobe von 475 Unternehmen beruht, untermauert diesen Eindruck. Der Bericht nennt bei besonders leistungsfähigen Unternehmen »Wachstumsstrategie« unter den gebräuchlichsten Instrumenten an sechster Stelle, gemeinsam mit anderen Techniken, wie »leistungsbezogenes Vergütungssystem« und »Messung der Kundenzufriedenheit«. Im Gegensatz dazu stehen Wachstumsstrategien bei den wirtschaftlich schwächsten Unternehmen nicht einmal unter den zehn wichtigsten Instrumenten. Diese Unternehmen erinnern gewissermaßen an Spaziergänger, die sich verlaufen haben, aber keine Landkarten mit sich führen – und obendrein das Mitführen von Landkarten für überflüssig halten und Ortskundige nicht nach dem Weg fragen.

Bei der Landkartenerstellung und dem Bilden einer Rangfolge geschieht mehr als nur die Strukturierung von Meinungen und innovativen Ideen. Der Optionenraum, der einem Unternehmen zum Wachstum offen steht, wird ebenso sichtbar wie die existierenden Zielkonflikte. Ohne einen solchen Prozess fehlt es Organisationen oft an einem gemeinsamen Verständnis der Gesamtsituation, was letztlich zu einer Fülle unterschiedlicher, halbherziger Initiativen sowie zu einer Überbewertung der jeweiligen »Idee des Tages« führt.

Wie die Erfahrung lehrt und unsere Untersuchung der nachhaltigen Wertschöpfer bestätigt, macht eine Hand voll der meistgewählten Vorgehensweisen bei der Expansion rund 90 Prozent aller Wachstumsinitiativen in angrenzende Marktsegmente aus. Die hier üblicherweise gewählten Adjacencies eines Kerngeschäfts sind die folgenden:

- Verknüpfung von Kunden- und Produktsegmenten,
- Einstieg in angrenzende Marktsegmente zur Erhöhung der Kundenpenetration,
- Nutzung vorhandener Kompetenzen in einem angrenzenden Marktsegment,
- Netzwerk-Geschäfte,
- angrenzende Marktsegmente, die sich durch bahnbrechende Innovationen ergeben.

Die Verknüpfung von Kunden- und Produktsegmenten

Die wohl häufigste Expansion in angrenzende Marktsegmente stellt der Vorstoß in neue Verbraucher- und Produktsegmente dar, wobei jeder neue Vorstoß den nächsten verstärkt. Einige Branchen, die auf diese Art und Weise investierten, hat der Ansatz jahrzehntelang mit Wachstum gesegnet. Der Ansatz verlangt die kontinuierliche Anpassung eines Produkts, um neue Kundensegmente anzusprechen. Das Wissen, das man so über dieses neue Kundensegment erworben hat, führt wiederum zu neuen Produktideen, die ihrerseits anschließend in weiteren Segmenten vermarktet werden können.

ServiceMaster, ein amerikanisches Unternehmen, das mit Rentokil und CWS vergleichbar ist, hat diesen Ansatz mit großem Erfolg praktiziert. Das Unternehmen geht auf ein Entmottungsgeschäft aus den dreißiger Jahren zurück. Es expandierte in Teppichreinigung und profitierte dabei von der neuen Nachkriegsmode der Teppichböden-Auslegeware.

Seiner Philosophie, Spitzenleistungen zu erbringen und profitabel zu wachsen, ist ServiceMaster mehr als gerecht geworden. In den letzten 40 Jahren wuchs das Unternehmen mit einem durchschnittlichen Jahreswachstum von 21 Prozent und erbrachte kontinuierlich eine Kapitalrendite von über 20 Prozent. Im vergangenen Jahrzehnt beglückte ServiceMaster die Investoren im Durchschnitt mit Erträgen von über 34 Prozent, was selbst die Ertragsraten der führenden Computerdienstleister bei weitem übertrifft.

Mit seiner Wachstumsstrategie folgte ServiceMaster über ein halbes Jahrhundert lang einer schlüssigen Formel, bewegte sich von einem Produktsegment in ein angrenzendes, von da aus in ein eng verwandtes Kundensegment und so weiter. Dieses Wachstum haben wir in Abbildung 3.3 als Anordnung konzentrischer Kreise dargestellt, die das Wachstum in angrenzende Bereiche über eine zusammenhängende Phase hinweg dokumentiert. Man kann verfolgen, wie sich das Geschäft von einer Teppichreinigung zum allgemeinen Gebäudereiniger für Mietshäuser und Fabriken mauserte. Als Gebäudereiniger schickte das Unternehmen seit den sechziger Jahren Putzkolonnen in Krankenhäuser, wo es auch die ersten Geschäfte mit Hausverwaltungen machte. Diese neuen Dienste bot ServiceMaster anschließend im ursprünglichen Segment Mietshäuser und Firmenkunden an. Vom Reinigungsgeschäft führte ein natürlicher Weg zur Wäscherei, von der Hausverwaltung zur Schädlingsbekämpfung. Dieses Dienstleistungsangebot leitete zur Strategie über, sich auch im Ausbildungssektor zu empfehlen. So bewegte man sich über die Jahre Schritt für Schritt voran.

Bei ServiceMaster bestand die Expansion zu über 75 Prozent aus organischem Wachstum. Dennoch hat man strategische Aufkäufe nicht gescheut, um neue Produkte und Kompetenzen einzubringen, die mit den Kernbereichskunden völlig »kompatibel« sind und als Katalysatoren für neues Wachstum dienten. Beispielsweise kaufte das Unternehmen 1986 Terminix, den zweitgrößten Schädlingsbekämpfer in den Vereinigten Staaten, und nutzte den eigenen Kundenstamm, um im neuen Marktsegment rasch Marktführer zu werden. 1989 erwarb ServiceMaster Merry Maids, einen Franchisedienstleister für professionellen Zimmermädchenservice, heute ebenfalls führend in seiner Branche. In den neunziger Jahren kaufte man zwei Gärtnereidienste, TruGreen und ChemLawn, die konsolidiert und zum führenden Anbieter für Grünpflege ausgebaut wurden. Wachstum durch Erschließung eng verwandter Adjacencies, Segment für Segment, erwies sich für ServiceMaster langfristig als Erfolgsrezept.

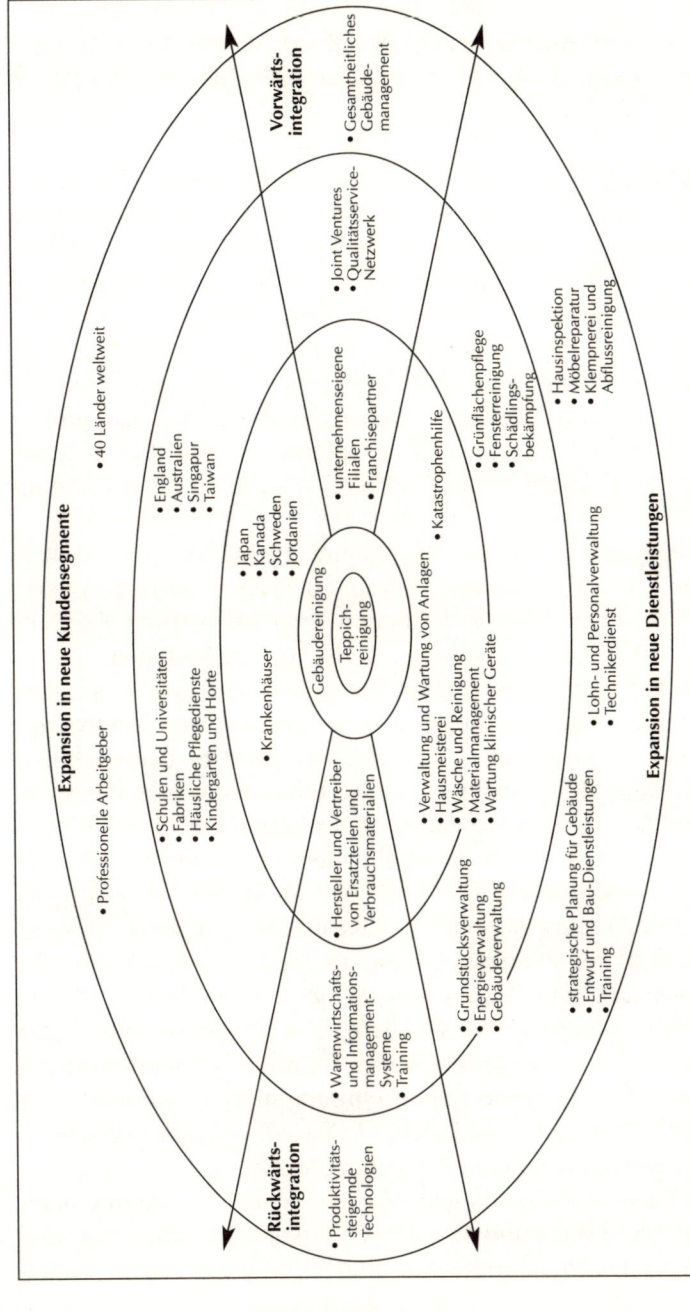

Abb. 3.3: 50 Jahre ServiceMaster: Ausweitung von Dienstleistungen und Kundensegmenten

Expansion in neue Kundensegmente

Vorwärts-integration

Rückwärts-integration

Expansion in neue Dienstleistungen

• 40 Länder weltweit

• Professionelle Arbeitgeber

• England
• Australien
• Singapur
• Taiwan

• Schulen und Universitäten
• Fabriken
• Häusliche Pflegedienste
• Kindergärten und Horte

• Krankenhäuser

• Japan
• Kanada
• Schweden
• Jordanien

Gebäudereinigung

Teppich-reinigung

• unternehmenseigene Filialen
• Franchisepartner

• Joint Ventures
• Qualitätsservice-Netzwerk

• Gesamtheitliches Gebäude-management

• Grünflächenpflege
• Fensterreinigung
• Schädlings-bekämpfung

• Hausinspektion
• Möbelreparatur
• Klempnerei und Abflussreinigung

• Katastrophenhilfe

• Verwaltung und Wartung von Anlagen
• Hausmeisterei
• Wäsche und Reinigung
• Materialmanagement
• Wartung klinischer Geräte

• Hersteller und Vertreiber von Ersatzteilen und Verbrauchsmaterialien

• Warenwirtschafts- und Informations-management-Systeme
• Training

• Grundstücksverwaltung
• Energieverwaltung
• Gebäudeverwaltung

• strategische Planung für Gebäude
• Entwurf und Bau-Dienstleistungen
• Training

• Lohn- und Personalverwaltung
• Technikerdienst

• Produktivitäts-steigernde Technologien

In einem Bericht von 1985 heißt es über das Unternehmen:

Auf einem Aktenschrank bei Pollard (Vorstandsvorsitzender im Jahr 1985) steht eine große Ziffer, eine Zwei, vor der Wand voller Mitarbeiterfotos. Sie steht für den Umsatz von zwei Milliarden US-Dollar, der bis 1990 erreicht sein soll. Den Hinweis, dass ServiceMaster noch nicht mal bei einer Milliarde angekommen und das Klima auf seinem größten Markt in letzter Zeit rauer geworden sei, beantwortet Pollard mit einem breiten Grinsen: »Ich setzte mir gern Ziele und übertreffe sie dann!«[8]

Und so geschah es dann auch: 1999 konnte ServiceMaster, nach einem weiteren Jahr mit 20 Prozent Wachstum, einen Umsatz in Höhe von 4,7 Milliarden US-Dollar vermelden. Das Wachstum kam aus Adjacencies und war in diesem Jahr größer als die ganze Firma zur Zeit des Interviews von 1985. Und im Januar 2000 kündigte ServiceMaster seine nächste Erweiterung an: WeServeHomes.com, unterstützt durch Kapital von Kleiner Perkins Caufield & Byers, die mit ihrer 15-Millionen-US-Dollar-Investition eine Beteiligung von 16 Prozent erwarben. Das neue Geschäft soll es Verbrauchern erleichtern, ihren Haushalt in Schuss zu halten und Serviceleistungen zu bestellen.

Ein ganz ähnliches Muster findet sich beim englischen Unternehmen Rentokil Initial, einem unmittelbaren Wettbewerber von ServiceMaster. Das 1925 gegründete Unternehmen entwickelte sich – genau wie ServiceMaster – vom Schädlingsbekämpfer zum umfassenden Dienstleister, mit einem Jahresumsatz in Höhe von 4,8 Milliarden US-Dollar (1999). Die Unternehmenstätigkeit umfasst die Geschäftsbereiche Hygiene, Schädlingsbekämpfung, Paketdienste, Sicherheitsdienst, Weiterbildung, Pflanzen. Die Ausweitung erfolgte dabei häufig durch strategische Akquisitionen. Allein in den letzten 15 Jahren kaufte Rentokil Initials mehr als 300 Unternehmen auf. Das – nach eigenen Angaben weltweit größte – Dienstleistungsunternehmen steigerte seinen Umsatz im Zeitraum von 1994 bis 1999 um durchschnittlich 34 Prozent pro Jahr und seinen operativen Gewinn um 27 Prozent pro Jahr.

DeBeers ist beispielhaft für eine Firma, die Wachstum schafft, indem sie ihren Kunden, nämlich Juwelieren, hilft, neue Geschäfte rund um ihren Kern zu finden und zu penetrieren. Eine der Methoden basiert auf dem geschickten Einsatz ihres Marketing-Know-how, um in der Psyche von Konsumenten wichtige Ereignisse des Lebens unwiderruflich mit ihren Produkten zu verbinden. DeBeers gelang es beispielsweise, den Diamantring in Japan zum unverzichtbaren Bestandteil jeder Verlobung zu machen. DeBeers begann mit dieser Kampagne im Jahr 1966, als nur sechs Prozent aller japanischen Bräute Diamantringe trugen. Bis 1998 stieg diese Rate auf 65 Prozent.

Nachdem der Markt für Diamantverlobungsringe weltweit gut etabliert war, kümmerte sich DeBeers um ein älteres Zielkundensegment von Frauen in einer anderen geographischen Region und propagierte Diamantarmreifen für Hochzeitstage. Von 1988 bis 1999 stieg in den USA die Verkaufsrate von Diamantarmreifen zum zehnten Hochzeitstag unter allen Frauen von drei auf 16 Prozent.

Jüngst hat DeBeers auch die Millenniumsfeiern zu seinem Vorteil genutzt. Das Unternehmen investierte stark in Anzeigenwerbung, in der Diamanten als das passendste Geschenk zur Jahrtausendwende empfohlen wurden. Im ersten Halbjahr 2000 lag der Umsatz um 44 Prozent höher als im selben Zeitraum 1999, größtenteils aufgrund dieser Initiative.

Darüber hinaus nahm sich DeBeers Diamantanhänger für Halsketten in den USA vor und konnte den Umsatz von 375 Millionen 1996 auf 750 Millionen US-Dollar 1998 steigern. Überdies warb das Unternehmen in Japan für Ohrringe mit Diamanten, mit ähnlich eindrucksvollen Ergebnissen. Im Jahr 2000 ging man über zum nächsten Produkt und vermarktete beharrlich den Diamantring mit drei Steinen.

Erschließung von angrenzenden Marktsegmenten zur Erhöhung der Kundenausschöpfung (Share of Wallet)

Eine zweite Strategie, über die anfänglichen Grenzen Ihres Kerngeschäfts hinauszuwachsen, besteht darin, angrenzende Marktsegmente zur Ausschöpfung des Share of Wallet, also der Erhöhung des Gesamtumsatzes pro Kunde, durch Ausweitung des Sortiments zu entwickeln. Wenn Sie die meisten Kaufentscheidungen, die Ihr Kundenstamm trifft, für sich verbuchen und deren Palette für Einkäufe noch erweitern, können sie die Kundenbindung signifikant erhöhen und die Treue erheblich steigern. Kundentreue im Kerngeschäft hat auf die Ertragslage Ihres Unternehmens einen entscheidenden Einfluss. Erstens verteilen sich die Fixkosten der Kundenbeziehung auf eine größere Anzahl von Verkäufen. Zweitens vergrößert die Kundentreue den Gesamtwert des Kunden, gemessen an seinen kumulierten Gesamtumsätzen über den Lebenszyklus eines Kunden. Drittens besteht die Chance, eine tiefere Beziehung zum Kunden zu etablieren, man lernt (bei gewerblichen Kunden) die jeweiligen Unternehmen gegenseitig besser zu verstehen, eine wichtige Voraussetzung für überlegenen Kundenservice. Schließlich dient es zum Aufbau eines Wettbewerbsvorteils, insbesondere weil die Wechselkosten loyaler Kunden erheblich steigen. Die wirtschaftlichen Konsequenzen einer Erhöhung des Share-of-Wallet können beeindruckend sein: In manchen Situationen kann die Verdoppelung des Share-of-Wallet durchaus zu einer drei- bis vierfachen Steigerung der Profitabilität führen.

Einer der deutlichsten Beweise für den dauerhaften Erfolg einer Share-of-Wallet-Strategie ist die Geschichte der Walt Disney Company mit ihrer Expansion in angrenzende Marktsegmente aus einem Kern heraus, der im Trickfilm verankert ist. Das Unternehmen wurde 1923 als Partnerschaft zur Produktion von Zeichentrickfilmen gegründet. Ihr erstes Produkt war die Serie der *Steamboat-Willie*-Cartoons. Schon in der Frühzeit des Unternehmens lässt sich der Kern klar erkennen: die Animation fiktiver Gestalten unter Anwendung modernster Technologie und Effekte. So gilt *Steamboat Willie*, unterlegt mit der Musik von »Turkey in the Straw«, als weltweit erster Trickfilm mit synchronisiertem Ton. Mehr als 70 Jahre später unterscheiden sich die erfolgreichsten Disney-Produktionen, wie *Fantasia 2000*, nicht wesentlich davon. *Toy Story, Toy Story 2* und *Dinosaurier* beispielsweise sind die ersten Kassenschlager, die ausschließlich mit Computeranimation hergestellt wurden. Innovationen markieren die Geschichte des Disney-Kerns, von der ersten Vierfarbproduktion über den ersten abendfüllenden

Trickfilm *(Schneewittchen und die Sieben Zwerge)* bis zum ersten integrierten Film-Trickfilm-Produkt *(Falsches Spiel mit Roger Rabbit)*.

Disneys Marketinggenie und seine Fähigkeit, Produkte im angrenzenden Marktsegment des Kerns zu erschließen, zeigte sich bereits im Jahr 1929 mit der Einführung von Micky-Maus-Zeichenblöcken für Schulkinder:

»Die Zeichenblöcke waren der Anfang einer Zweitverwertung der Disney-Figuren, die die Walt Disney Produktionen schließlich zum Modellfall dessen machten, was die Werbeschulen später »Synergie« nannten. [...] Drei Jahre später verkaufte Ingersoll-Waterbury Co. eine Million Micky-Mouse-Uhren jährlich. Und zehn Jahre später machten die Einnahmen aus der Lizenzvergabe von Disney-Figuren zehn Prozent des Unternehmensertrags aus.«[9]

Die Expansion des erfolgreichen Kernbereichs führte 1955 zur Errichtung von Disneyland und mit den Shows Disneyland und *Mickey Mouse Club* auch ins Fernsehen. Jedes angrenzende Marktsegment löste weitere verwandte angrenzende Marktsegmente aus. Aus Disneyland gingen Walt Disney World und das EPCOT Center hervor. Die frühen Lizenzerfolge standen Pate bei der Entwicklung eines breiten Sortiments heute vertrauter Disney-Produkte, wie Bücher, Schallplatten, Plüschtieren und Comic-Magazinen. Diese wiederum zogen 1987 die Disney-Stores-Ladenkette und noch im selben Jahr das umsatzstarke Disney-Heimvideogeschäft nach sich. Solche Erfolge hatte Disney keineswegs mit allen Expansionen. Die Idee einer Restaurantkette mit dem Namen Mickey's Kitchen wurde getestet und wieder verworfen. Das Unternehmen war experimentierfreudig und sehr konsequent, Verlustgeschäfte rasch abzustoßen und die erfolgreichen zu fördern, wo es nur ging. So steuerten die Kinokassen beim Film *König der Löwen* gerade mal 20 Prozent zum Gesamtgewinn bei, während der Großteil des Gewinns auf angrenzende Marktsegmente wie Videos, Einzelhandelsprodukte und Broadway-Produktionen entfiel.

Gewiss, mitunter hatte es das Märchenreich nicht ganz leicht. In der Geschichte des Familienunternehmens gab es größere Führungs- und Nachfolgekrisen. Man verspekulierte sich mit kostspieligen Projekten wie EPCOT und passte sich zu langsam dem wandelnden Geschmack eines immer anspruchsvolleren Kinder- und Teenagermarkts an. Michael Eisner wusste diese Probleme souverän zu meistern, als er 1984 in das Unternehmen kam. Er konzentrierte sich auf das ungenutzte Potenzial des Erfolgsfaktors Kerngeschäft, insbesondere den vorhandenen Bestand an Filmen sowie auf das Management von Kosten, Produktivität und Budgets.

Dennoch verleitete die verzweifelte Suche nach der nächsten Wachstumswelle Disney bald, fern vom Kerngeschäft zu investieren. Das Unternehmen kaufte Sportmannschaften, Medienunternehmen (Capital Cities/ABC), Immobiliengesellschaften, Zeitarbeitsagenturen und Zeitschriftenverlage (Fairchild Publications). Prompt stagnierte der Aktienkurs und Investoren und Aktionäre verlangten die Rückkehr zum Wachstum aus dem Kerngeschäft.

In neuerer Zeit bemüht sich Disney mithilfe von Joint Ventures, Fähigkeiten und Werte aus dem ursprünglichen Kernbereich anderswo zu nutzen. NTT DoCoMo, der weltweit größte Mobilfunkanbieter, wird in Japan den reichhaltigen Disney-Content auf Mobil-Telefone und mobile Internetterminals bringen. Derzeit sehen diese kerngeschäftsnahen Initiativen recht viel versprechend aus. Zugleich macht Disney eine aggressive Phase der Ausgliederung nicht kernbezogener Beteiligungen durch. »Wir sind kein Mischkonzern«, heißt es in Stellungnahmen. »Wenn es Bereiche gibt, die mit unserem Kerngeschäft nichts zu tun haben, und wir diese in Zeiten des Aufschwungs losschlagen können, werden wir es tun.«[10]

Was wir von Disney lernen können, ist Folgendes: Erstens kann der ursprüngliche Kern über Jahrzehnte hinweg das Wachstum in angrenzenden Marktsegmenten ermöglichen, wenn man ihn gründlich pflegt und die angrenzenden Marktsegmente aufmerksam managt sowie kontinuierlich bewertet. Zweitens erfordert selbst der stärkste Kern irgendwann eine Anpassung, um mit dem Wandel der Nachfrage und der Technologie Schritt zu halten. Und schließlich erkennen wir anhand von Disney, dass selbst die bestfokussierten, exzellent geführten Unternehmen gelegentlich angrenzende Marktsegmente erschließen, die sie später reumütig wieder aufgeben, um zu ihrem angestammten Kern zurückzukehren.

Ein anderes Beispiel für die Entwicklung von Adjacencies ist Continental, ein Hersteller von Reifen, der eine andere Strategie wählte, um den Share-of-Wallet bei seinen Kerngeschäftskunden zu steigern. Als man das Geschäft erweitern wollte, erweiterte man auf der Basis der Nachfrage nach Systemlösungen den Fokus von der Reifenherstellung auf komplette Rad-Systeme, die inzwischen sogar Bremssysteme einschließen. Der Erfolg dieser Strategie ist noch nicht eindeutig zu bestimmen. Tatsächlich wird derzeit die gesamte Automobilindustrie von einer Welle der Systemintegration erfasst. Bei dieser Variante einer Share-of-Wallet-Strategie montieren Zulieferer ganze Subsysteme eines Automobils wie Türen, Motor, Heiz- und Kühlsystem sowie Sitze vor. Bedingt durch den Konsolidierungsprozess sowie die Expansion in angrenzende Marktsegmente sank die Zahl der Zulieferer von Kfz-Komponenten allein in den USA um fast 90 Prozent, von über 3000 im Jahr 1990 auf nur noch 375 heute, während die Durchschnittsgröße eines Automobilzulieferers von unter 100 Millionen auf heute über 1,1 Milliarden US-Dollar kletterte. Manche Unternehmen vollzogen dabei eine Vorwärtsintegration in die Organisation ihrer Firmenkundschaft. Grainger verwaltet heute beispielsweise die Werkzeuglager zahlreicher General-Motors-Werke. Die deutsche Würth-Gruppe, ein 1945 gegründetes, klassisches Direktvertriebsunternehmen auf dem Gebiet der Montage- und Befestigungstechnik, geht ähnlich vor. Mit ihrem Regalsystem ORSY stattet sie die Werkzeuglager der Kunden aus und übernimmt damit die Aufgaben der Bestandsverwaltung inklusive Disposition. Einerseits sammelt Würth dadurch viele wertvolle Informationen über seine Kunden, Produkttrends und die Größe des Marktes. Andererseits erreicht das Unternehmen über die Auslagerung und professionelle Abwicklung der Dispositionsaufgaben eine hohe Kundenbindung und einen großen Share-of-Wallet – beides zentrale Treiber der Profitabilität. PPG

Industries, ein traditioneller Hersteller von Farben und Lacken, betreibt in manchen Werken seiner Automobilkunden ganze Lackstraßen, einschließlich Grundierung und Finishing.

Der Fall von PHH Vehicle Management Services, dem auch in Europa tätigen Marktführer von Fuhrpark- und Flottenleasing, illustriert, wie ein angrenzendes Share-of-Wallet-Marktsegment in einer relativ einfachen, langsam wachsenden Branche profitables Wachstum generieren kann. Das Kerngeschäft von PHH reicht fast ein halbes Jahrhundert zurück. In den letzten fünf Jahren hat das Unternehmen das Fuhrparkleasing, ein Geschäft mit sieben Prozent Wachstum, neu angekurbelt durch die Hinzunahme ergänzender Dienstleistungen wie Wartungsservice und Unfallhilfe. Man knüpfte ein Netzwerk von Reparaturwerkstätten, die von PHH-Experten vor Ort ausgewählt wurden. Kommt ein Firmenwagen zur Reparatur in eine Werkstatt des PHH-Netzwerks, so spricht zunächst ein PHH-Repräsentant mit dem zuständigen Kfz-Mechaniker. Dieser stellt sicher, dass dieser die richtige Arbeit macht und korrekt abrechnet. Überdies ermöglicht es, die relevanten Daten für eine umfassende PHH-Datenbank zu sammeln. Inzwischen vereinbaren die meisten PHH-Kunden diesen Service, für den sich noch vor fünf Jahren nur 15 Prozent entscheiden mochten. Für PHH erzielen diese Service-Adjacencies Gewinne, sorgen für neues Wachstum und vertiefen die Kundenbindung. Inzwischen bietet man Unternehmen und Privatpersonen diesen Service auch unabhängig vom Fuhrparkmanagement an, wodurch sich eine neue Wachstumsquelle im angrenzenden Marktsegment auftut.

Ein weiteres Share-of-Wallet-Beispiel: The Boots Company ist eine der größten Einzelhandelsketten in Großbritannien. Ihr Name ist nach Meinung eines Beobachters den Engländern so vertraut wie der ihrer Königsfamilie. Im Jahr 1849 als Heilkräuterladen und Apotheke für die ärmere Bevölkerung gegründet, darf das Unternehmen seit über 150 Jahren auf fast ununterbrochenes Wachstum zurückblicken, wobei es aus ihrem ursprünglichen Kerngeschäft als Apotheke und Drogerie stetig in angrenzende Marktsegmente expandierte. 1989 unternahm Boots schließlich einen gewagten Vorstoß, um seinen Anteil an den gesamten Ausgaben eines Verbrauchers zu erhöhen. Man kaufte Payless DIY und WH Smith's Do It All, um auf diesem Weg in den Heimwerkermarkt einzusteigen.

Wie sich der aufmerksame Leser jetzt bereits denken kann, verkaufte Boots nach neun schmerzlichen Jahren und Investitionen von über 600 Millionen US-Dollar die Heimwerkerkette mit großem Verlust und kehrte zum Kern zurück. Wie ein Sprecher von Boots kommentierte: »Unsere Strategie muss auf Differenzierung der Marke abzielen – wir sind kein Supermarkt für Gesundheit und Schönheit, wir sind ein Gesundheits- und Schönheitsexperte!«[11] Das bescheidenere, aber profitablere Ziel lautet jetzt, sich in angrenzenden, gesundheitsnahen und spannenträchtigen Produkt- und Kundensegmenten zu engagieren.

Seit man in Praxis und Wissenschaft immer öfter die Treiber der Kundenprofitabilität und -treue analysiert, findet der Begriff »Share of Wallet« mehr und mehr Eingang in den üblichen Wortschatz von Managern. American Express richtete beispielsweise seine Mitgliederstrategie darauf aus, durch zusätzliche Produkte, Services und wachsende Verwendungsmöglichkeiten den Share of Wallet seiner profitabelsten Kundengruppen zu steigern. Dell analysiert kontinuierlich den Share of Wallet im Bereich seiner wichtigsten Kundengruppen. Das berühmte Geschäftsmodell der USAA-Versicherung beruht auf der lebenslangen Betreuung der Kunden und zielt in jedem Stadium auf eine Maximierung des Share of Wallet ab. Industriezulieferer, wie Bosch, entwickelten ganze Programme rund um den Lebenszyklus ihres Kernprodukts, die einzelne Produkte für Autohersteller zu Systemen zusammenfassen, gemeinsam mit Herstellern entwickeln und in zunehmendem Maße vom Zulieferer zum Entwicklungspartner werden. Dabei werden immer häufiger Produkte und Dienstleistungen gebündelt und als integrierte Systeme verkauft. Die Erkenntnis, dass zusätzlicher Marktanteil gerade bei den besten Kunden einen großen Effekt ausübt, ist vermutlich so alt wie das Geschäftsleben selbst. Neu ist das bessere Verständnis der hinter dem Share of Wallet stehenden wirtschaftlichen Mechanismen und die immer ausgefeilteren Methoden zur Analyse des Share of Wallet sowie seiner Verwendung als Wachstumstreiber.

Nutzung vorhandener Kompetenzen für die Erschließung eines angrenzenden Marktsegments (Kompetenz-Adjacency)

»Kompetenz-Adjacencies« sind Vorstöße aus dem Kern heraus, die auf profundem organisatorischen Know-how beruhen. Bei unseren nachhaltig wertschöpfenden Unternehmen entdeckten wir dreierlei Arten einer auf Kompetenz beruhenden Expansion: Die erste basiert auf Technologie oder technischem Know-how. Die zweite hängt mit dem Know-how in Bezug auf Geschäftsprozesse und dem Managementmodell der Geschäftsführung zusammen. Die dritte gründet auf dem Wissen, wie man Daten sammelt, speichert und auswertet sowie den damit verbundenen ökonomischen Besonderheiten.

Motorola, der Pionier der drahtlosen Telekommunikation, ist eine der großartigen Erfolgsgeschichten des ausgehenden 20. Jahrhunderts. Obwohl das Unternehmen derzeit gegen ein nachlassendes Wachstum kämpfen muss, ist die langfristige Entwicklung eindrucksvoll. 1979 war Motorola ein 2,7-Milliarden-US-Dollar-Unternehmen, das 154 Millionen US-Dollar verdiente und über einen Marktwert von 1,6 Milliarden US-Dollar verfügte. Bis 1995 steigerte das Unternehmen den Umsatz auf das Zehnfache, den Gewinn auf das Zwölffache und den Marktwert auf das 23fache. Das Wachstum bei Motorola verdeutlicht den ersten Typus einer kompetenzbasierten Expansion in angrenzende Marktsegmente. Es resultiert seit mehr als 70 Jahren aus der stetig wachsenden Erfahrung in der Entwicklung drahtloser Übertragungstechnologie aller Schattierungen. Geschäftsbereiche, in denen Motorola diese Kernkompetenz nicht in Wettbewerbsvorteile umsetzen konnte (etwa bei PKW-Heizungen) oder in denen die erzielbaren Wettbewerbsvorteile nachlassen (wie bei Fernsehgeräten auf dem Massenmarkt), konnte ein profitables Wachstum nur schwer oder gar nicht realisiert werden.

Motorola wurde 1928 gegründet, als die Brüder Paul und Joseph Galvin eine bankrotte Firma für spezielle Transformatoren aufkauften. Diese Transformatoren wurden besonders für den Betrieb von üblicherweise batteriegetriebenen Funkgeräten mit Netzstrom eingesetzt. Dieses urspüngliche Kerngeschäft führte

122

Motorola rasch in Funksprechanlagen für Polizeiautos, wo das Unternehmen schnell zum dominanten Marktführer avancierte. Während des Zweiten Weltkriegs entwickelte und produzierte Motorola tragbare Funkgeräte, auch bekannt als »Walkie-talkies«. Sie wurden zum Symbol amerikanischer Überlegenheit im Technologiebereich und verhalfen Motorola 1943 zum Börsengang. Während seiner Wachstumsphase experimentierte Motorola in angrenzenden Bereichen, wie Achtspur-Tonbandgeräte und benzingetriebene Standheizungen für Pkws, und scheiterte mit beidem. Als er das Heizungsprodukt vom Markt nahm, erklärte Paul Galvin: »Von jetzt an bleiben wir bei der Elektronik!« Diese Entscheidung war nicht unklug.

Der Expansionspfad in angrenzende Bereiche begann schon 1928 mit dem ersten Transformator. Seitdem knüpfte das Unternehmen in praktisch allen erfolgreichen Expansionen in angrenzenden Marktsegmenten an seinen Kern, das heißt die Erfahrung mit drahtloser Übertragungstechnologie, an. Dies gilt auch für Vorstöße in die Segmente Rundfunkgeräte, Pager, Mobiltelefone und die Übertragungstechnik für Mobilnetze. Ein Determinant für den Erfolg dieser Expansionen war, ob drahtlose Übertragungstechnologie für das Geschäft erfolgskritischen Charakter hat, und in welchem Ausmaß Marktmacht auf Basis der Beherrschung dieser Technologie aufzubauen ist.

Nachdem Paul Julius Reuter erstmals Mitte des 19. Jahrhunderts Börsenkurse mithilfe von Brieftauben zwischen Aachen und Brüssel übermittelte, hat die Entwicklung von Reuters gezeigt, wie ein Unternehmen Erfahrungen im Informationsmanagement mit zunehmendem Erfolg in das Wachstum von angrenzenden Marktsegmenten übertragen kann. Reuters baute das Informationsgeschäft in den folgenden Jahren immer weiter aus und lieferte zunehmend weltpolitische Nachrichten und eine breite Vielfalt finanzieller und aktienrelevanter Daten. Dabei stand die Agentur stets an vorderster Front des technologischen Fortschritts, was die Übertragungswege anbelangt.

Für eine Firma, die seit 1848 im Geschäft ist, hat sich Reuters beeindruckend lange und erfolgreich auf das starke, streng fokussierte Kerngeschäft konzentriert. Dabei wartete das Kerngeschäft nur darauf, durch den zündenden Funken der nächsten Idee auf ein höheres Wachstum katapultiert zu werden. Dieser Funke kam in Form des Börsengangs im Jahr 1984, kombiniert mit modernster Innovation bei der Datenverarbeitungstechnologie. Immerhin: Zur Zeit des Börsengangs war Reuters im Verlauf einer 136-jährigen Geschichte bereits 360-Millionen-US-Dollar schwer und mit einem Gewinn in Höhe von 45 Millionen US-Dollar hochprofitabel. In den folgenden 15 Jahren steigerte Reuters Umsätze, Gewinne und Marktwert um das 15fache und avancierte zu einem Fünf-Milliarden-Unternehmen mit einem Marktwert von über 15 Milliarden US-Dollar. Es gelang in beispielloser Weise, Daten und Inhalte durch die Kernkompetenz und Erfahrung im Informationsmanagement in Wachstum in neuen Märkten umzusetzen.

Schon immer hat sich Reuters die neueste Technologie für Übermittlung von Nachrichten und Börseninformationen zunutze gemacht – von Telegrafendiensten über die frühzeitige Nutzung des Dover-Calais-Kabels, das erste transatlantische Kabel bis hin zu Telefon und Internet. Eine Beschreibung des Telegrafen aus dem Oktober 1850 als »beweglicher Apparat, den zwei Personen in unterschiedlichen Winkeln der Erde benutzen können, um sofort miteinander in Verbindung zu treten«[12], erinnert auffallend an die Vorzüge eines mobilen Internetzugangs von heute.

Marktführerschaft im Kernbereich zeichnet für das nachhaltige Wachstum von Reuters verantwortlich. Heute ist das Unternehmen der weltweit wichtigste Presse- und TV-Nachrichtendienst und zugleich Nummer eins bei der computergestützten Übermittlung von Aktienkursen und Unternehmensdaten an Börsenanalysten. Als einer der Ersten stieg Reuters in die Internettechnologie ein und gilt heute als Marktführer bei der Versorgung von Internetfirmen mit Nachrichten und Börseninformationen. Dieser führenden Stellung verdankt Reuters einen operativen Gewinn in Höhe von 18 Prozent sowie eine überdurchschnittliche Kapitalrentabilität.

Trotzdem operiert das Unternehmen gegenwärtig im turbulentesten Umfeld seiner Geschichte und sieht sich einer wahren Phalanx neuer Konkurrenten ausgesetzt. Das jüngste

Nachlassen des Wachstums ist wie bei den anderen in diesem Kapitel geschilderten Fällen eine gewohnte Nebenwirkung der Expansion in benachbarte, turbulentere Wettbewerbsfelder.

Das Unternehmen versucht, mit aller Macht auf den US-Markt und in die Verbreitung von Nachrichten via Internet vorzudringen. Dieses klar definierte strategische Ziel wird auch im Stakkato von strategischen Allianzen und Aufkäufen der letzten zwei Jahre sichtbar, zu denen ein Joint Venture mit Dow Jones für interaktive Wirtschaftsdaten, eine Fusion mit Lipper für Informationsdienstleistungen über offene Investmentfonds und der Ankauf des Trustanalytikers BT Alex. Brown gehören. Diese Expansionen in angrenzende Marktsegmente liegen zwar weiter entfernt vom Kern, bauen aber auf dem Know-how des Kernbereichs in Sachen Informationsmanagement auf. Der entscheidende Trick wird darin bestehen, an der Führungsrolle im Kern festzuhalten, während man so viele angrenzende Marktsegmente entwickelt.

In ihrem grundlegenden Beitrag über Kernkompetenzen gehen C. K. Prahalad und Gary Hamel davon aus, dass viele Wachstumsstrategien vorwiegend »danach bewertet werden, ob sie imstande sind, jene Kernkompetenzen zu identifizieren, kultivieren und auszunutzen, die das Wachstum erst möglich machen: Im Grunde müssen sie das Konzept des gesamten Unternehmens neu zur Diskussion stellen!«[13] Prahalad und Hamel erörtern ausführlich die Beispiele NEC und 3M und kommen zu dem Schluss, dass diese Unternehmen über eine strategische Architektur verfügen, die ihr Know-how transparent und auf viele Situationen anwendbar macht. Die Fälle Reuters und Motorola, auf die wir oben eingegangen sind, stellen Extremfälle von Unternehmen dar, deren profitables Wachstum davon abhängt, wie sie ein relativ eng definiertes Kompetenzfeld in die neuen Geschäftschancen rings um den Kernbereich einbringen. Dabei entsteht ein Spannungsverhältnis zwischen dem Schutz des Kerns (ohne ihm einen statischen Zustand aufzuzwingen) einerseits und der Expansion in das richtige angrenzende Marktsegment (ohne den Kern aufzugeben) andererseits.

125

Netzwerkgeschäfte

Robert Metcalfe, der Entwickler der Ethernet-Technologie und ein Erforscher von Netzwerken, hat einmal bemerkt, dass die Schlagkraft vernetzter Systeme exponentiell mit der Anzahl der Teilnehmer wächst. Die Ökonomie der Netzwerke, in der ein hinzukommender Teilnehmer den Wert des Netzes für alle anderen erhöht, sorgt für steigende Skalenerträge und dadurch für einen unverhältnismäßig hohen Nutzen für expandierende, netzwerkabhängige Unternehmen. Wachsende Erträge können Situationen herbeiführen, in denen höhere Skalenerträge für den Marktführer wichtiger sind als für andere Teilnehmer. Deshalb haben viele Segmente des Software- und Kommunikationsbereichs dieselben Eigenschaften wie natürliche Monopole. Wachstum durch Netzwerkexpansion wirkt sich bei diesen Unternehmen wertschöpfend aus. Ökonomen haben die Wettbewerbsdynamik von Netzwerken intensiv diskutiert.[14]

In unserem Zusammenhang bieten viele Formen von Adjacencies in Netzwerken reizvolle Wachstumschancen für Unternehmen, deren Wirtschaftlichkeit von Vernetzungseffekten abhängt. Die einleuchtendsten Beispiele liefern jene Fälle, in denen bestehende Distributions- oder Kommunikationsnetze an benachbarte Netzwerke angegliedert werden. Die Konsolidierung der Eisenbahnen und, in neuerer Zeit, die der Mobiltelefonie sind für diese Expansion beispielhaft. Vor allem die Akquisitionsstrategie Vodafones mit Airtouch in den USA und Mannesmann in Deutschland lieferte Anschauungsunterricht.

Ein anderer Typ ist die Akkumulation von Konsumentengruppen, die auf eine gemeinsame Informations- und Diensteplattform gebracht werden können. Besonders wertvoll ist es hierbei, Standards zu setzen, wie beispielsweise bei Anwendungssoftware. Die Wachstumsstrategien von Microsoft Office für PC-Arbeitsplatz-Software, I2-Technologie für die Managementsoftware für Supply-Chains, SAP bei Controlling-, ERP- und Planungssoftware oder America Online für die Optimierung der Software des Instant-Messenger-Service (AIM) – sie alle implizieren Vorstöße in angrenzende Marktsegmente, die auf Netzwerkeffekten beruhen.

Die Wachstumsstrategie von Jenzabar, einem führenden Webportal für die Vernetzung zwischen Collegestudenten und ihren Lehrern, besteht hinsichtlich der Expansion in angrenzende Marktsegmente aus drei Stufen. Auf der ersten werden dem Webportal neue Usergruppen zugeführt. Auf der zweiten erfolgt der Ankauf der größten spezialisierten ERP-Softwarefirmen (bisher hat Jenzabar fünf davon erworben), die in der Verwaltung von Colleges und Universitäten Verwendung finden. Dadurch wird Jenzabar für diese Institutionen zur bevorzugten Plattform und ist in deren IT-Systemlandschaft voll eingebunden. Auf der dritten Stufe wird das Portal mit neuen Serviceangeboten ausgestattet, beispielsweise mit Reise- und Tourismusangeboten, wodurch Zweckmäßigkeit, Nutzung und Vernetzung des Onlinedienstes weiter vorangetrieben werden.

Expansion in neu entstandene angrenzende Marktsegmente

So wie Vulkanausbrüche manchmal neues und daher unbewohntes Land vom Meeresgrund an die Oberfläche heben, kann auch die Turbulenz einer Branche neues, geschäftlich unerschlossenes Terrain zugänglich machen. Auch völlig neue Märkte gehören dazu und deren Eroberung stellt eine wichtige, chancenreiche Form der Expansion in angrenzende Marktsegmente dar.

Auch Bain & Company steckt derzeit mitten in einem solchen Expansionsprozess. Es gibt eine wachsende Zahl von Unternehmen, die mit der Frage kämpfen, wie sich aus internetrelevanten Ideen oder Technologien ihres Kernbereichs Wert schöpfen lässt. Gleichzeitig erscheinen diese neuen Geschäftsmodelle aber nicht zur direkten Integration in den Kern geeignet. Bain hat sich daraufhin mit dem Venture-Capital-Unternehmen Kleiner Perkins Caufield & Byers sowie dem Leveraged-Buyout-Spezialisten Texas Pacific Group zusammengetan, um ein neues Unternehmen namens eVolution Global Partners ins Leben zu rufen. Ziel ist es, Unternehmen bei der Gründung neuer Geschäftseinheiten in Form von Ausgliederungen aus ihrem Kern zu helfen. Vor mehreren Jahren gab es noch keinen erkennbaren Bedarf für ein solches Angebot. Doch die durch das Internet ausgelöste Entwicklung machte ein angrenzendes Marktsegment daraus, in das es zu investieren lohnt.

Cisco, einer der nachhaltigen Wertschöpfer, bekam immer wieder Kundenanfragen, ob er nicht sein Know-how von Geschäftsprozessen und Internetfähigkeiten zur Verfügung stellen könne, um Kunden bei der Umstrukturierung interner Prozesse zu unterstützen. Cisco entdeckte, dass diese Beratungskompetenz nicht nur für sich genommen einen Wert darstellt, sondern auch seinen eigentlichen Kernbereich, das Geschäft mit Hardware, stärken konnte. Als Konsequenz daraus baut Cisco diese Kompetenz durch interne Maßnahmen und strategische Partnerschaften, etwa durch den Erwerb eines zehnprozentigen Anteils bei KPMG Consulting, massiv aus.

Geschäftschancen in angrenzenden Marktsegmenten bewerten

Managementteams, die Wachstumschancen und Expansionsmöglichkeiten rund um das oder die Kerngeschäft(e) analysieren, werden schnell erkennen, dass sie sich vor interessanten und potenziell profitablen Wachstumsoptionen kaum retten können. Bevor Sie allerdings mit der Datenerhebung beginnen, sollten Sie zunächst ein wenig Abstand gewinnen, sich auf Ihr strategisches Urteil und Ihre geschäftliche Erfahrung besinnen und die Optionen unter Berücksichtigung von fünf wesentlichen Aspekten bewerten:

1. Inwieweit kann dieses angrenzende Marktsegment den wirtschaftlichen Erfolg in unserem Kerngeschäft stärken?
2. Wie gut stehen unsere Chancen, Marktführer in dem neuen Segment oder der Branche zu werden?
3. Könnte dieser Schritt von defensivem Nutzen sein, unsere gegenwärtigen oder künftigen Konkurrenten abschrecken oder fernhalten?

4. Kann diese Investition unser Kerngeschäft für ein späteres Engagement in einem anderen angrenzenden Marktsegment in Position bringen, beispielsweise zur Absicherung gegen größere Unwägbarkeiten oder als erster Schritt einer Folge von strategischen Schachzügen?
5. Wie stehen die Chancen für eine effiziente Implementierung?

Wir glauben, dass diese Fragen eine aktive und fruchtbare Diskussion über Prioritäten anheizen werden. Versagt eine Option in mindestens zwei Aspekten, so sollte grundsätzlich die Frage nach ihrer Attraktivität gestellt werden.

In der nachfolgenden zweiten Phase erfolgt die Prioritätensetzung auf eher traditionelle, analytische Weise, indem eine Faktenbasis über die folgenden Kriterien erstellt wird:

- wirtschaftliche Attraktivität einer Option, das heißt die heutige und künftige Größe des Profitpools,
- die Wettbewerbsintensität,
- Erhebungen über Kundenwert, -bedürfnisse und Nachfragevolumen,
- Höhe und Timing erforderlicher Investitionen,
- Höhe und Timing potenzieller Umsätze und Kosten,
- Unwägbarkeiten, die die Attraktivität einer Option erhöhen oder vermindern könnten;
- Ausmaß zu erwartender Schwierigkeiten bei der Implementierung.

Die letzte Phase des Bewertens und Auswählens von Adjacency-Optionen sieht vor, die Investitionsvorhaben in erkennbare strategische Szenarien zu überführen. In einem uns bekannten typischen Fall ließen sich die dem Unternehmen zur Verfügung stehenden Alternativen zu zwei Szenarien zusammenfassen. Das eine bestand aus einer langen Liste von Initiativen für die Auffrischung des Wachstums in einem profitablen, aber alles andere als dynamischen Kerngeschäft. Zu diesen Initiativen gehörte, weltweit zu expandieren, Spezialeinheiten zur Bearbeitung kleiner Kunden zu schaffen, Mehrwertdienste und Produkte aus dem Informationsbereich anzubieten und neue Technologieprodukte zu entwickeln. Das zweite Szenario sah vor, sich auf mehrere neu entstehende Kundensegmente zu konzentrieren, um dort kritische Masse zu gewinnen. Was als Adjacency-Mapping mit mehr als 90 verschiedenen Ideen anfing, endete in einer höchst produktiven Strategiediskussion über den künftigen Kurs des Geschäfts und in der Frage, wohin die wichtigsten finanziellen Ressourcen sowie Ressourcen aus dem Bereich F&E sowie Management fließen sollten.

Die Identifikation und das nachfolgende Ranking von angrenzenden Marktsegmenten kann für ein Start-up ebenso lohnend sein wie für Geschäftsbereiche eines komplexen Mischkonzerns. So bereitet etwa David Friend, erfahrener mehrfacher Unternehmensgründer, gerade sein fünftes Start-up vor. Jedes dieser fünf Unternehmen folgte einem ähnlichen Muster: Ausbau einer Technologie mit einer Vielzahl kundenorientierter Anwendungsmöglichkeiten und späte Auswahl sowie Feinabstimmung des Kundenfokus, wenn die Markteinführung vor der Tür steht. Friends jüngstes Unternehmen, eYak, jetzt nach erfolgter Akquisition SONEXIS, ist ein Risikokapital-finanziertes Start-up, das die weltweit größte, kostengünstigste und flexibelste Telefonkonferenzschaltung anbietet. Die Fähigkeiten dieser Plattform sind derart umfassend, dass sich daraus eine Fülle von Anknüpfungspunkten für angrenzende Technologien und Dienstleistungen ergibt

Ein systematisches Mapping enthüllte nicht weniger als 28 angrenzende Marktsegmente, die sich als Wachstumsmotor für SONEXIS rechtfertigen ließen. Die Optionen sind vielfältig und reichen vom Verkauf der Nutzungszeit der Konferenzschaltung bis zur Entwicklung eines Produkts für weltweites Tele-Learning (mit Sprachqualität auf höchstem Niveau und Internetbebilderung). Nachdem die angrenzenden Marktsegmente strukturiert und bewertet worden waren, wählte man einige der Optionen aus, um Realisierungschancen, Marktgröße, Einführungsgeschwindigkeit und Besonderheiten des Wettbewerbs zu prüfen. Die Liste der vier am Ende übrig gebliebenen hätte man kaum mit derart großer Meinungsübereinstimmung im Management erstellen können, wäre dem kein derart faktenorientierter Prozess der Entscheidungsfindung vorausgegangen, bei dem die Vielzahl der angrenzenden Marktsegmente rund um das eYak-Kerngeschäft nach Prioritäten sortiert worden war.

Die Logik bei der Auswahl einer Wachstumsoption unterliegt einem ständigen Anpassungsbedarf. Die Turbulenz der Branche sorgt nicht nur für Unsicherheit, die viele Optionen umgibt und den Zeitfaktor für mögliche Reaktionen verringert. Vielmehr werden zusätzlich auch Wachstumsentscheidungen, die einst vorwiegend in konzentrischen Kreisen um ein Kerngeschäft angeordnet waren (Produktwahl, Kundensegmentwahl, Wahl der geographischen Expansionsfolge) mit der Adjacency-Logik ergänzt (völlig neue Geschäfte, »Sicherungsgeschäfte«).

Schließlich ist die Zeitspanne zur Entwicklung einer Strategie in vielen Branchen immer kürzer geworden. Daher muss die oben geschilderte Bewertungsübung, die früher meist jährlich (oder noch seltener) über mehre Tage hinweg erstellt wurde, inzwischen auf eine vierteljährliche, monatliche oder gar wöchentliche Ein-Tages-Übung beschleunigt werden.

Mehrstufige Expansion in angrenzende Marktsegmente

In diesem Buch vertreten wir die These, dass sich die Branchenstrukturen zunehmend destabilisieren, Marktführerschaft mehr und mehr fließenden Charakter trägt und die Lebensspanne der üblichen Strategien immer kürzer wird. Risiken und Unwägbarkeiten prägen zunehmend das Wirtschaftsleben. In einem solchen Umfeld sind Expansionen in angrenzende Marktsegmente unverzichtbar, wenn man den Anspruch auf Zukunftsmärkte behaupten will, beziehungsweise sich gegen Zukunftsrisiken absichern möchte. Die Motivation für solche Zukunftsinvestitionen wird verstärkt, wenn man sich über die Berechnung des Kapitalwerts und den instinktmäßigen »Riecher« hinaus die Grundsätze der Optionspreistheorie betrachtet.[15]

Großkonzerne wie Intel, Microsoft und Cisco machen sich diese Investitionsstrategie zunutze. Und auch große deutsche Unternehmen, deren Randbereiche oder Kerngeschäfte stark von Technologie beeinflusst werden, verfolgen diese Muster. Beispiele sind Deutsche Telekom und Deutsche Post ebenso wie Bayer. Als Unternehmen mit hohem Marktanteil in ihren profitablen Kerngeschäften investieren sie in angrenzende Märkte und kaufen sich in Unternehmen ein, durch die sie sich einerseits vor zukünftigen Risiken für ihr Kerngeschäft absichern, andererseits potenzielle Wachstumschancen erschließen. Dies geschieht besonders häufig in Bereichen mit rapidem technologischem Fortschritt oder drohenden Quantensprüngen durch Veränderung der wirtschaftlichen Ertragslogik einer Branche.

Intel tätigte beispielsweise über 250 Investitionen mit einem Gesamtvolumen in Höhe von drei Milliarden US-Dollar. Mehr als die Hälfte floss in Internet-Start-ups. Für diese Investitionen waren sowohl finanzielle als auch strategische Beweggründe entscheidend. Was das Finanzielle betrifft, hat das *Red Herring Magazine* die Investitionen näher untersucht und stellt fest: »Die Geschichte der Internetinvestitionen von Intel liest sich wie ein »Who is Who« des Internet. Mit nennenswerten Investitionen hat sich Intel schon 1996 hervorgetan, und die damaligen Schritte erscheinen im Rückblick von erstaunlicher Weitsicht. Heute tritt Intel bei vielen Internet-Börsengängen als wichtigster Anteilseigner auf.«[16]

Intels Investitionen in Internetcontent und e-Commerce beeinflussen auch die Strategie bei der Suche nach künftigen Wachstumsquellen. Erstens glaubt man bei Intel, dass es sich lohnt, als Vorsorge gegen Überraschungen auf eigene Kompetenz im Internet zu setzen – schon weil ein Großteil des künftigen Wachstums bei Chipverkäufen eher bei Servern als bei den privaten PCs zu erwarten sei. Tatsächlich hat Intel in den letzten Jahren mehr für diese Investitionen in angrenzende Marktsegmente aufgewendet als für neue Chip-Speicherkapazität. Zweitens kletterte der Prozentsatz der Geschäfte, die Intel über Internet betreibt, in drei Jahren von null auf 42 Prozent im Jahr 1999. Drittens hat das Unternehmen zunehmend Insiderkompetenz für die neuen, am Internet orientierten Geschäftsmodelle gewonnen. Bill Miller, der im Auftrag der Unternehmensleitung die Internet-Investitionsstrategie überwacht, bemerkt hierzu: »Es soll uns flexibler machen. Es soll uns zum Anbieter von Bausteinen für das Internet machen. Hätten wir nicht derart viele Internetinvestitionen getätigt, würden wir viel weniger von dem Geschäft verstehen.«[17]

Was lehren uns dieses und eine überwältigende Fülle ähnlicher Beispiele? Expansionen in angrenzende Marktsegmente können und sollen gegen künftige Unwägbarkeiten absichern und Lernprozesse fördern, ebenso wie sie die existierenden Profitpools in angrenzenden Marktsegmenten attackieren können. Beide Schritte sind notwendige Bausteine für eine Strategie des nachhaltigen Wachstums.

Angrenzende Marktsegmente und Auswahl des Kerns

Die Kombination aus einer Fülle von angrenzenden Marktsegmenten und einem starken beziehungsweise dominierenden Kerngeschäft kann als »schneller Brüter« zur Schaffung nachhaltigen, profitablen Wachstums fungieren – wenn damit eine angemessene Reinvestitionstätigkeit einhergeht. Geschäftseinheiten mit aussichtsreichen angrenzenden Marktsegmenten rund um einen schwachen Kern sollten zunächst diesen Kern stärken, um auf ihn aufbauen zu können. Führende, gut ausgebaute Kerngeschäftseinheiten mit wenigen, plausibel erscheinenden angrenzenden Marktsegmenten werden Teile ihres Kernbereichs (wie in Kapitel 4 erörtert) neu definieren müssen. Häufiger jedoch sind Unternehmen mit einer Vielzahl von Geschäftseinheiten, die zwar innerhalb eines Konzerns dem gleichen Budgetierungsverfahren unterliegen, die aber jeweils ganz unterschiedlich positioniert sind und die sehr unterschiedliches Adjacency-Potenzial besitzen. In dieser Situation kann die Vielfalt und Attraktivität der Adjacencies rings um konkurrierende Kernbereiche maßgeblich darüber entscheiden, wie und wohin sich ein Unternehmen orientieren soll, um höheres Wachstum zu erzielen.

Nehmen wir als Beispiel Oerlikon-Bührle (heute Unaxis). Oerlikon-Bührle wurde zu Beginn des 20. Jahrhunderts in der Schweiz als Werkzeugmaschinenfabrik gegründet. 1996 war es ein 3,9 Milliarden Schweizer Franken schwerer Mischkonzern in Bereichen wie Schuhe (Bally), Flugzeugbau (Pilatus), Rüstungsgütern (Contraves), Grundstücken, Druckpumpen und Bauteilen (Leybold) sowie Beschichtungsanlagen und -dienstleistungen (Balzers). Von 1990 bis 1997 konnte das Unternehmen bei stagnierendem Marktwert nicht einmal ein Prozent jährliches Wachstum verzeichnen. Anfang 1998 sollten ein neuer Aufsichtsrat und Vorstand für profitables Wachstum sorgen.

CEO Willy Kissling unterwarf mit seinem Team sämtliche Geschäfte einer Prüfung und beschloss, sich auf den Kernbereich rund um die Tochter Balzers & Leybold zu konzentrieren. Balzers & Leybold ist Marktführer in der Beschichtungstechnologie in einem breiten Spektrum von Anwendungen – von stark beanspruchten Metall-Bauteilen bis hin zu komplizierten optischen Sensoren sowie optischen und magnetischen Speichermedien (wie Festplatten, CDs, DVD). Letztgenannte zeichnen sich durch eine extrem dünne Beschichtung aus, die mit ca. 100 Angström rund 1000-mal dünner ist als ein menschliches Haar. Balzers & Leybold betreibt ihr Kerngeschäft seit 1946. Damals baute Professor Max Auwarter mit finanzieller Unterstützung des Fürsten von Liechtenstein eine Beschichtungsfabrik in Balzers. Mit der Zeit übernahm das Unternehmen die Führung in einer Marktnische nach der anderen und dominiert heute über 50 Prozent des Marktes. Eine detaillierte Adjacency-Landkarte, die Vorstand und Managementteam für Beschichtungsverfahren für optische Sensoren und Schaltelemente, Speichermedien und Halbleiter erstellte, ergab zahlreiche attraktive angrenzende Marktsegmente mit hohen Wachstumsraten und ergiebigem Profitpool.

In nur wenig mehr als zwölf Monaten hat das Management erkannt, wo es die Kräfte konzentrieren muss und die neue Strategie der Konzentration auf das Beschichtungsgeschäft implementiert. Fast alle anderen Beteiligungen wurden abgestoßen. Man stärkte das Beschichtungsgeschäft im Kernbereich mit Reinvestitionen und steckte freigewordenes Kapital in die Rationalisierung und Automatisierung des Produktionsprozesses. Darüber hinaus schraubte man die Investitionen hoch, um sowohl organisch als auch durch Akquisitionen, wie die von Esec und Plasmatherm, in die Halbleiterbeschichtung vorzudringen, eines der viel versprechendsten angrenzenden Marktsegmente. Zwischen Sommer 1998 und Anfang 2001 kletterte der Aktienkurs von 160 auf 300 Schweizer Franken, nachdem er zwischenzeitlich einen Höchststand von 400 Schweizer Franken erreicht hatte.

Das Umsatzwachstum erreichte – bereinigt um Akquisitionen – mehr als 20 Prozent, und nach Meinung von Börsenanalysten wird sich dieser Trend fortsetzen. Obwohl der Konzern bei der Umstrukturierung insgesamt geschrumpft ist, gemessen am Umsatz immerhin um 22 Prozent, liegt sein Wert heute dreimal höher als noch vor zwei Jahren und fünfmal höher als vor einem halben Jahrzehnt. Kurz, die neue Wachstumsstrategie der Konzentration auf das stärkste Kerngeschäft ist aufgegangen. Die Verdoppelung der Investitionen in die Marktführerposition mit einer Vielzahl von angrenzenden Marktsegmenten um das Kerngeschäft herum hat sich gelohnt.

Fallstricke bei der Expansion in angrenzende Marktsegmente

Investitionen in angrenzende Marktsegmente stehen früher oder später bei jedem Unternehmen, das nachhaltigen Wert schaffen will, auf dem Programm. Zugleich stellt der Vorstoß ins Neuland aber auch nicht nur Chance, sondern häufig auch erhebliches Risiko dar. Bei der Untersuchung von mehr als 100 Beispielen für die Expansion in angrenzende Marktsegmente stießen wir auf sieben gravierende Fehlerquellen, die wir Fallstricke oder Risikofaktoren nennen.

Fallstrick 1: Angriff auf befestigte Stellungen

Die vom amerikanischen Militärhistoriker Liddell Hart unter dem Titel »Strategy« erschienene Geschichte der Militärstrategie untersucht Siege und Niederlagen in den großen Eroberungsfeldzügen, seit dem ersten Peloponnesischen Krieg. Dabei stellte der Autor fest, dass Frontalangriffe bewaffneter Streitkräfte auf befestigte Stellungen buchstäblich zu 100 Prozent scheitern, selbst wenn die Angreifer militärisch überlegen sind. Nach seiner Meinung ist ein indirektes Vorgehen unabdingbar, um die Erfolgschancen zu steigern. Alexanders wichtigste Entscheidungsschlacht gegen die Perser bei Gaugamela im Jahre 331 v. Chr. war ein Meisterstück des indirekten Angriffs. Während des Kampfes führte Alexander eine kleine Vorhut seiner Truppen 30 Kilometer vom zentralen Frontabschnitt fort und schlug aus einer unerwarteten Richtung los, während der Großteil seines Heers sichtbar und unbeweglich in entgegengesetzter Richtung stand. Mit diesem Kunstgriff bezwang Alexander die Perser nicht nur militärisch, sondern hatte auch einen psychologischen Sieg errungen. John Keegan schreibt, Alexander habe, weil er »sowohl an Zahl unterlegen als auch umzingelt war ... subtilere Methoden anwenden [müssen], um den Sieg zu erringen«. Sein Vorrücken in der »schiefen Schlachtordnung« habe eine Taktik vorweggenommen, die 2000 Jahre später aus Friedrich dem Großen den bewunderten Kriegshelden seiner Zeit machte. Als die Schlacht vorüber war, konnte Alexander einen Sieg auf der ganzen Linie verbuchen, hatte »seine Autorität über das gesamte Reich gefestigt und schickte sich an, ›zum Ende der Welt‹ zu marschieren«.[18]

Ganz ähnlich ist es um die Problematik von Unternehmensexpansionen in angrenzende Marktsegmente bestellt. Direkte Attacken gegen befestigte Stellungen, ohne sich einen ungewohnten Einfallswinkel oder eine neue Differenzierung auszudenken, vermag kaum die Siegeslorbeeren einzubringen. Und doch versuchen zahlreiche Unternehmen, in angrenzende Marktsegmente vorzustoßen, die eigentlich befestigte, erbittert verteidigte Kerngeschäfte ihrer Konkurrenten darstellen. Eine der erfolgreichsten Investitionen von Bain Capital war die in

Wesley-Jessen. Diesen Hersteller von Kontaktlinsen kaufte Bain für 6,4 Millionen US-Dollar und brachte ihn vier Jahre später zu einer Bewertung von 290 Millionen an die Börse, mit fast 50fachem Ertrag. Bain hatte bei diesem Unternehmen einen starken Kern (Speziallinsen) erkannt, der wegen Fehlern bei der Expansion in angrenzende Marktsegmente unter seinem vollen Potenzial geblieben war. »Wesley-Jessen hatte beschlossen, auf dem Massenmarkt für Einmal-Kontaktlinsen gegen Johnson & Johnson und Bausch & Lomb anzutreten«, wie Mitt Romney berichtet: »Für 100 Millionen US-Dollar wurde eine Fabrik hochgezogen, um in diesem voluminösen Niedrigpreissegment konkurrieren zu können. Jedoch verlor Wesley-Jessen tagtäglich gutes Geld dabei. Unserer Meinung nach hatte Wesley-Jessen weder die Größe noch die passende Marken für den Wettbewerb im Low-End-Bereich. Das war keine gute Expansionsstrategie, viel zu weit vom Kern des spezialisierten Segments entfernt, wo sich das Unternehmen bewährt hatte. Wir erkannten dies im Rahmen einer Due-Dilligence-Analyse. Die Einmal-Linsen-Fabrik dichtzumachen und die Spezialisierung wieder in den Mittelpunkt zu stellen war das Erste, was wir nach der Übernahme beschlossen.«

Romney fährt fort: »Während der zweiten Phase verfolgten wir die Strategie, zum Kerngeschäft zurückzukehren. Sie bestand aus zwei wesentlichen Elementen. Erstens das, was wir die ›vergessene Doktor-Strategie‹ nannten, ein Fokus auf ein hoch spezialisiertes Kundensegment, Augenärzte, die Anwendungen in Segmenten wie Speziallinsen für Astigmatismus beherrschten. Das zweite Element bestand darin, mit Wesley-Jessens starker Position bei getönten und gefärbten Kontaktlinsen ein echtes Modeprodukt zu lancieren, mit pinkfarbenen Linsen für US-Teenager, andere Farbtöne für den japanischen Markt, Ultraviolettschutz für Sportbegeisterte und so weiter. Diese Strategie einer auf dem ursprünglichen Kerngeschäft aufbauenden Segmentierung hat sich als Motor profitablen Wachstums ausgezeichnet bewährt.«[19]

Marktbereiche abzugrasen, in denen ein Unternehmen relativ geringe Chancen hat, die Führungsrolle zu spielen oder Marktmacht und -beeinflussung zu erlangen, zehrt an den Kräften des Kerngeschäfts und kann im Übrigen Geschäft sogar das Wachstum bremsen.

Fallstrick 2: Den Profitpool überschätzen

Die Chancen, erfolgreich zu wachsen, stehen viel besser, wenn das Wachstum auf einen großen und wachsenden Profitpool abzielt anstatt auf einen kleinen und stagnierenden. In ihrer Analyse des Gucci-Beispiels, das wir bereits erwähnten, bemerken Jim Gilbert und Orit Gadiesh:

Guccis Missgriff verdeutlicht das Problem des Wachstums: Die Strategien, mit denen Unternehmen versuchen, ihren Umsatz auszuweiten, haben oft ungewollt zur Folge, dass sie ihre Basis schädigen. Gucci wollte seine Marke breiter streuen, um den Verkauf anzukurbeln – eine übliche Wachstumsstrategie –, und am Ende hatte sich das Unternehmen von seinem profitabelsten Kundensegment entfernt und neue Segmente adressiert, die weit weniger profitabel waren. Was dabei herauskam, war eine breitere Kundenbasis, aber ein weniger attraktiver Kundenmix.[20]

Den derzeitigen und künftigen Profitpool zu analysieren, ist unerlässlicher Bestandteil der Entwicklung einer Wachstumsstrategie. Der Profitpool ist eine Funktion aus der potenziellen Marktgröße und der Profitabilität der einzelnen Wertschöpfungsschritte. Zugleich ist er abhängig von der Branchenstruktur: Der Profitpool in einem Segment, in dem ein Teilnehmer Marktmacht und -beeinflussung erreichen kann, ist viel größer als der Profitpool in einem Segment mit einer Vielzahl gleichgroßer Wettbewerber.

Fallstrick 3: Falsche Bündelung

Nicht unüblich in Jahresberichten und Pressemitteilungen sind Aussagen wie: »Unser Ziel ist es, alle Bedürfnisse unserer wichtigsten Kunden zu befriedigen«. »Was immer der Kunde braucht, er findet es bei uns – alles aus einer Hand«. In wenigen Ausnahmefällen mag dieser Vollsortimenteransatz angemessen sein. Doch grundsätzlich müssen Statements dieser Art eher als Hinweis dafür gelten, dass die Geschäftsgrenzen vermutlich zu weit gefasst sind.

Ein Beispiel dafür ist der englische Buch- und Schreibwarenhändler W. H. Smith. Dessen unverwechselbare Geschäftsidee, Reisende mit Büchern zu versorgen, nahm erstmals 1792 mit einem einzigen Buchladen bei London Gestalt an. Er expandierte im Handumdrehen und führte schließlich zum Vertrieb von Zeitungen rund um London. Die Bücherstände fanden wachsende Verbreitung mit dem Eisenbahnverkehr, dessen Reisende nicht nur Zeitungen, sondern auch anderen Reisebedarf nachfragten (darunter Spiele und Fußwärmer). Heute verzeichnet W. H. Smith einen Umsatz von mehr als 3,5 Milliarden US-Dollar mit weit über tausend Läden in unterschiedlichsten Formaten und immer noch mit besonderem Augenmerk auf die Bedürfnisse von Reisenden.

Vor einigen Jahren jedoch kam das Kerngeschäft durch Wettbewerber wie Dillon und Waterstone unter Druck. Schnell folgerte man, das Problem sei das zu spezialisierte Sortiment in einem breiter angelegten Einzelhandelsformat. W. H. Smith begann die vermeintlichen Lücken mit neuen Sortimenten wie Spielzeug, Schreibmaschinen, CDs, Heimwerker-Werkzeug und Geschenken zu füllen. Das Ergebnis kann nicht verwundern: sinkender Umsatz pro Quadratmeter Verkaufsfläche, höhere Lagerbestands- und Prozesskosten sowie ein Managementteam, das sich von der Verteidigung des bedrohten Buchgeschäfts ablenken ließ.

1996 hatte die W.-H.-Smith-Kette 195 Millionen Pfund (310 Millionen US-Dollar) verloren und wechselte mit dem Management auch die Strategie aus: Rückkehr zur ursprünglichen Auffassung von Geschäftsidee und Marktdefinition. In den folgenden zwei Jahren nahm man nicht kernbezogene Produkte aus dem Sortiment und trennte sich von aufgekauften Unternehmen wie The Wall (ein US-Plattenhändler) und dem Anteil an der Virgin-Our-Price-Megastore-Kette. Das bei diesen Verkäufen frei werdende Kapital wurde eingesetzt, um den Kern zu stärken und innerhalb der ursprünglich gesteckten Grenzen auszuweiten. Im Jahr 1998 erwarb W. H. Smith 230 britische Zeitungskioske seines Konkurrenten John Menzies und fing an, die Kernprodukte über Internet anzubieten. Noch immer hat W. H. Smith sich in einer rauen Branche zu behaupten, doch zumindest hat das Unternehmen sich auf ein wohldefiniertes Schlachtfeld begeben, auf dem es eine »kritische Masse« besitzt.

Einige der prominentesten Fälle gescheiterter Expansionen in angrenzende Marktsegmente lassen sich darauf zurückführen, dass Synergieeffekte und wirtschaftliche Vorteile einer Bündelung überschätzt wurden. Allegis, die Kombination von United Airlines, Sheraton Hotels and Resorts und Hertz-Mietwagen, wollte dem Verbraucher ein integriertes Reisepaket »aus einer Hand« anbieten und lieferte ein Beispiel für enorme Investitionen, die auf falscher Einschätzung des Konsumentenverhaltens beruhten. Mit ähnlichen Hintergedanken hatte Sears die Unternehmen Coldwell Banker, Allstate Group sowie Dean Witter Financial Services Group aufgekauft, um den Einzelhandelskunden ein integriertes Bündel von Finanzprodukten anzubieten, ohne zu ahnen, dass sich die Kunden der Sears-Supermärkte nicht im Geringsten dafür interessierten. Daimler-Benz lieferte mit der Vision vom »integrierten Technologiekonzern« ebenfalls ein Beispiel für die falsche Bündelung von Geschäften, weil die Entwicklungskompetenzen niemals zu den versprochenen Synergien auf der Kunden- oder der Kostenseite führten.

Fallstrick 4: Eindringlinge an unerwarteten Fronten

Die Erschließung neuen, noch unbesetzten Terrains auf dem Markt zieht immer wieder Eindringlinge aus unerwarteten Richtungen an. Ein paar Beispiele:

- Kodak gerät durch sein Engagement im Bereich der Digitalkameras mit den für Kodak neuen Konkurrenten Hewlett-Packard und Canon aneinander,

- Quaker Oats' Versuch, den Getränkemarkt mit Snapple zu erobern, kollidiert direkt mit neuen Getränke-Initiativen des Coca-Cola-Konzerns und seiner unschlagbaren Vertriebsinfrastruktur,
- Xerox' Vorstoß in den Bereich der Billigkopierer wird überraschend von Canon gekontert, einem unkonventionellen, vom Branchenriesen unterschätzten Rivalen.

Wettbewerber, die man nicht kennt, werden von vielen Unternehmen hinsichtlich ihrer Stärke, ihrer Fähigkeiten und des Ansatzpunkts ihres Angriffs unterschätzt. Man wäre gut beraten, jeden neuen Wettbewerber genau zu untersuchen, um nachzuvollziehen, wie sich Ertragslogik und Kunden aus der Perspektive des Gegners ausnehmen.

Das Mapping von angrenzenden Marktsegmenten erfordert also nicht nur eine gründliche Betrachtung des Marktes aus Inside-out-Perspektive, sondern auch eine Outside-in-Analyse der sich hinter in ihrem Umfeld bewegenden wettbewerblichen Kräfte. Denn in einer immer schneller werdenden, vernetzten Welt nimmt die Anzahl »toter Winkel«, in denen sich Wettbewerber unbemerkt »heranschleichen« können, immer weiter zu.

Fallstrick 5: Angrenzende Marktsegmente prinzipiell außer Acht lassen

Polaroid, den Hersteller der weltbekannten Sofortbildkamera, darf man mit Recht eines der ersten und erfolgreichsten Technologieunternehmen Amerikas nennen. Als sich Edwin Land von Polaroid zurückzog, hatte außer ihm nur noch Thomas Edison im Lauf seines Lebens mehr Patente angemeldet. Doch während sich die Natur der Film- und Bildreproduktion grundlegend wandelte, bis hin zur modernen Digitalbildtechnik, hielt das Unternehmen an der (chemischen) Instantfotografie fest. Noch heute beruhen neue Produkte bei Polaroid, angefangen bei einer neuen Wegwerfkamera namens PotShots, auf Edwin Lands ursprünglichem Portfolio von Patenten und Produkten. Dem Unternehmen gelang es nicht, die Grenzen neu abzustecken und einem neuen, breiteren, von Verbrauchern und von der Konkurrenz beeinflussten Verständnis von Bildtechnik gerecht zu werden. Polaroids Geschäftsdefinition – Instantfotografie – resultiert aus einem internen Blickwinkel und ist zu eng, um nachhaltiges, profitables Wachstum zu erzielen. Der Markt honorierte die aus dieser Definition (und den vorhandenen Ressourcen) abgeleitete Strategie nicht. Der Kurs der Aktie fiel in den letzten fünf Jahren um über 50 Prozent.

Unternehmen wie Polaroid, die für ein einziges, extrem starkes Produkt oder eine traditionelle Technologie stehen, oder die von der erfolgreichen Vergangenheit in einer geschützten Nische zehren, neigen am meisten zu einer verengten Betrachtung ihrer Geschäftsgrenzen sowie ihres Optionenspektrums. Eine solche Umgebung wird geprägt durch organisatorische Grenzen und starre Budgetrestriktionen, die einer Erweiterung der Geschäftsdefinition regelmäßig im Weg stehen. Eine enge Marktdefinition lässt den Marktanteil »künstlich« hoch erscheinen – eine Art Zahlenkosmetik für Mitarbeiter und Analysten. Enge Grenzen sorgen für gedankliche Bequemlichkeit und eine geradezu narkotisierende Wirkung von Budgets. Und das Schlimmste daran: Je enger die Grenzen gefasst sind, desto stärker weicht man anstehenden, unangenehmen Entscheidungen aus.

Fallstrick 6: Neue Segmente verpassen

Ein in der Nähe des Kerngeschäfts neu auftauchendes Kundensegment zu übersehen oder links liegen zu lassen, kann nachhaltigen Schaden mit sich bringen. Betrachten wir als Beispiel das Mietwagengeschäft.

Die in den USA führenden Fahrzeugvermieter Avis, Hertz und National Car Rental wurden in den fünfziger Jahren gegründet. Sie beschränkten sich zunächst darauf, Geschäftsreisende an den 100 wichtigsten Flughäfen in den Vereinigten Staaten zu bedienen. Doch die Strategie der Mietwagenunternehmen verlor an klaren Konturen, als sich neue Segmente auftaten, größer wurden und mit der Zeit ein Eigenleben gewannen. Ein erstes neues Segment waren Mietwagen für Urlaubsreisende, ein weiteres bestand aus Ersatzwagen für Unfallfahrzeuge und Werkstattzeiten.

Die Autovermietung Alamo Rent-A-Car wurde von Mike Eagan 1974 in Florida gegründet und verfügte über vier Standorte mit einem Fuhrpark von 1000 Pkws. Alamos Formel unterschied sich wesentlich von dem Ansatz der etablierten Wettbewerber, indem die Firma sich auf den Freizeitmarkt konzentrierte, in dem die Mietgebühr aus eigener Tasche bezahlt wird. Eagens Konzept bestand darin, kostengünstige Filialen außerhalb der Flughäfen einzurichten. Die Werbung konzentrierte sich auf Ausflugsziele und typische Abreiseorte. Ein engagierter Vertrieb bearbeitete Reisebüros und Tourismusmanager. Mietwagenanbieter außerhalb von Flughäfen sind für die meisten, zeitlich stark eingeschränkten Geschäftsreisenden uninteressant, allerdings wie geschaffen für preisbewusste Familien, die sich ein motorisiertes Urlaubsvergnügen gönnen wollen. Binnen 15 Jahren errang Alamo die Marktführerschaft im Freizeitsegment und vergrößerte seinen Fuhrpark auf mehr als 150 000 Pkws, annähernd 75 Prozent der durchschnittlichen Fahrzeugflotten von Hertz, Avis und National. Seitdem hat das Unternehmen seine Low-Cost-Position genutzt, um in einige Segmente des Firmenkundengeschäfts vorzudringen. Dadurch geriet Alamo viel enger in Konkurrenz zu den traditionellen, flughafengestützten Mietwagenfirmen, die mittlerweile auch außerhalb von Flughäfen investierten.

Während Alamo den Freizeitmarkt entwickelte, tat eine andere Mietwagenfirma namens Enterprise den Ersatzwagenmarkt auf. In den sechziger Jahren kamen die Enterprise-Gründer, Familie Taylor, auf die Idee, Autobesitzern, die wegen eines Unfallschadens oder Reparaturarbeiten auf ihren Privatwagen verzichten mussten, Mietfahrzeuge anzubieten. Während Alamo seine Vertreter in die Reisebüros schickte, fokussierte sich Enterprise auf große KfZ-Werkstätten, Versicherungsagenten und -sachverständige und Autohändler. Der längere Mietzeitraum und die stärkere Kostenorientierung der Zielkunden erforderten ein anderes Geschäftsmodell, als es Alamo, Hertz oder Avis verwirklichten. Dies bezog sich unter anderem auf den Zustand der Wagen, die Größe und Qualität der Filialen sowie das Personal. Noch 1980 hatte das Unternehmen nicht mehr als 10 000 Wagen. Derzeit betreibt es einen Fuhrpark von über 320 000 Fahrzeugen und hält 70 Prozent des Ersatzwagenmarkts, den man seinerzeit definierte, schuf und seitdem beherrscht. Heute ist Enterprise, was Gewinnspanne und Kapitalerträge betrifft, das profitabelste größere Mietwagenunternehmen.

Hätten die traditionellen Mietwagenverleiher den Freizeitmarkt schon in den Anfängen seiner Entwicklung stärker beachten sollen, oder den Ersatzwagenmarkt, oder beide? Hätte dies ihr Flughafen-Kerngeschäft beeinträchtigt und traditionelle Konkurrenten auf den Plan gerufen? Oder wäre ein früher Einstieg ins Freizeit- und Ersatzwagensegment die Erfolgsstrategie gewesen? Hätte die Umleitung von Kapital zur Entwicklung beider Geschäfte nicht notwendigerweise Ressourcen aus den produktiveren Bereichen abgezogen? Oder hätte darin die einzige Chance gelegen, den eigenen Kern durch Übernahme einer Führungsposition in einem neu heranwachsenden Segment zu stärken? In einem kleineren und noch dazu automobilbegeisterten Land wie Deutschland scheint die Fokussierung von Sixt auf Geschäftskunden, insbesondere gestützt durch aggressive und lustbetonte Werbung, jedenfalls eher eine Stärke als eine Schwäche zu sein.

Fallstrick 7: Einseitige Förderung von angrenzenden High-End-Marktsegmenten

Wie Clayton Christensen in seinem Buch »The Innovator's Dilemma« nachweist, neigen gerade die in angrenzende Marktsegmente expandierenden stärksten Kerngeschäfte dazu, auf ihren Märkten in den High-End-Bereich zu gehen. Dabei werden immer hochwertigere Produkte mit größerer potenzieller Gewinnspanne angeboten, um die gestiegenen Gemeinkosten abzudecken. Beispielsweise verfolgt in der Computerbranche fast jeder Hersteller von Programmen, Komponenten oder PCs einen Wachstumsplan, der auf neue, komplexere Anwendungen oder innovative Produkte für die Rechenzentren von Groß-unternehmen abzielt.

Die Gefahr dabei ist, dass dieser Ansatz am unteren Ende eine Flanke für konkurrierende Billiganbieter offen lässt. Es gibt eine Fülle von Beispielen für erfolgreiche Feldzüge in ähnlichen Situationen. Die Branchen reichen von Stahl (Nucor) über Brokergeschäfte (Consors) bis zu PCs (Dell). Vor jeder Entscheidung über eine Wachstumsstrategie, die auf angrenzende Marktsegmente abzielt, sollte sich das Unternehmen selbst fragen: Haben wir den unteren Rand des Markts vernachlässigt, und wenn ja, warum?

Das Risiko gefährlicher angrenzender Marktsegmente einschränken: Fragen zur Selbstdiagnose

Natürlich kann die falsche Wahl einer Expansion in angrenzende Marktsegmente Schäden anrichten, die über den bloßen finanziellen Verlust hinausgehen. In der Regel werden die Strategien im Kernbereich vernachlässigt, das Management abgelenkt und die Investoren verwirrt, wobei sich die Effekte zum Nachteil aller gegenseitig verstärken. Es gibt keine Faustregel, die dieses Risiko verhüten hilft. Genau genommen stehen unvermeidliche Experimente am Anfang der Wachstumsstrategien von jenen Unternehmen, die offensichtlich von einer Expansion in angrenzende Marktsegmente zur nächsten eilen und damit Erfolg haben (wie Sony, Dell, Schwab oder Hilti). Allerdings lässt sich das damit verbundene Risiko managen.

Bei der Bewertung des Wachstums in angrenzenden Marktsegmenten sind wir auf eine Reihe von Fragen gestoßen, deren Diskussion dazu führen kann, die richtigen Probleme zu erkennen und – wenigstens manchmal – klärende Antworten zu finden. Zugegebenermaßen liegen viele angrenzende Marktsegmente hierbei im Graubereich, vor allem bei unsicherer zukünftiger Marktentwicklung. Doch selbst bei solchen angrenzenden Marktsegmenten können unsere Fragen helfen, die Art des Risikos näher zu beleuchten und jene Optionen zu finden, die sich durch geringere Kosten und ein niedrigeres Risiko auszeichnen.

Um die Investition in ein angrenzendes Marktsegment zu bewerten, sollten Sie sich Folgendes fragen:

1. Wird dieses angrenzende Marktsegment das Kerngeschäft oder gegebenenfalls eines unserer Kerngeschäfte stärken oder neu beleben?
2. Kann dieses angrenzende Marktsegment den Kunden unseres Kerngeschäfts zusätzlichen Nutzen stiften?
3. Dient dieses angrenzende Marktsegment als Pufferzone gegen die Absichten potenzieller Konkurrenten, unser Kerngeschäft anzugreifen?
4. Ist dieses angrenzende Marktsegment so positioniert, dass sich die Profitpools der Branche und des Kerngeschäfts mit der Zeit dahin verlagern werden (wachsende Segmente, Vertriebskanäle, notwendige Kompetenzen)?
5. Haben wir eine Chance darauf, Größenvorteile im angrenzenden Marktsegment, sei es durch uneingeschränkte Marktführerschaft, einen geschützten Kundenstamm oder die Ausnutzung von Synergieeffekten mit unserem Kerngeschäft, zu erzielen?
6. Wird uns dieses angrenzende Marktsegment gegen eine wesentliche strategische Unsicherheit oder Ungewissheit absichern?
7. Bildet dieses angrenzende Marktsegment einen Ausgangspunkt für strategische Schachzüge, die zum Ausbau, zur Festigung und zum Schutz des Kerngeschäfts zukünftig notwendig erscheinen?
8. Reicht dieses angrenzende Marktsegment in das angestammte Territorium eines (neuen) Konkurrenten hinein? Wie könnte dieser Wettbewerber reagieren, und wie würde sich das für uns auswirken?
9. Wird ein Scheitern des Vorstoßes in dieses angrenzende Marktsegment dazu führen, dass unser Kerngeschäft mehr und mehr angreifbar wird?

10. Haben wir alle konkurrierenden Grenzsegmente vollständig aufgelistet, oder handeln wir aus dem Bauch heraus, ohne die Alternativen einer objektiven Bewertung zu unterziehen?

Nach Beantwortung dieser zehn Fragen wird man nur noch die wenigsten angrenzenden Marktsegmente einhellig gutheißen. Wenn Sie eine Antwort oder zumindest eine fundierte Meinung zu jeder Frage haben und das sich ergebende Gesamtbild Sie zum Vorstoß ermutigt, so täten Sie gut daran, dieses angrenzende Marktsegment zu erschließen. Fehlt allerdings zu einigen Fragen eine klare Antwort oder zumindest eine fundierte Meinung, so müssen Sie analytisch noch ein wenig tiefer gehen. Je riskanter die Entscheidung ist, desto mehr kommt es darauf an, sich alternative Strategien zu überlegen (beispielsweise Minderheitsbeteiligungen oder Allianzen als Alternative zum alleinigen Vorstoß), um dadurch das Risiko besser zu kontrollieren.

Um nach der Auswahl der Strategie die richtige Vorgehensweise zur Umsetzung zu wählen, sollten Sie folgende Fragen stellen:

1. Macht es Sinn, durch Direktinvestitionen oder Akquisitionen in einen Bereich vorzudringen, in dem das Erreichen der Marktführerschaft allein nur schwer machbar erscheint? Kommen hierfür vielleicht eher Outsourcing oder Partnerschaften infrage?
2. Muss ich in den angrenzenden Marktsegmenten, die am meisten gegen zukünftige Risiken absichern, mehrheitsbeteiligt sein, oder genügen verschiedene Minderheitsbeteiligungen mit der Option einer Aufstockung?
3. Wenn Sie mit dem neuen Territorium nicht vertraut sind, welche Experimente oder Pilotprojekte wären möglich? Würden Sie damit dem Wettbewerb ihre Absichten signalisieren und Abwehrreaktionen provozieren?
4. Wer ist augenblicklich Marktführer im angrenzenden Marktsegment? Wäre es sinnvoller, die Kräfte in irgendeiner Weise zu bündeln, statt einen neuen Konkurrenten in die Arena zu schicken?

Zusammenfassung

Die erfolgreichsten nachhaltig wachsenden Unternehmen folgen fast immer dem gleichen Expansionsschema: geregeltes und wohl organisiertes Vordringen in eine Reihe von angrenzenden Marktsegmenten, die an ein oder zwei ihrer starken Kerngeschäfte grenzen. Das Schema erinnert an Jahresringe eines Baums, die in konzentrischen Kreisen um den Kern entstehen und diesen ausdehnen und verstärken.

Welche angrenzenden Marktsegmente infrage kommen und wie viel – relativ zum Kerngeschäft – in sie investiert werden soll, gehören für jedes Unternehmen, das nachhaltiges Wachstum anstrebt, zu den schwierigsten und gleichzeitig fruchtbarsten Entscheidungen. Ein Beispiel nach dem anderen haben wir daraufhin untersucht, inwieweit Managementteams ihren Kernbereich überfordert oder unterschätzt haben, um in der Ferne liegende angrenzende Marktsegmente zu erschließen (Bausch & Lomb, Gillette). Wir lernten Unternehmen kennen, die versuchsweise in wichtige angrenzende Marktsegmente eingestiegen sind, ohne dafür die notwendigen Management- und finanzielle Ressourcen bereitzustellen. Oft haben diese Unternehmen ihren Kernbereich nachhaltig geschädigt, indem sie weniger relevante geschäftliche Initiativen verfolgten (Compaq, Polaroid, Daimler-Benz). Aber wir fanden auch Unternehmen, die eine Wachstumswelle nach der anderen auslösen konnten, indem sie einen organisierten Ansatz verfolgten und damit den Widerspruch zwischen Investitionen im Kerngeschäft und aggressivem Vordringen in angrenzende Marktsegmente lösten (Hewlett-Packards Druckergeschäft, ServiceMaster). Schließlich zeigten wir Beispiele für Unternehmen auf, die sich vom Kerngeschäft entfernten, nur um nach kurzer Zeit zurückzukehren und ihre Strategie für angrenzende Marktsegmente in Übereinstimmung mit ihrer eigentlichen Differenzierung und dem beschleunigten Wachstum zu bringen (Hilti, Dell).

In jedem dieser Unternehmen waren erfahrene Managementteams am Ruder. Mit dem Spannungsfeld der Entscheidung, ob sie in das Kerngeschäft reinvestieren, in angrenzende Marktsegmente expandieren, lukrative neue Ideen verfolgen oder schließlich auf die Stärke ihres Kerngeschäfts vertrauen sollen, hatten alle zu kämpfen. Wie die Geschichte dieser Unternehmen lehrt, konnte keines das Patentrezept für alle liefern. Gleichwohl hoffen wir, dass unsere Beispiele, das Verfahren zur Erstellung einer Adjacency-Landkarte sowie die Fragen zur Selbstdiagnose einen nützlichen Rahmen für die Entscheidung liefern, in welches angrenzende Marktsegment und mit welchen Mitteln expandiert werden soll, um das Gewinnpotenzial des Kerngeschäfts voll auszuschöpfen.

Den erfolgreichsten Unternehmen bietet sich die größte Anzahl von angrenzenden Marktsegmenten. Täglich entstehen neue Geschäftschancen, die mit dem Unternehmenserfolg wachsen. Das Übermaß an Möglichkeiten erschwert den Entscheidungsprozess und die Prioritätensetzung, auch wenn es natürlich gut tut, solche und keine anderen Probleme zu haben. Unweigerlich wächst das Risiko. Paradoxerweise gilt: Je besser es Ihrer Firma geht, desto risikobehafteter sind Ihre Entscheidungen bezüglich der Auswahl von angrenzenden Marktsegmenten rings um das Kerngeschäft sowie die Höhe der Investitionen.

Natürlich gerät bisweilen auch das Kerngeschäft selbst in Turbulenzen, wenn technologische Neuerungen oder gewandelte Bedürfnisse der Kunden eine Umorientierung oder ein neues Geschäftsmodell erfordern. Solche Probleme treten neuerdings immer häufiger auf. Folglich wenden wir uns dem dritten Element der Wachstumsstrategie zu: der Neudefinition des Kerngeschäfts.

4

Das Neudefinitions-Dilemma

Als der Naturforscher Charles Darwin 1842 über die Fauna der Galapagos-Inseln schrieb, bemerkte er eine ungewöhnliche Finkenart, die überlebt hatte, weil sie gut an ihre Umwelt angepasst war. Die Vögel unterschieden sich im Aussehen stark von ihren kontinentalen Artgenossen und verhielten sich auch ganz anders. Diese Vögel hatten verlängerte Schnäbel, mit denen sie die auf der Insel vorhandene Nahrung (Insekten, Nüsse, Nektar aus Tropenfrüchten), die europäischen Finken eher fremd ist, aufnehmen konnten. Der Beweis, dass eine Spezies sich grundsätzlich neu definieren muss, um sich erfolgreich in einer neuen Umwelt zu behaupten, wurde zum Eckpfeiler der Darwinschen Evolutionstheorie.[1] In der Geschäftswelt findet eine ähnliche Evolution durch Anpassung und Umweltselektion statt. In den Turbulenzen des heutigen Fortschritts zeichnen sich neue Umweltbedingungen ab. Wer überleben will, ist gezwungen, sich neu zu definieren.[2]

Wir identifizierten fünf wesentliche Ursachen der Branchenturbulenz. Beispielsweise sorgt die Technologie, die Telefonieren über das Internet annähernd zum Nulltarif ermöglicht, für wachsende Turbulenz in der Telekommunikationsbranche. Informationsnetzwerke und Suchmaschinen wie Napster lösten im Handumdrehen einen Wirbelsturm in der Musikwelt aus, der kaum zwei Monate später auch die

Filmbranche ergriff und etliche Gerichtsverfahren später in seinen Wirkungen ungeklärt ist. Ein zweiter Grund liegt im Entstehen neuer, kostengünstiger Geschäftsmodelle, die nur durch eine Vielzahl gleichzeitig verfügbarer Technologien möglich werden. Der Einfluss, den Ketten wie Staples für Büromaterial und OBI für Heimwerkerbedarf, Hennes & Mauritz für Kleidung und Aldi im Discountsegment auf Tante-Emma-Läden, Fachgeschäfte und Supermärkte ausüben, kann als Beispiel für diese Form von Turbulenz gelten. Ein dritter Grund besteht in regulativen staatlichen Maßnahmen, die den Wettbewerb stark beleben oder eindämmen können. Ein typisches Beispiel, dessen Schockwellen noch immer nachwirken, ist zum Beispiel die Deregulierung des Telekommunikations- sowie des Versorgungssektors. Im Bereich der Telefon-Festnetze führte dies in Deutschland dazu, dass innerhalb kürzester Zeit eine Vielzahl von Unternehmen aus dem Boden spross. Allein in Deutschland existierten Anfang 2001 rund 400 lizenzierte Festnetzanbieter, von denen der größte Teil vermutlich wieder vom Markt verschwinden wird. Ein bezeichnendes Beispiel lieferte der Marburger Festnetzanbieter TelDaFax. Im März 1995 von Dr. Gerhard Lenz als »Garagenfirma« gegründet, wies der Anbieter von Call-by-Call- und Pre-Selection-Ferngesprächen bereits vier Jahre später einen Jahresumsatz von 670 Millionen Mark auf. Doch der einseitige Preiskampf zwischen deutschen Festnetzbetreibern forderte seinen Tribut. Im April 2001 musste das Unternehmen das Insolvenzverfahren eröffnen. Nicht viel besser erging es im Übrigen dem größten Anteilseigner von TelDaFax, dem US-amerikanischen Telekommunikationsunternehmen World Access, welches nur kurze Zeit später Gläubigerschutz (in den USA das Pendant zum Insolvenzverfahren) beantragte. Die vierte Ursache für Branchenturbulenzen ergibt sich aus der Tatsache, dass Nachfrage und Bedürfnisse der Kunden einem fundamentalen und diskontinuierlichen Wandel unterliegen, den die Kunden selbst antreiben. Zum Beispiel beschlossen Wal-Mart und andere amerikanische Ketten 1994, für den Einkauf von Zeitungen und Zeitschriften von lokalen zu überregionalen Vertreibern zu wechseln.

Die Folge waren ein rapider Preisverfall und die Konsolidierung der Branche. Eine fünfte Ursache ist das Internet, das eine Branche nach der anderen verändert – von Tonträgern bis zu Wertpapieren.

Turbulenzen in einer Branche können mächtig genug sein, um über Gewinner und Verlierer zu entscheiden. Das ergibt sich aus dem Vergleich unserer nachhaltigen Wertschöpfer im letzten Jahrzehnt mit Unternehmen, die ihren Marktwert erst in den letzten drei Jahren durch eine weit überdurchschnittliche Wachstumsrate erlangten (was nicht notwendigerweise nachhaltig, aber eben kurzfristig wertschaffend war). Um den Sachverhalt genau zu prüfen, schlüsselten wir die nachhaltigen Wertschöpfer nach ihren vorrangigen Wachstumstreibern auf: das traditionelle Kerngeschäft plus Expansionen in angrenzende Marktsegmente (wie bei ServiceMaster und General Electric), ein völlig neues Geschäftsmodell beziehungsweise ein völlig neuer Markt (wie bei Cisco und Dell) oder eine echte Transformation des historischen Kerns (wie bei Schwab und Mannesmann). Dann wandten wir dieselben Kategorien auf die leistungsstärksten Unternehmen an. Der Vergleich findet sich zusammengefasst in Abbildung 4.1. Unternehmen, die im Lauf des vergangenen Jahrzehnts und vor den Turbulenzen der letzten paar Jahre besonders nachdrücklich gewachsen sind, florierten vor allem durch Wachstum im Kerngeschäft und durch Expansionen in angrenzende Marktsegmente. Insgesamt folgten 84 Prozent diesem traditionellen Muster. Im Gegensatz dazu haben Unternehmen, die ihr höchstes Leistungsniveau zwischen 1997 und 2000 erreichten,

– von Turbulenzen profitiert und einen neuen Markt erschlossen oder
– ein völlig neues Geschäftsmodell entwickelt oder
– die radikale Transformation ihres Kerns schneller vollzogen, als es eine Expansion in angrenzende Marktsegmente erlaubt hätte.

Tatsächlich haben sich über die Hälfte der leistungsstärksten Unternehmen in der letzten Gruppe auf neue Märkte konzentriert oder sind durch Neudefinition des Kerns entstanden.

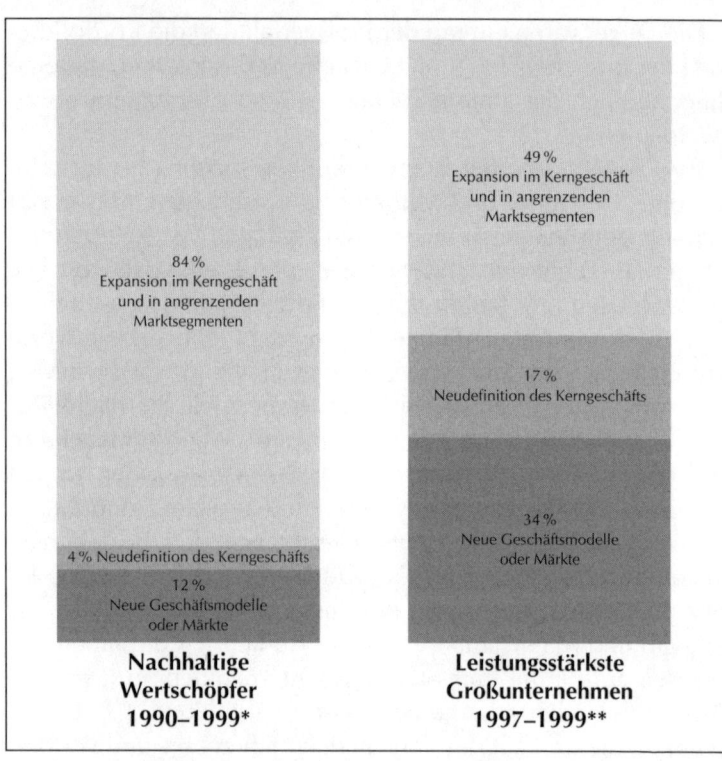

Abb. 4.1: Turbulenz verändert die Quellen des Wachstums

* Beruht auf einer Stichprobe nachhaltiger Wertschöpfer in den USA; *n* = 67.

** Großunternehmen in Nordamerika mit höchster Wertschöpfung über einen Dreijahreszeitraum (bis 31.12.1999) nach Angaben des *Wall Street Journal*; *n* = 35.

Eine interessante, unsere Ergebnisse bestätigende Studie mit 100 Start-ups von 1992 bis 1997 kommt zu dem Ergebnis, dass insgesamt 86 Prozent der Neugründungen vorwiegend »Me-too«-Geschäftsmodelle sind. Jene 14 Prozent, die als echte Innovatoren gelten, konnten in den folgenden Jahren 38 Prozent der Gesamtumsätze und 61 Prozent der Gewinne erwirtschaften. Dies resultierte überwiegend aus der Tatsache, dass sie für den Wettbewerb in neuen Märkten oder expandierenden Marktsegmenten besser positioniert waren.[3]

Erfolgreiche Transformationen sind selten

Die Notwendigkeit, ein Kerngeschäft grundsätzlich neu zu definieren, gewinnt an Bedeutung und wird sich mit zunehmend wiederkehrenden Branchenturbulenzen immer öfter einstellen. Doch wie die Geschichte lehrt, sind erfolgreiche Transformationen ziemlich selten. Als wir das letzte Jahrzehnt der Unternehmensgeschichte unserer weltweit 305 nachhaltigen Wertschöpfer rekapitulierten, stellte sich heraus, dass allenfalls 30 Unternehmen eine größere Neudefinition ihres Kerngeschäfts vorgenommen haben. Später forschten wir in anderen Studien nach erfolgreichen Geschäftstransformationen der letzten zehn Jahre und durchforsteten unsere eigenen Archive. Doch selbst in der dadurch erweiterten Datenbasis von 2000 Unternehmen fanden wir weniger als 100, die ihre Kernbereiche grundsätzlich umstrukturiert hatten (in einer Größenordnung von über 500 Millionen US-Dollar). Das umfassende Literaturstudium führte uns zu 15 Fallbeispielen, die den Löwenanteil der in Veröffentlichungen erwähnten Transformationen ausmachen. Zu den am häufigsten genannten Unternehmen gehören Schwab, Perkin-Elmer Instruments, Nokia, Monsanto sowie General Electric. Auch wenn wir keinen erschöpfend repräsentativen Querschnitt untersuchen konnten, dürften höchstens fünf bis zehn Prozent der profitablen und wachsenden Unternehmen im vergangenen Jahrzehnt ihr Kerngeschäft grundlegend transformiert oder neu definiert haben. Vor dem Hintergrund einer tiefen historischen Verwurzelung, die so mancher Geschäftsbereich aufzuweisen hat, mag es nicht verwundern, dass Veränderungen von solcher Tragweite eher selten unternommen werden und noch seltener glücken. Auch unter den nachhaltig wertschaffenden Wachstumsunternehmen in Deutschland fanden wir mit VIAG nur ein Beispiel, in dem durch Fusion und teilweise Verlagerung des Kerns eine echte Transformation stattgefunden hat.

Neudefinitionen des Kerngeschäfts kommen in allen Formen und Größenordnungen vor, was eine Einteilung erforderlich macht. Für uns lag eine erfolgreiche Neudefinition oder Transformation des Kerngeschäfts dann vor, wenn ein Unternehmen profitables Wachstum aufwies und gleichzeitig sein Geschäftsmodell oder seine Geschäftsdefinition grundlegend verändert hatte.

Erfolgreiche Neudefinitionen eines Kerngeschäfts sind nicht nur relativ selten (weshalb unsere Stichprobe entsprechend dürftig ausfiel), sie werden auch auf unterschiedliche Weise und beeinflusst durch die jeweilige Situation durchgeführt. Um einen Eindruck von der Vielfalt der Transformationen zu erhalten, werden wir im Folgenden fünf Beispiele näher betrachten.

Seat Pagine Gialle: Wechsel zu einem neuen Geschäftsmodell

Bis 1997 war es Seat Pagine Gialle, die Tochter der staatlichen Telecom Italia, die das Geschäft mit Branchentelefonbüchern (»Gelbe Seiten«) abwickelte. Nur drei Jahre nach einer grundlegenden Neudefinition des Kerngeschäfts avancierte Seat-Tin.it zu einer der interessantesten Internetfirmen Europas – im Grunde die italienische AOL.

Die Geschichte der Transformation von Seat Pagine Gialle beginnt mit der Privatisierung im Oktober 1997. Ein Konsortium industrieller und finanzieller Investoren erwarb das Unternehmen damals zum Preis von 0,35 Euro pro Anteil. Mit der Privatisierung wurde Lorenzo Pellicioli zum neuen Geschäftsführer ernannt. Als Erstes nahm er sich vor, das ursprüngliche Kerngeschäft zu stärken und zu stabilisieren. Er setzte ein neues Managementteam ein und sorgte durch Verschlankung der Unternehmensstrukturen und Kostenreduzierung für eine Verdoppelung des Cashflow. Er entwarf eine Vision und die Strategie, aus einem ineffizienten, staatlich kontrollierten Moloch ein mächtiges modernes Großunternehmen zu machen. Dieser Prozess der Stärkung des Kerngeschäfts dauerte rund anderthalb Jahre: Outsourcing von Produktionsbereichen, Umstrukturierung des Vertriebs (30 Prozent wurden ausgetauscht, zehn Prozent der Kosten reduziert), Automatisierung von Bearbeitungsprozessen, Einführung von Kundensegmentierung, Entwicklung differenzierter Marketingprogramme und Erhöhung der Preise (um durchschnittlich 15 Prozent) in den am wenigsten preissensitiven Produktbereichen.

Mit stabilisiertem Kerngeschäft stieß das Unternehmen anschließend in sechs angrenzende Marktsegmente vor, darunter Auskunftsdienste, neue Telefonbuch-Dienstleistungen und – das wichtigste von allen – ins Internet. Von diesen neuen Geschäften erwartet Seat in Kürze, dass sie zwei Drittel der Umsätze erbringen. Die Internetkampagne begann mit der Übernahme von Matrix, dem Eigentümer dreier Geschäftszweige: Virgilio, Verbraucherportal Nummer eins in Italien, Active Advertising, Marktführer beim Verkauf von Onlinewerbeflächen, und Matrix.com, führend bei Webdesign-Projekten. Zusätzlich wurde das Kerngeschäft »Gelbe Seiten« online angeboten und entwickelte sich zu einer ansehnlichen e-Commerce-Einheit und zum Marktplatz für kleine und mittlere Unternehmen.

Innerhalb von drei Jahren kletterte Seats Aktienkurs um das Zwölffache auf über vier Euro. Obwohl der Transformationsprozess noch längst nicht abgeschlossen ist, hat sich das kostenintensive Offlinegeschäft von ehedem in einen Marktführer der Informationsbranche verwandelt: die erste italienische Internetfirma, die an Unternehmen ebenso liefert wie an Privatkunden. Dies ist ein Beispiel für die Stärkung und Verlagerung des Gravitationszentrums im traditionellen Kerngeschäft, in dem Kompetenzen organisch und durch wichtige Akquisitionen weiterentwickelt werden.

Mannesmann: Vom Stahlröhrenhersteller zum Telekommunikationsunternehmen

Ein weiteres Beispiel für die Transformation eines Unternehmens stellt – zumindest bis zu seiner Übernahme im Frühjahr 2000 – der deutsche Mannesmann-Konzern dar. Die Wurzeln des Mannesmanns-Konzerns reichen bis in das späte 19. Jahrhundert zurück, als die Brüder Reinhard und Max Mannesmann ein Unternehmen gründeten, das auf die Herstellung von nahtfreien Stahlrohren spezialisiert war. Bis in die späten sechziger Jahre behielt Mannesmann die Fokussierung auf dieses eine Kerngeschäft bei. Doch dann entschied man sich, aus dem angestammten, aber alles andere als wachstumsträchtigen Markt auszubrechen und durch die Akquisition von Rexroth, Demag, Krauss-Maffei, Fichtel&Sachs, VDO sowie später Philips Car Systems in die Geschäftsfelder Maschinen-/Anlagenbau und Automobiltechnik vorzudringen. 20 Jahre später, im Jahr 1990, entfielen auf den Bereich Stahlrohre, der in 1970 noch 77 Prozent des gesamten Konzernumsatzes ausgemacht hatte, nur noch 28 Prozent. Dominierender Geschäftsbereich war inzwischen der Werkzeug- und Anlagenbau mit 48 Prozent Umsatzanteil. Doch der Umbau des Konzerns war zu diesem Zeitpunkt keineswegs abgeschlossen. Einen Meilenstein in der Geschichte des Konzerns markierte der Erwerb der D2-Mobilfunklizenz im Jahre 1989, mit dem man in das zukunftsträchtige Geschäftsfeld Telekommunikation eintrat. Nach der Deregulierung des Telefon-Festnetzes etablierte man neben der Mobilfunksparte den Festnetzanbieter Arcor, der bis 1998 zum zweitgrößten Festnetzanbieter in Deutschland hinter der Deutschen Telekom avancierte. Im letzten Jahr des Bestehens von Mannesmann, 1999, entfielen auf den Bereich Telekommunikation 39 Prozent und damit der größte Teil des gesamten Umsatzes. Mit Stahlrohren, dem Ursprung des Unternehmens, erzielte man nur noch neun Prozent seines Umsatzes.

Und entgegen vielen anderen Unternehmen, die mit dem Versuch einer Transformation in neue Geschäftsfelder scheiterten, entwickelten sich bei Mannesmann Aktienkurs und Gewinn aus Sicht der Anteilseigner erfreulich. So wuchs das Ergebnis der gewöhnlichen Geschäftstätigkeit zwischen 1992 und 1999 durchschnittlich um 37 Prozent pro Jahr. Worin lag das Erfolgsgeheimnis von Mannesmann? Unseres Erachtens bestand ein Schlüssel zum Erfolg in den klar definierten Zielsetzungen, die hinter der Verlagerung des Kerns standen. Dazu gehörten nach Aussage des ehemaligen Vorstandsvorsitzenden von Mannesmann, Dr. Joachim Funk, unter anderem:

– Entwicklung neuer Produkte und Dienstleistungen durch Übertragung von Fähigkeiten und Wissen auf andere Bereiche sowie

– ein entschlossenes Portfoliomanagement, bei dem alle Portfolioteile auf dem Prüfstand stehen und das sich durch die Trennung von Wert vernichtenden Unternehmensteilen und ein Engagement ausschließlich in Geschäftsfeldern, in denen man zu den Marktführern gehört, auszeichnet.

Diesen Grundsätzen folgte man auch bei der Aufstockung der Beteiligungen an Arcor, Omnitel und Infostrada sowie dem Erwerb von o.tel.o., die allein in den ersten neun Monaten des Jahres 1999 eine Investitionssumme von rund 15 Milliarden Euro bedeuteten. Gleichzeitig verkündete man – ebenfalls im Einklang mit den formulierten Grundsätzen –, die beiden Geschäftsbereiche Automotive und Engineering im Jahr 2000 an die Börse bringen zu wollen, womit die Wandlung vom Stahlröhrenhersteller zum Telekommunikationsunternehmen einen Abschluss gefunden hätte. Kurz nachdem man ein öffentliches Übernahmeangebot für die Orange Plc. abgegeben hatte, das die britische Mobilfunkgesellschaft mit rund 20 Milliarden Pfund bewertete, unterbreitete Vodafone den Mannesmann-Aktionären ein Angebot zum Tausch ihrer Anteile gegen Vodafone-Aktien. Das Ergebnis des damit initiierten Übernahmekampfes, der von der Öffentlichkeit in Großbritannien und Deutschland mit großem Interesse verfolgt wurde, ist bekannt. Mit der Vereinbarung zwischen den beiden Konzernen Anfang Februar fand das Ringen ein Ende. Vodafone hatte sein Ziel erreicht und die Mehrheit an einem Konzern gewonnen, der durch eine gelungene Transformation seines Unternehmenskerns über das Potenzial verfügte, für seine Anteilseigner echten Wert zu schaffen.

Hoechst AG: Neudefinition als Life-Science-Anbieter

Ein weiteres Beispiel für eine grundlegende Neudefinition des Kerngeschäfts verkörpert der Chemiekonzern Hoechst, der im Dezember 1951 unter dem Namen »Farbwerke Hoechst Aktiengesellschaft vormals Meister Lucius & Brüning« in Frankfurt am Main gegründet wurde. In den darauf folgenden Jahrzehnten expandierte das ursprünglich als Hersteller von Farbstoffen gestartete Unternehmen in zahlreiche andere Geschäftsfelder wie Fasern, Polymere, Pharmazeutika, Kosmetika, technische Spezialprodukte oder Pflanzenschutz. Zwar konnte auf diese Art und Weise der Konzernumsatz bis zum Jahr 1995 auf 52 Milliarden Mark ausgebaut werden, allerdings entwickelte sich der Nettogewinn des Unternehmens seit Anfang der Neunziger Jahre rückläufig und betrug 1994 nur noch 1,7 Prozent des Umsatzes. Eine für Investoren mehr als unbefriedigende Situation. Als Jürgen Dormann im April 1994 den Vorstandsvorsitz des Konzerns übernahm, formulierte er eine klare Vorstellung von der künftigen strategischen Ausrichtung: Konzentration auf die Kerngeschäftsfelder Pharma, Agrochemie und industrielle Chemie, Stärkung der Position in den wichtigsten Märkten und Wachstumsregionen in Nordamerika, Europa und Asien sowie Ausstieg aus den Geschäftsbereichen, in denen Hoechst nicht zu den führenden Anbietern weltweit gehört.

Es folgten zunächst Verkäufe von Beteiligungsgesellschaften und Geschäftseinheiten, wie zum Beispiel Uhde, Riedel-de Häen und Hoechst Ceramtec und Herberts, die Ausgliederung der Spezialchemikalien in die Clariant und die Konsolidierung von Beteiligungsgesellschaften. Zwischen 1995 und 1999 trennte sich der Konzern von rund 50 Beteiligungen beziehungsweise Geschäftsbereichen.[4] Gleichzeitig erwarb man zur Stärkung der Marktposition in den USA 1995 das amerikanische Pharmaunternehmen Marion Merrell. In den ersten drei Jahren des als »Aufbruch '94« bezeichneten Programms sank aufgrund der Portfoliobereinigung der Umsatz auf 44 Milliarden Mark. Bis 1997 konnte sich Hoechst zunächst von einem zentralisierten Konzern zu einer strategischen Management Holding mit den beiden Konzernbereichen Life Sciences und Industry wandeln, in der die Konzerngesellschaften, Beteiligungen und Joint Ventures ein hohes Maß an Selbstständigkeit und Entscheidungsfreiheit genossen, um sich ganz auf ihre jeweiligen Kunden und das operative Geschäft konzentrieren zu können. Dieser Prozess fand 1997 einen vorläufigen Abschluss. Doch dies war nur der erste Schritt.

Die zweite Etappe bildete 1999 die Abspaltung des verbliebenen Chemiegeschäfts der Celanese AG und damit die kompromisslose Ausrichtung auf ein einziges verbleibendes Kerngeschäft, Life Sciences. Gleichzeitig verkündete man die Fusion mit dem größten französischen Pharmakonzern Rhône-Poulenc zum neuen Unternehmen namens Aventis mit Sitz in Straßburg, die im Dezember 1999 vollzogen wurde. Bereits im Jahr 2000, dem ersten vollständigen Jahr des Bestehens, konnte das neue Unternehmen eine Steigerung des Gewinns nach Steuern um 63 Prozent und einen Umsatzanstieg von neun Prozent vermelden. Der Börsenkurs lag im Frühjahr 2001 um annähernd 40 Prozent über dem Ausgabekurs zum Zeitpunkt der Fusion. Alle Indikatoren deuten insofern darauf hin, dass die Neudefinition des Kerngeschäfts, an deren Ende das ursprüngliche Unternehmen Hœchst faktisch nicht mehr existierte, den gewünschten Erfolg zeitigen könnte.

Vivendi: Vom Wasserversorger zum Medienkonzern

Als erfolgreiches Beispiel für die Verlagerung des Kerns gilt auch der französische Mischkonzern Vivendi. Ursprünglich im 19. Jahrhundert unter dem Namen Compagnie Générale des Eaux (CGE) gegründet, expandierte der frühere Wasserversorger von 1980 bis 1996 in die Bereiche Entsorgung, Energie und Transportdienste sowie Telekommunikation und Medien. Es folgte eine starke Fokussierung auf den neuen Kernbereich der Kommunikationsaktivitäten, das heißt Telekommunikation, Medien, Pay-TV und Internet. Im Laufe der Transformation verkaufte der seit 1998 unter dem Namen Vivendi firmierende Konzern seine Aktivitäten in der Baubranche und brachte im Jahre 2000 seine Versorgungsbereiche als Vivendi Environmental an die Börse. Mit der Akquisition von Seagram und Canal+ stärkte Vivendi, das seitdem Vivendi Universal heißt, seinen Kern im Kommunikationsbereich. Ob sich diese Neudefinition in entsprechend profitablem Wachstum niederschlägt, wird die Zukunft allerdings noch zeigen müssen.

161

Vodafone: Neudefinition als Weltmarktunternehmen

Das im Beispiel Mannesmann bereits erwähnte Unternehmen Vodafone ist, neben NTT DoCoMo, der weltweit größte Mobilfunkanbieter. Der Konzern entstand zunächst aus größeren Einheiten in England (Vodafone), Deutschland (Mannesmann) und den USA (Airtouch). Von einem kleinen, regional begrenzten britischen Anbieter, der aus Racal Electronics hervorging (dort aber außerhalb des Kernbereichs angesiedelt war), entwickelte sich Vodafone innerhalb kürzester Zeit unter Leitung des Unternehmenschefs Chris Gent zu einem der zehn größten Unternehmen der Welt, dessen Börsenkapitalisierung im April 2001 rund 180 Milliarden US-Dollar beträgt. Die Übernahme großer Aktienpakete japanischer Telekommunikationsunternehmen (Japan Telecom und J-Phone) im April 2001 sowie der spanischen Airtel repräsentieren den vorläufigen Höhepunkt einer an Rasanz, Zielstrebigkeit und in Bezug auf das Ausmaß kaum zu überbietenden Neudefinition. Dabei bedeutet die am Ende dieser Entwicklung stehende Expansion nach Japan nichts weniger als einen Angriff auf den unangefochtenen japanischen Marktführer NTT DoCoMo, der 62 Prozent des weltweit zweitgrößten Mobilfunkmarkts kontrolliert. Von diesem Schritt, den Vodafone zum ersten ausländischen Telefonkonzern macht, der die Kontrolle über einen Marktteilnehmer in Japan ausübt, verspricht sich die Unternehmensleitung auch den Aufbau von Kompetenz in ihrem Kerngeschäft und damit Wettbewerbsvorteile in anderen Regionen, denn der japanische Mobilfunkmarkt zeichnet sich durch eine besonders hohe Innovationsrate und vor allem durch eigene technische Standards aus.

Die Entwicklung des zunächst lokalen Mobilfunkanbieters Vodafone verlief so atemberaubend, dass er in unsere Liste erfolgreicher Neudefinitionen eines Kerns aufgenommen wird, obwohl er auch als Beispiel für das Erschließen neuer geographischer Regionen dienen könnte. Nicht zuletzt die Turbulenz auf dem globalen Markt für Mobilfunk – angefacht durch die Einführung internationaler Standards, die Bedrohung durch feindliche Übernahmen, die wachsende Nachfrage sowie die Auktionierung von Mobilfunklizenzen – forcierte die Neudefinition des bescheidenen lokalen Vodafone-Kerngeschäfts, ja, machte sie wahrscheinlich notwendig. Und inzwischen steht das Unternehmen kurz davor, die Verheißung des drahtlosen Internets aufzugreifen und das Geschäftsmodell einer erneuten Transformation zu unterziehen.

Die vorgenannten Fallbeispiele zeigen, wie sehr sich Transformationen in Bezug auf die folgenden Schlüsseldimensionen unterscheiden können:

- Methode (kontinuierlich organisch vs. schubweise durch Akquisitionen),
- Endergebnis (Verlagerung vs. Neudefinition vs. Ersetzen des ursprünglichen Geschäftsmodells),
- Organisationsstruktur des neuen Kerns (integriert vs. separat),
- Bedeutung der Technologie (begrenzt vs. entscheidend),
- Motivation (Turnaround vs. Defensivstrategie vs. Offensivstrategie).

In einer neueren Analyse von über 40 Transformationen ermittelte ein Bain-Team, dass neben den bekannten Schlüsselgrößen Strategie, Kompetenzen und Ressourcen fünf beeinflussbare Variablen für den Transformationserfolg verantwortlich waren. Alle Variablen wiesen enge statistische Korrelationen zu den erzielten wirtschaftlichen Ergebnissen auf. Es handelt sich dabei um folgende Größen (geordnet nach ihrer durchschnittlichen Bedeutung):

1. eng gesteckter Zeitrahmen und ein in der Organisation breit verankertes Gespür für die Dringlichkeit der Aufgabe,
2. klare, motivationssteigernde Vorstellung der Zielwelt (»point-of-arrival«)
3. starker, entschlossener und nach außen erkennbarer Führungswille der Unternehmensleitung,
4. nachhaltige Erfolgsbeteiligung für das Management und
5. Entschlossenheit zum Auswechseln des Managements, sofern erforderlich.

Einige dieser Aspekte, insbesondere die eines engen Zeitrahmens sowie die Bereitschaft, ein Führungsteam auseinander zu reißen, scheinen herkömmlichen Erfahrungen zu widersprechen. Doch alle finden zum Beispiel Eingang in den Vorgehensweisen der führenden Private-Equity-Firmen, die in einem engen Zeitrahmen operieren, weil sich die Haltedauer bei ihren Beteiligungen allenfalls in Jahren, nicht aber in Jahrzehnten bemisst.

Statistiken der Unternehmenssterblichkeit

Die meisten biologischen Gattungen, einschließlich des Homo sapiens, verlängern mit jeder weiteren Generation ihre Lebenserwartung. Bei Unternehmen gilt offenbar das Gegenteil: Die Lebensdauer der Unternehmen und ihre »Sterbestatistik« zeigen, dass ihre Lebenserwartung immer kürzer und ihr Gesundheitszustand immer schlechter werden. Das liegt vor allem daran, dass es ihnen nicht gelingt, sich dem rapiden Wandel ihres Umfelds anzupassen.

In seiner Arbeit über »lebende Unternehmen« hat Arie de Geus eine Art Bevölkerungsstatistik der Wirtschaftswelt zusammengestellt. Dabei stellte er fest, dass die Lebenserwartung von Unternehmen in der nördlichen Hemisphäre deutlich unter 20 Jahren liegt. Nur diejenigen der von ihm untersuchten Großunternehmen, die sich nach einer höchst risikoanfälligen Kindheitsphase zur Expansion entschlossen hatten, existierten durchschnittlich weitere 20 bis 30 Jahre.[5] Diese Ergebnisse decken sich mit anderen Studien über die Lebenserwartung von Unternehmen. Beispielsweise zitiert der *Economist* Statistiken, aus denen hervorgeht, dass die Existenz europäischer und japanischer Unternehmen mittlerweile durchschnittlich weniger als 13 Jahre währt.[6]

De Geus erforschte ferner 27 Unternehmen, die seit über 100 Jahren existieren, darunter Stora, einen über 700 Jahre alten schwedischen Papier- und Chemieproduzenten. Alle Fälle verdeutlichen, dass ein langes Leben von der Fähigkeit abhing, in

Krisenzeiten das Kerngeschäft zu transformieren. Tatsächlich stellte de Geus fest, dass alle 27 Unternehmen mindestens einmal im Lauf ihres Bestehens das gesamte Geschäftsportfolio umgekrempelt hatten. Ihre Fähigkeit, das Kerngeschäft umzulenken und in eine neue Form zu überführen sowie sich veränderten Verhältnissen anzupassen, sicherte ihnen letztlich das Überleben. Nach Charles Darwins Lehre sind es gar nicht »die stärksten Arten, die überleben, auch nicht die intelligentesten, sondern diejenigen, die sich auf Veränderungen ihrer Umwelt am besten angepassen können«. Dasselbe gilt offenbar auch für Unternehmen.

Zunehmende Wahrscheinlichkeit des Unternehmenssterbens

Jede Versicherungsstatistik enthält nicht bloß Sterblichkeitstabellen, die die durchschnittliche Lebenserwartung belegen, sondern auch entsprechende Tabellen über die Rate von Schwerbeschädigten und Kranken. Mit unseren Analysen konnten wir einen erheblichen Anteil von Unternehmen nachweisen, deren Ertragsrate geringer ausfällt als die Kapitalkosten – und das schon seit geraumer Zeit. Viele dieser Unternehmen, wie National Semiconductor, AT&T, Westinghouse, IBM, Sears und Compaq Computer, repräsentierten einst den Löwenanteil des gesamten Wertes aller Unternehmen ihrer Branche. Zu den deutschen Firmen, denen eine solche Entwicklung widerfuhr, gehören beispielsweise der Hausgerätehersteller AEG sowie der Anbieter von Unterhaltungselektronik Grundig. Während AEG nur noch als Marke existiert, kämpfte das Unternehmen Grundig Anfang 2001 noch um sein Fortbestehen. Nicht unerwähnt dürfen in diesem Zusammenhang auch all jene mittelständischen Betriebe bleiben, die einst ihren lokalen Markt beherrschten, um dann von national oder global agierenden, mit erforderlichem Kapital ausgestatteten Filialsystemen wie IKEA, Fielmann, Douglas oder den verschiedenen Filialisten im Lebensmitteleinzelhandel verdrängt zu werden. Sie alle mussten feststellen, dass der Profitpool zu neuen Wettbewerbern und anpassungsfähigeren älteren Rivalen wanderte.

Die Rate, mit der sich der Shareholder Value verlagert, kann als Maßstab der Unternehmensgebrechlichkeit benutzt werden. Kroch noch vor ein paar Jahrzehnten der Unternehmenswert zäh wie Sirup dahin, fließt er heute rasch wie Quecksilber. Internetbewertungen der späten neunziger Jahre bestätigen diesen Trend. Nehmen wir die Neubewertung von Amazon.com, die Analysten am 16. Dezember 1998 vornahmen, als 17 Millionen Aktien umgeschlagen wurden und der Wert des Online-Buchversands an einem einzigen Tag von zwölf Milliarden auf 15 Milliarden US-Dollar kletterte: ein Zuwachs, der die Hälfte der Gesamtbewertung des Offline-Marktführers Barnes & Noble betrug. Fünf Monate später führte Barnes & Nobles Gegenangriff zu einem Börsengang seiner Internetabteilung mit einer Bewertung von 3,2 Milliarden US-Dollar. Diese nahezu spontanen Verschiebungen riesiger Werte sind extreme, aber bezeichnende Beispiele.

Doch auch außerhalb der internetgetriebenen, volatilen Branchen mehren sich die Anzeichen, dass der Marktwert von marktbeherrschenden Unternehmen unsicher geworden ist. Betrachten wir den Wettlauf um die Spitzenpositionen in vielen Branchen während der achtziger und neunziger Jahre. 75 Prozent aller von uns untersuchten Branchen erlebten zunehmend Umbrüche, in deren Verlauf die Marktführer bedroht oder gestürzt wurden. Die nahe liegende Schlussfolgerung muss lauten: Unternehmen laufen heute mehr denn je Gefahr, eine führende Marktposition zu verlieren.

Außerdem schauten wir uns die Verteilung der Unternehmenswerte innerhalb der untersuchten Branchen von der Mitte der achtziger Jahre bis heute an. Hier hatten über 70 Prozent des Branchenwerts (gemessen als Anteil am Gesamtwert in einer Branche) den Besitzer gewechselt.

Für die größten Unternehmen erscheint es zunehmend schwierig, ihren Wert zu erhalten. Von den 20 US-Unternehmen mit der höchsten Marktkapitalisierung in 1998 stand jedes zweite 1988 noch nicht auf der Liste. Ein ähnlicher Vergleich zwischen 1958 und 1968 zeigt eine Übereinstimmung von 85 Prozent und legt nahe, dass die Umschichtung sich seither um das Dreifache beschleunigte.

Erfolgschancen einer Neudefinition

Die Statistik der Lebenserwartung von Unternehmen und der Anteil von Marktführern, die in turbulenter Zeit ihre Position verlieren, liefern überzeugende Belege dafür, dass die Neudefinition eines starken Kerngeschäfts ein heikles Thema darstellt. Um Erfolgschancen und Risiken besser zu verstehen, untersuchten wir 20 Unternehmen, die in ihrem Kerngeschäft als Marktführer oder leistungsstarke Wettbewerber aufgetreten und in der Gewinnzone waren, als sie sich gegenüber beginnenden Branchenturbulenzen bewähren mussten. Alle 20 scheiterten daran, Initiativen zur Anpassung zu ergreifen. Alle gingen aus der turbulenten Phase schwächer hervor, als sie beim Eintritt gewesen waren. Entweder waren neue Wettbewerber aufgetaucht, oder starke Wettbewerber profitierten vom Zögern der Marktführer.

Diese Analyse erstreckte sich auch auf Unternehmen wie Digital Equipment Corporation und IBM (konfrontiert mit der PC-Revolution), Tandy (konfrontiert mit mittlerer und kleiner Datentechnik, die Big-Box-Händler begünstigten), McDonnell Douglas (konfrontiert mit der Rationalisierung seines Hauptkunden Pentagon), Xerox (konfrontiert mit dem radikalen Umbruch der Informations- und Netzwerktechnologie), Kodak (konfrontiert mit dem Eintritt neuer ausländischer Konkurrenten, kombiniert mit dem Aufkommen der Digitalfotografie) und Delta Air Lines sowie United Airlines (konfrontiert mit den Folgen der Deregulierung des Luftverkehrs). Nach dem Abklingen der Turbulenzen konnte keiner der genannten Marktführer seine Performance verbessern, trotz eines weltweiten wirtschaftlichen Aufschwungs. Vielmehr wurden bei diesen Unternehmen die Erträge der Aktionäre immer geringer, sie fielen um durchschnittlich zehn Prozent pro Jahr und sackten unter die Kapitalkostengrenze ab!

Vielen Unternehmen, die ins Straucheln geraten, ist es mit ihren Strategien offenbar nicht gelungen, das Kerngeschäft neu zu definieren, oder sie haben nicht beherzt genug gehandelt, als sich die Notwendigkeit einstellte. Disney beging denselben Fehler, bevor Michael Eisner die Unternehmensleitung übernahm. Bisweilen expandieren Unternehmen auch aggressiv in angrenzende Marktsegmente, obwohl sie sich langfristig besser auf die Stärkung ihres Kerngeschäfts hätten konzentrieren sollen. Beispielhaft für diesen Fehler sind die bereits geschilderten Fälle bei Bausch & Lomb, Sears und W. H. Smith.

Am folgenschwersten klaffen Strategie und Wachstumszyklus aber dann auseinander, wenn das Unternehmen eigentlich grundlegende Aspekte des Kernbereichs neu definieren müsste, statt dessen aber entweder bewusst oder unbewusst die altbekannte Expansionslogik weiter verfolgt. Betrachten wir die folgenden Beispiele:

– Sears musste mit ansehen, wie The Home Depot mit seinem kosteneffizienten und serviceorientierten Geschäftsmodell Haushaltswaren verkaufte (das Kerngeschäft der Sears-Handelskette) und dabei zunächst von einer auf 50 und dann von 50 auf 200 Filialen wuchs. Erst als The Home Depot zu einem Zehn-Milliarden-US-Dollar-Unternehmen herangewachsen war, fing Sears an, entschlossen mit alternativen Verkaufsformaten zu experimentieren. Doch da war es längst zu spät, um den Konkurrenzkampf erfolgreich zu gestalten. In Deutschland erging es den traditionellen Kaufhauskonzernen kaum besser, die den Trend zu Spezialmärkten (Heimwerker, Elektro) anfänglich verpassten und später durch teure Akquisitionen aufholen mussten.

– Compaq führte eine Studie nach der anderen durch, die die Überlegenheit des zuerst von Dell erschlossenen Direktkanals beim Verkauf von PCs nachwiesen. Und jedes Mal kündigte Compaq die Einführung einer Direktverkaufsinitiative oder einer neuen Mischform an. Doch trotz deutlicher Belege, die für das Direktmodell sprechen, wie höhere Gewinnspanne und potenziell höhere Kundentreue, war Compaq nicht imstande, den Direktverkauf aus der Taufe zu heben, und verlor im Frühjahr 2001 erstmals die weltweite Marktführerposition.

Ein weiteres Beispiel dafür, dass das Versäumen von rechtzeitiger Neudefinition einen einstigen Marktführer an den Rand des Untergangs bringen kann, stellt die Geschichte des deutschen Schreibmaschinenherstellers Adler (später Triumph-Adler) dar. Mitte der fünfziger Jahre des vorangegangenen Jahrhunderts hielten die Adler-Werke mit ihren in über 100 Länder der Erde exportierten Schreibmaschinen einen Weltmarktanteil von mehr als 50 Prozent. Nach der Übernahme durch Grundig und dem Zusammenschluss mit Triumph stieg der Marktanteil gar auf 64 Prozent. Am 30. 6. 1998, also gut 40 Jahre später, wurde die Schreibmaschinenproduktion eingestellt. Adler-Schreibmaschinen waren fortan Geschichte. Dass das Unternehmen Triumph-Adler noch existiert, verdankt es – nach mehrfachem Besitzerwechsel seit 1960 – der Übernahme durch die IMM Holding im Jahre 1994 und der darauf folgenden Neudefinition des Kerngeschäfts auf den Bereich Vertrieb und Service von Output Solutions, das heißt von Systemen und Lösungen zum Scannen, Drucken, Kopieren und Präsentieren. In diesem Geschäftsfeld wuchs die TA Triumph-Adler AG zwischen 1998 und 2000 von 210 Millionen auf 383 Millionen Euro. Obwohl das Unternehmen damit auf die Erfolgsspur zurückgekehrt zu sein scheint, ist es doch noch ein Stück entfernt von der dominanten Weltmarktstellung, über die es einst als Hersteller von Schreibmaschinen verfügte.

Geschwindigkeit – entscheidender Faktor der Neudefinition

Wäre Geschwindigkeit kein Thema, könnten Kerngeschäfte durch die im vorigen Kapitel geschilderte Expansion in angrenzende Marktsegmente kontinuierlich neu positioniert werden. Wenn aber Turbulenz herrscht, sind typische organisatorische und strategische Vorgehensweisen nicht schnell genug, um zu greifen. Das hat vor allem drei Gründe:

1. Große Transformationen, die nur langsam umgesetzt werden, haben in der Regel dürftige Erfolgschancen.
2. Der Kapitalmarkt bestraft langsame Reaktionen auf Turbulenz.
3. Zögern kann die eigene Wettbewerbsposition untergraben.

Langwierige Reformprozesse verhindern die nötige organisatorische Konzentration und Sorgfalt. Um das besser zu verstehen, untersuchten wir 20 größere Transformationen, – sowohl Turnarounds als auch Wachstumsprogramme. Diejenigen Projekte, die in weniger als 15 Monaten abgeschlossen waren, brachten dreimal höhere Erträge als solche, die drei Jahre benötigten.

In den achtziger und neunziger Jahren fand der Begriff des Reengineering große Beachtung. Vielen Unternehmen galt es als Allheilmittel gegen schleppendes Wachstum und rückläufige Gewinne. Aufstieg und Niedergang ganzer Beraterfirmen spielten sich im Windschatten eines umfassenden Strukturwandels ab, in dessen Verlauf betriebliche Abläufe umgekrempelt, Ebenen beseitigt, Entscheidungsprozesse beschleunigt und die Segnungen der Informationstechnologie eingeführt wurden.

Reengineering war ein Versuch, Prozesse im Kerngeschäft von innen her grundlegend zu verändern und sozusagen den Wagen bei laufendem Motor umzurüsten. Im Rückblick zeigt sich heute, dass über 70 Prozent dieser Programme sinnlos waren oder sogar Wert zerstörten. Von den übrigen blieben die meisten weit hinter ihren Zielvorgaben zurück.[7] Tatsächlich hat sogar einer der frühen Architekten des Reengineerings, Michael Hammer, am Center for Corporate Change eine Studie durchgeführt, die zu einer ähnlichen Misserfolgsbilanz führte. John Kotter von der Harvard Business School untersuchte mehr als 280 Umstrukturierungsprogramme und stellte dabei eine Misserfolgsquote von 90 Prozent fest. Hauptgründe für das Scheitern sind ein Mangel an konsequenter Umsetzung, langfristigem Durchhaltevermögen und Begeisterung für die verlangten Reformmaßnahmen, insbesondere sobald Schwierigkeiten zutage treten. Das beeinflusst natürlich auch den veranschlagten Zeitaufwand. Das Empfinden von Krise und Dringlichkeit lässt sich in keiner Organisation über zwei oder drei Jahre hinweg aufrechterhalten. Gerade die dem Instrument Reengineering innewohnende Komplexität machte die Verwirklichung großangelegter Programme nach diesem Muster in kürzerer Frist unmöglich. Die Fehlerquote beim Reengineering ist durch die Prinzipien menschlichen Verhaltens vorherbestimmt.

Tempo zählt heutzutage auch, um die Marktbewertung in die Höhe zu treiben. Wer den ersten Schritt tut, den belohnt die Börse mehr denn je. In einigen Internetgeschäften danken es die Kapitalmärkte dem so genannten »First Mover«. Als Beispiele hierfür dienen AOL, Amazon.com und i2-Technologies, die durch Bewertungen in Milliardenhöhe über eine Kriegskasse verfügen, mit der man Spitzenkräfte rekrutieren und strategische Akquisitionen tätigen kann. Obwohl Merrill Lynch heute über eine Website mit Onlinehandel verfügt, die in der Branche eine führende Position einnimmt, geht dies nicht mit einer ähnlich hohen Steigerung des Unternehmenswertes einher, wie dies bei Charles Schwab der Fall war. So lag die Börsenkapitalisierung von Merrill Lynch im Frühjahr 2001 um etwa 40 Prozent über dem Wert vom Frühjahr 1998, also vor dem Online-Banking-Boom. Im gleichen Zeitraum steigerte Charles Schwab dagegen seinen Unternehmenswert um 150 Prozent.

Der dritte Grund für Geschwindigkeit bei der Neudefinition ist der Vorsprung, den man dadurch vor der Konkurrenz gewinnt. Denken wir an Branchen wie Stahl, Automobile und elektronische Bauteile, deren Zuliefererketten durch internetfähige Instrumente wie Online-Börsenplätze oder Lagerbestandsmanagement enormes Sparpotenzial haben können. Zwar reduzieren diese Initiativen früher oder später das Preisniveau und kommen in erster Linie dem Kunden zugute, ohne notwendigerweise die Größe des Branchen-Profitpools zu verändern, doch es wird sich die Verteilung der Gewinne rasch zugunsten jener Unternehmen verschieben, die ihr Geschäft als Erste an die neuen Techniken anpassen. Beispielsweise hat sich Cisco bei Routern und Netzwerkschaltstellen einen Kostenvorteil von nahezu zehn Prozent über Nortel und Lucent verschafft, weil man frühzeitig gelernt hatte, die Kernprozesse zu transformieren. Noch dramatischer ist der Abstand bei PCs zwischen Dell und dem kostenintensiveren Konkurrenten Compaq.

Wie schwer es sein kann, macht das fortwährende Ringen erfahrener Unternehmen wie Xerox um die Transformation ihres Kerngeschäfts deutlich. Alles in allem beflügelt die Zuversicht, dass es schon irgendwie klappen wird, zu einer enormen Anzahl von Initiativen und Experimenten und führt zu separaten Organisationseinheiten innerhalb und außerhalb existierender Unternehmen. Private-Equity-Unternehmen reagieren mit neuen Ansätzen, zum Beispiel Inkubatoren oder neuen Partnerschaften zwischen Venture-Capital-Firmen und Unternehmen. Es scheint, als setze die Business-Gemeinde die jeweils neuesten Trainingsprogramme ein, um die für eine Neudefinition des Kerns erforderlichen Managementfähigkeiten auszubilden.

Am Ende dieses Kapitel wollen wir ebendiesem Phänomen der Neudefinition auf den Grund gehen und drei Grundprobleme ansprechen:

1. Woher weiß ich, wann es an der Zeit ist, mein Kerngeschäft neu zu definieren?
2. Welche Methoden eignen sich am besten, um diese schwierige Aufgabe zu meistern?
3. Was sind die zentralen Lerneffekte früherer Fehler und Erfolge bei der Neudefinition eines Kerngeschäfts?

Wann der Kern neu definiert werden muss

Stellen Sie sich vor, wie Unternehmensleitungen auf folgende Nachrichten reagieren würden:

- Ein namhafter Anbieter für Ferngespräche, der seinen Aktionären stets versicherte, bis zur Internettelefonie sei es noch ein weiter Weg, entdeckt plötzlich, dass sich die Qualität der Internetleitungen schneller als erwartet verbessert und »kostenlose« Ferngespräche schneller Realität werden könnten als gedacht.
- Eine große Versicherungsfirma weiß, dass sie einen wesentlichen Teil ihrer Profitabilität der Preisintransparenz am Markt verdankt. Inzwischen stellt sich heraus, dass immer mehr Kunden die Angebote der Versicherungen über das Internet vergleichen, wodurch die Preisineffizienz des Unternehmens öffentlich nachvollziehbar wird.
- Eine Tageszeitung, die sich nahezu einem Nullwachstum ausgesetzt sieht, forscht nach den Ursachen des Rückgangs bei Kleinanzeigen und Abonnements. Man erkennt, dass Online-Kleinanzeigen demnächst einen Durchbruch erleben werden, was sich in sinkenden Umsätzen bei der Tagespresse auswirkt.
- Ein Kraftfahrzeug-Vertragshändler erkennt, dass seine Herstellerfirma, mit der ihn eine 40-jährige Unternehmenspartnerschaft verbindet, Allianzen eingeht. Er realisiert, dass es dabei um den Direktverkauf an Verbraucher geht, dass diese Strategie aufzugehen beginnt und die Rolle des Zwischenhandels nachhaltig bedroht ist.
- Einem größeren Buch-Einzelhändler wird klar, dass die um 20 bis 30 Prozent billigeren Discountangebote im Internet keine vorübergehende Erscheinung darstellen.
- Ein Großhändler für elektronische Komponenten, der mit seinen Produkten eine ganze Palette von Finanz-, Logistik- und Beratungsdienstleistungen verkauft hat, bemerkt, dass seine neuen Konkurrenten spezialisierte Unternehmen sind. Diese entkoppeln die komplexen Dienstleistungsbündel

durch kostengünstige Onlineverfahren und nagen am Kundenstamm des Zulieferers.

– Eine Einzelhandels-Filialkette, die paketierte Standardsoftware verkauft, sieht kommen, dass die meiste Software auf elektronischem Weg geliefert oder direkt auf die Computer der nächsten Generation aufgespielt werden wird.

Diese und Tausende ähnlicher Szenen spielen sich in Unternehmen ab, in deren einst starken, konzentrierten Kerngeschäften sich die Notwendigkeit abzeichnet, den Kern grundsätzlich neu zu definieren, und deren Manager sich mit dem Wann und Wie auseinander setzen müssen.

Schauen wir uns einmal die Neudefinition des Kerns im Fall Xerox an. Xerox kann sein Kerngeschäft auf die von Chester Carlson in den späten dreißiger Jahren angemeldeten Patente für Elektrofotografie zurückführen. Beim Versuch, einen Kapitalgeber für seine Ideen zu finden, wandte sich Carlson an eine Reihe von Unternehmen, darunter RCA, Remington Rand, General Electric, Kodak und IBM. Sie alle lehnten ab, waren sie doch mit dem altmodischen Verfahren der Kohlepapier-Durchschläge zufrieden. Jahrzehnte später erst wurde Xerox gegründet und das Fotokopieren nach und nach entwickelt, bis zur Einführung des revolutionären Kopierers »914« im Jahr 1959. Der »914« schlug ein wie eine Bombe, transformierte die Vervielfältigungsbranche und verdrängte über 30 Unternehmen aus dem Geschäft, die sich Mimeographie, Karbonpapier, Matrizen- und Umdruckverfahren zunutze machten. Die Folgen waren eine enorme Branchenturbulenz und starkes Wachstum. In den fünfziger Jahren wurden in US-Büros mit langsameren und umständlicheren Vervielfältigungsmethoden rund 20 Millionen Kopien angefertigt. Mit dem Xerox-Fotokopierer explodierte die Anzahl der Kopien bis 1966 zunächst auf 14 Milliarden und dann bis auf weit über 700 Milliarden im Jahr 1985.

Eine Zeit lang hielt Xerox ein Quasi-Monopol. Doch dann wurde das Geschäft vom unteren Ende des Marktes her durch den japanischen Hersteller Canon attackiert, gefolgt von Minolta, Ricoh und Sharp, was wiederum eine Reihe von Angriffen und Gegenangriffen durch Xerox auslöste. Von 1976 bis

1982 ging bei Xerox der weltweite Marktanteil von 82 auf 40 Prozent zurück.[8] Der Kapitalertrag für Xerox-Aktionäre sackte fast bis auf den Nullpunkt ab. Das Unternehmen wehrte sich in herkömmlicher Weise – ein aufgeschreckter Marktführer, der mit relativ traditionellen Reaktionen die Konkurrenz in einer wohldefinierten Branche ausstechen will.

Heute unterliegen die Branchengrenzen neuerlichen Veränderungen durch die Digitaltechnik. Xerox-Geräte stehen im Kampf um Marktanteile in der Dokumentenreproduktion multifunktionalen Faxgeräten, an Rechner angeschlossenen High-Speed-Druckern, an Drucker angeschlossenen Scannern sowie E-Mails gegenüber. Die Konvergenz der Technologien bedeutet für Xerox, dass sein wichtigster Konkurrenz heute Hewlett-Packard heißt und in einer größer gewordenen Arena digitaler Dokumentenverwaltung mit wesentlich erweiterter Geschäftsdefinition operiert. Ein Artikel im *Forbes* kommentierte dies kürzlich wie folgt:

Die Zahlen sprechen eine deutliche Sprache. Noch 1990 konnte Hewlett-Packard einen Umsatz von 13 Milliarden verzeichnen, Xerox erzielte 18 Milliarden US-Dollar. Heute ist es bei HP ein Umsatz von 47 Milliarden, bei Xerox von 19 Milliarden US-Dollar. Während Xerox von einer Judo-Strategie spricht, könnte man seinen Einstieg in den Massenmarkt für Drucker weniger liebenswürdig auch als Aufhol-Strategie bezeichnen. Es könnte klappen, doch mit bloßen Me-too-Produkten kann man keine Gewinne von HP-Format erzielen.[9]

Heute ist man bei Xerox in großem Maßstab mit dem Abstoßen und Ausgliedern von nicht kernbezogenen Geschäftsbereichen beschäftigt. Entlassungen sind an der Tagesordnung. Zugleich verfolgt man weiterhin das Ziel, den Kern von innen her neu zu definieren.

Warnzeichen einer Branchen-Transformation

Luftturbulenzen sind, statistisch gesehen, für mehr Tote und Verletzte im Flugverkehr verantwortlich als jede andere Unfallursache. Mit Ausnahme plötzlicher Windböen können aber die meisten Turbulenzen mit Hilfe der ausgefeilten Doppler-Radar-Technik identifiziert werden. Und selbst die Windböen-Sensorik wird immer weiter vervollkommnet. Was aber sind die Warnsignale für aufkommende Turbulenzen in der Geschäftswelt? Es gibt fünf wesentliche Warnzeichen, die man ernst nehmen sollte. Auf sie muss das Radargerät einer Firma, die profitables Wachstum in ihrem Kerngeschäft erhalten will, empfindlich reagieren. Tatsächlich ergab eine Untersuchung von 25 in den letzten zwei Jahrzehnten wirksam gewordenen Verursachern von Turbulenzen (abgesehen von solchen, die mit dem Internet zusammenhängen), dass die Sturmwolken am Horizont deutlich erkennbare Vorboten haben. In jedem einzelnen Fall konnte man einen der nachfolgend skizzierten Frühindikatoren beobachten.

Erosion der Marktanteile in Low-End-Segmenten

Die Turbulenz beginnt scheinbar ganz harmlos mit dem Abbröckeln von Marktanteil im Low-End-Bereich des Kundensegments, von dem man ohnehin annimmt, es sei unprofitabel und schwer zufrieden zu stellen. Es handelt sich um das »Innovatoren-Dilemma«, über das Clayton Christensen geschrieben hat. Dabei taucht eine bahnbrechende Technologie mit günstiger Kostenstruktur auf und lässt das unprofitabelste, am wenigsten erwünschte Kundensegment des Marktführers für neue Anbieter plötzlich interessant erscheinen. Indem sie die Low-End-Marktsegmente nach und nach preisgeben, bringen sich die etablierten Anbieter selbst in Schwierigkeiten. Ein Beispiel ist die Durchdringung des elektronischen Handels mit Wertpapieren, eine Vertriebsart, die anfangs von führenden Wertpapierhäusern wie Bear Stearns und Merrill Lynch verschmäht wurde.

In der Stahlindustrie manifestierte sich diese Dynamik in rascher Aufeinanderfolge zweimal hintereinander. In den achtziger Jahren kam japanischer Stahl zum Niedrigpreis auf den Markt, der in Stranggussanlagen hergestellt wurde. Natürlich bemühten sich auch die Japaner um den Aufstieg in der Stahl-Wertschöpfungskette, begannen mit Gütern der unteren Preisklasse wie Langware und Coils und gingen zu qualifizierteren Produkten über. Fünf Jahre später traten neue Wettbewerber auf den Plan, wie Nucor Corporation und Worthington Steel, die mit ihrer Mini-Mill-Technologie kleinere Mengen kostengünstiger herstellen konnten.

Aushöhlung von Kundensegmenten

Diese Form der Turbulenz macht sich zuerst in einer zunehmenden Kundenabwanderung bemerkbar. Beispielsweise ergaben Umfragen unter Autokäufern, dass die Zufriedenheitsrate mit dem erworbenen Wagen 70 bis 80 Prozent beträgt. Dennoch beträgt die Markentreue in Europa nur 55 Prozent. Der Maßstab der Zufriedenheit bezieht sich also nur auf die nachträgliche Billigung der bereits getroffenen Entscheidung. Abwanderung oder Kundenloyalität erfordern, auf zukünftige Konsumentenverhalten einzugehen und die tatsächliche Zufriedenheit zu ermitteln. Die Loyalitätsdaten über Verbraucherreaktionen auf japanische Kleinwagen in den USA in den achtziger Jahren standen in auffallendem Kontrast zu den Zufriedenheits-Umfragen, auf denen sich Marktführer wie General Motors regelmäßig ausruhten. Jähe Veränderungen bei der tatsächlichen Kundentreue im Kernbereich verheißen nichts Gutes.

Aushöhlung von Mikrosegmenten

Zermürbend und gefährlich für ein Unternehmen ist ein neuer Wettbewerber, der mit einem zielorientierten und überlegenen Modell nicht optimal bediente Mikrosegmente eines Kundenstamms angreift. Diese Gefahr ist schwer abzuschätzen. Sie kann eine grundsätzliche Verlagerung der Wettbewerbsverhältnisse einleiten. Dem Internet werden vorwiegend Standardisierung und Direktverkauf zugeschrieben. Eigentlich ist aber das Gegenteil richtig. Das Internet bahnt vielmehr den Schleichweg zur Mikrosegmentierung und zur Einführung echter und subtilerer Produktdifferenzierung und Kundenorientierung. So kommt es, dass Internetinnovationen oft heimlich, still und leise auf den Markt kommen, nur um die traditionellen Wettbewerber dann kalt zu erwischen.

In den siebziger Jahren erreichten ABC, CBS und NBC 94 Prozent aller Fernsehzuschauer in den Vereinigten Staaten. Heute liegt der Anteil des kombinierten Sendernetzwerks nur noch bei 27 Prozent. In Deutschland ist das Bild ähnlich, wo die Dominanz der öffentlich-rechtlichen Sender einer immer weiter ausdifferenzierten Landschaft von Senderfamilien (RTL, RTL II, Super RTL oder SAT.1, Pro7, Kabel 1, N24) und Spezialprogrammen gewichen ist. Die unübersehbare Aufsplitterung des Publikums von CBS-News bis zu n-tv und CNN macht einen Mikrokosmos zahlreicher, allzu lange ignorierter Chancen deutlich, den die Mikrosegmentierung nun zutage fördert.

Aushöhlung der traditionellen Branchengrenzen
Das vielleicht deutlichste und zugleich am häufigsten verleugnete Anzeichen drohender Veränderungen ist die plötzliche Erosion der traditionellen Branchengrenzen. Im schlimmsten Fall kann sie die Anzahl der Konkurrenten, die um ihren Platz wetteifern, verdoppeln oder gar verdreifachen. Beispielsweise zwingt die Einführung der Digitalfotografie zu Transformationen bei Xerox im Bereich der Reproduktion und bedroht traditionelle Kamera- (Polaroid, Nikon, Zeiss) und Filmhersteller (Agfa, Fuji) in der Fotobranche.

Neue Zwischenhändler und neue Schlüsselstellungen
Als profitabelste Unternehmen erweisen sich langfristig zunehmend diejenigen, die eine Schlüsselstelle, einen Knoten, innerhalb eines Systems kontrollieren, den andere durchlaufen oder auf sonstige Art nutzen müssen. Die ältesten Beispiele stellen Schlüsselstellen geographischer Natur dar, wie der Hafen Venedigs, der im 15. Jahrhundert den Asien-Gewürzhandel kontrollierte, oder der Panamakanal. Neuere, elektronische Beispiele reichen von der Beherrschung der gesamten PC-Branche durch das DOS-Betriebssystem von Microsoft bis zum Ticketmaster-Monopol beim Online-Kartenverkauf für bestimmte Veranstaltungen.

Das Gewinnpotenzial solcher Schlüsselstellen, den entscheidenden Kontrollpunkten auf Verkehrswegen, bei Transaktionen oder auch Produktionsverfahren, erklärt etwa den enormen Tatendrang von Venture-Capital-finanzierten Unternehmen beim Errichten elektronischer Marktplätze. Beispiele dafür sind Houston Street für Rohöl, e-STEEL für Stahlprodukte oder Ventro für Chemikalien. Im Erfolgsfall werden diese Börsen zu echten Zwischenhändlern, über die man Transaktionen von erheblichem Volumen abwickelt. Ist es erst einmal so weit, profitieren die elektronischen Marktplätze nicht nur von den Transaktions- und Subskriptionsgebühren, sondern auch vom Verkauf anderer Dienstleistungen am Point of Sale (zum Beispiel Logistik-, Finanzierungs- oder Informationsdienstleistungen). Mehr noch, diese elektronischen Marktplätze könnten zum Standard für Onlinetransaktionen avancieren und den gesamten Bereich von unterstützender Software für dieses Geschäftsfeld erschließen. In der ersten Jahreshälfte 2000 ergab eine Bain-Studie, dass bereits über 1000 Onlinebörsen existieren. Nahezu alle wurden innerhalb von nur 18 Monaten aus dem Boden gestampft, motiviert durch die Chance, die Kontrolle über eine Schaltstelle zu gewinnen. Auch wenn inzwischen klar geworden ist, dass nur wenige Marktplätze ein ausreichend großes Volumen bündeln werden können, um kommerziell erfolgreich zu sein, ist der Einfluss von Schaltstellen nicht zu unterschätzen.

Durch das Internet ausgelöste Turbulenzen

Das Internet verkörpert den Motor rascher und grundlegender Veränderungen, denn es trägt dazu bei, Transaktionskosten zu senken, Informationen weltweit und in Echtzeit zu verbreiten und Netzwerke zu schaffen. Zusätzlich sorgt das Internet für Strukturwandel in Branchen, in denen der Anteil der Informationskosten an den Gesamtkosten innerhalb der Wertschöpfungskette verhältnismäßig hoch liegt, in denen Potenzial zur Reduzierung von Transaktionskosten besteht und in denen unnötige Zwischenstufen ausgeschaltet werden können. Der Einfluss des Internets auf die Unternehmensstrukturen macht sich besonders dort bemerkbar, wo viele Käufer und Verkäufer zusammentreffen, indem es die Kommunikationswege verkürzt und Netzwerkeffekte ins Spiel bringt. Geschäftsmodelle lassen sich gemäß der Bereiche, in denen ein grundlegender, durch das Internet vorangetriebener Wandel stattfindet, zu einem Portfolio zusammenstellen und kategorisieren.

In der ersten Kategorie, die sich aus einem solchen Portfolio ergibt, kommt der primäre Impuls für den Wandel aus der Erschließung neuer Produktivitätsquellen. Ein Beispiel dafür könnte Cisco sein, der führende Zulieferer von Internethardware. Das Unternehmen erkannte die im Internet steckenden Triebkräfte und ging rasch dazu über, Transaktionen im Umfang von 85 Prozent des Gesamtumsatzes online abzuwickeln. Wichtiger noch war das breite Spektrum internetgestützter Produktionsverbesserungen, die dem Unternehmen eine Kostenreduktion von 500 Millionen US-Dollar ermöglichten. Oracle ist führend auf dem Gebiet Web-Enablement und konnte seine Kosten um eine Milliarde US-Dollar verringern. Unternehmen, die als Erste ihr Kerngeschäft »webtauglich« machen, verschaffen sich mithilfe des Internets substanzielle Kostenvorteile gegenüber der Konkurrenz.

Von der zweiten Kategorie könnten wohl die meisten Unternehmen profitieren. Hier verhilft das Internet dem Kerngeschäft zu neuem Wachstum. Das von U.S. Yellow betriebene Anzeigengeschäft für seine Branchentelefonbücher machte sich diese Verbesserungen zunutze. Das Unternehmen schulte einen großen, breit gestreuten Vertreterstab, der vorher auf gedruckte Anzeigen beschränkt war, um. Heute verkauft man Anzeigen übers Internet und bietet zudem eine beachtliche Palette von Dienstleistungen und Homepageservice für Kleinunternehmer an. Es dauerte nicht lange, bis diese Initiative das Hauptgeschäft angekurbelt hatte. Das bereits ausführlich geschilderte Beispiel von Seat Pagine Gialle in Italien weist in eine ähnliche Richtung.

In der dritten Kategorie bieten sich neue Chancen für Geschäftsmodelle mit besonders hohen Informationskosten. Als Beispiel kann der Versandhandel mit Büchern oder Elektro-Ersatzteilen dienen, bei denen die Suchkosten im Vergleich zum Wert eines einzelnen Artikels vergleichsweise hoch liegen und die Kunden- und Zuliefererbasis eher diffus ist.

Nagelprobe für eine Neudefinition

Woher wissen Sie, wann die Zeit reif ist, sich für oder gegen eine umfassende Neudefinition des Kernbereichs zu entscheiden? Charles Schwab stellte fest, dass die anhaltenden Turbulenzen eine jährliche Neudefinition einzelner Aspekte des Kerngeschäfts erforderlich machen. Kodak entschloss sich vor mehreren Jahren, die Hälfte seines Geschäfts mit Digitalfotografie zu machen, und investierte daraufhin massiv in diesen Bereich. Während Polaroid noch sein Festhalten an der chemisch-basierten Instantfotografie öffentlich verteidige, rutschte der Aktienpreis unaufhörlich in den Keller und die Investoren verlangten nach harten Maßnahmen und einer Neudefinition des Geschäfts. Andererseits kann auch das frühzeitige Aufgeben des Kerngeschäfts oder das voreilige Beschwören von Krisen ein Unternehmen destabilisieren. Was also soll man tun?

Wir können hier keine Patentformel für die Lösung solch komplexer Probleme bieten. Doch haben wir die folgenden Fragen als Nagelprobe entwickelt, die die Entscheidung über eine etwaige Neudefinition erleichtern soll:

- Finanzieren die führenden Venture-Capital-Firmen ein Unternehmen mit dem erklärten Ziel, ein Segment Ihres Kerngeschäfts zu erobern? Wenn ja, forschen Sie weiter!
- Stellen Einstellungskandidaten, die bereits anderswo in der Branche Vorstellungstermine hatten, immer drängendere Fragen nach dem elementaren Geschäftsmodell Ihres Unternehmens? Wenn ja, dann gehen Sie zunächst einmal davon aus, dass sie aus anderen Gesprächen etwas über ihre Situation gelernt haben.
- Gewinnt ein neuer Wettbewerber überraschend schnell Marktanteile in einem marginalen Segment Ihres Geschäfts, das Sie einst selbst kontrolliert haben? Wenn ja, denken Sie

daran, dass viele bahnbrechende Technologien auf diese Weise entwickelt und verbreitet wurden.

- Wurden jene Stufen der Wertschöpfungskette, die Sie einst für zentral hielten, mittlerweile ausgegliedert und von Spezialisten in die Hand genommen? Wenn ja, könnte ein Konkurrent die Marktmacht erringen, indem er eine wichtige Zwischenstufe besetzt und abschottet und dadurch zum Gatekeeper für den Rest der Branche avanciert.
- Gibt es rasch wachsende Kundengruppen in angrenzenden Marktsegmenten, die Sie früher womöglich selbst bedient hätten, aber aufgrund fehlender Kompetenzen jetzt nicht mehr konkurrenzfähig bearbeiten können? Wenn ja, widmen Sie sich umgehend diesen Kunden und versuchen Sie nachzuvollziehen, was genau in diesem Segment abläuft.
- Gibt es gesetzliche Veränderungen und deregulierende Kräfte, die Ihre Wettbewerbsposition im Kerngeschäft oder Ihre Konkurrenzfähigkeit bei der Erschließung neuer Wachstumsfelder in angrenzenden Marktsegmenten untergraben könnten? Wenn ja, sollten Sie umgehend Alternativpläne entwerfen, um sich gegen diese Unwägbarkeit abzusichern.

Sollten Sie zwei oder mehrere dieser Fragen mit Ja beantworten, so spricht einiges dafür, dass Sie ernsthaft über eine Neuausrichtung Ihres Kernbereichs nachdenken sollten.

Die Organisation auf eine Neudefinition des Kerns vorbereiten

Ein Kerngeschäft neu zu definieren, das nach wie vor profitabel betrieben wird, stürzt Sie in mehrere unmittelbare und nicht zu unterschätzende Zielkonflikte. Sie werden besonders dann akut, wenn die Neudefinition unter Einfluss des Internets stattfindet:

- **Preispolitik.** Um das neue Modell wettbewerbstauglich zu machen, sind unterschiedliche Preisstrategien nötig. Doch wie wirkt sich dies auf das Kerngeschäft aus?
- **Personalwesen.** Das neue Modell des Kerngeschäfts verlangt nach exzellenten Managern, die ein Start-up hochziehen und für die Wettbewerbsfähigkeit des Unternehmens sorgen müssen. Die besten Manager brauchen Sie aber für das ursprüngliche Kerngeschäft, wo die laufenden Gewinne erzielt werden.
- **Gehaltsstruktur.** Auch die Gehaltsstruktur muss dem neu definierten Modell angeglichen werden. Doch wie können alle Mitarbeiter gerecht entlohnt werden?
- **Vertriebskanäle.** Ein Produkt über neue Vertriebskanäle zu verkaufen steht im Konflikt zu dem gewachsenen Beziehungsgeflecht in den vorhandenen Vertriebskanälen und kann zu Orientierungslosigkeit und ernsthaften Schwierigkeiten für das Kerngeschäft führen. Gerade das Kerngeschäft aber bestimmt in der Regel, was möglich ist und was nicht.
- **Erfolg.** Nehmen wir an, das neue Modell wird ein Erfolg und beginnt, Marktanteile zu erobern. Welche Spannungen wird das in der Übergangsphase auslösen, und können diese intern bewältigt werden?

Mehr denn je kämpfen die Unternehmen mit dem Widerspruch zwischen der internen und der externen Neudefinition des Kerngeschäfts. Die interne Neudefinition dient der Erhaltung des Wertes ihres gesamten Unternehmens sowie des Kundenstamms. Die externe Neudefinition verfolgt das Ziel, neue Strategien einschlagen zu können, und die dafür erforderlichen Talente anzulocken. Bevor Sie an die Umsetzung einer Neudefinition gehen (das Vorhandensein eines Konzepts für das neue Modell beziehungsweise die neue Strategie setzen wir hier voraus), müssen Sie sich diesem Widerspruch zunächst stellen und die Konsequenzen sorgfältig abwägen.

Aufwachen und den Kern neu definieren

Eines Tages wachen Sie auf und entdecken, dass Ihr Kerngeschäft demnächst wegen technologischer Neuerungen, verändertem Kundenbedarf oder neu auftretender Wettbewerber ernsthaften Schaden nehmen wird. Schlimmer noch, diese Veränderungen werden sich so rapide vollziehen, dass eine Repositionierung des Kerngeschäfts durch schrittweises Vordringen in angrenzende Marktsegmente oder durch eine geringe Zahl von Akquisitionen in der Kürze der Zeit kaum gelingen kann. Wie gehe ich also am besten vor, werden Sie sich fragen, den Kernbereich so rasch wie möglich neu zu formen oder zu definieren, während das Geld weiterhin in der bisherigen Form durch das angestammte Kerngeschäft verdient wird?

Erstens müssen Sie herausfinden, in welcher der drei Situationen, die wir in Abbildung 4.2 aufzeigen, sich Ihr Unternehmen befindet. Die erste besteht darin, dass einem Kerngeschäft mit einem Stamm vertrauter Kunden ein radikal verbessertes Geschäftsmodell gegenüber steht, das den Bedarf des Kundenstamms weit besser abdeckt. Beispiele für solche »Frontalan-

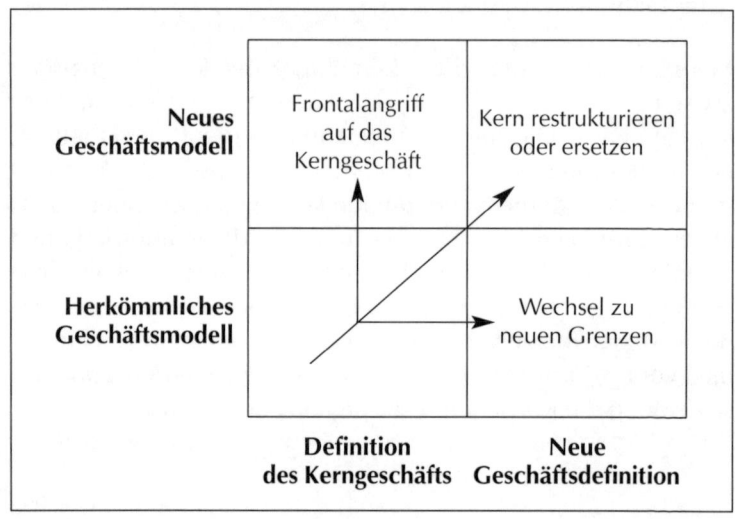

Abb. 4.2: Unternehmen müssen ihre Kernbereiche neu definieren

griffe« auf den Kern von Unternehmen gibt es in Hülle und Fülle. Der Markteintritt des US-Unternehmens Staples, dessen Kostenposition 15 Prozent niedriger liegt als das herkömmlicher Schreibwarenhändler, ist eines von ihnen. Nach Deutschland expandierte das US-Unternehmen durch Aufkauf eines Bürobedarfspezialisten und unterhält derzeit rund 60 Verkaufsstellen im gesamten Bundesgebiet. Der Aufstieg von Dell Computer mit seinem Direktvertriebsmodell, das jenem der traditionellen Zulieferer wie Compaq überlegen ist, kann als zweites Beispiel dienen. Das kostensenkende, dezentrale Ausdrucken digitalisierter Dokumente, ermöglicht durch Produkte von Hewlett-Packard, das das Fotokopieren erspart, repräsentiert ein drittes Beispiel. Und wieder eines liefert ConSors, die die Konkurrenz mit ihrem Online-Aktienhandel aus dem Rennen schlagen, weil sie ihn zu einem Bruchteil der Kosten herkömmlicher Transaktionen betreiben.

Die zweite Situation ist gegeben, wenn sich ein komplexer Wandel der ursprünglichen Grenzen und Strukturen des Kerngeschäfts vollzieht. Ein Beispiel für die Verlagerung von Grenzen ist das Vertriebswesen, wo jedes Glied der ehemals integrierten Wertschöpfungskette des Lieferanten (Beschaffung, Information, Logistik, Finanzierung) entkoppelt und von weiteren Intermediären befreit wurde. Bei Wartung, Reparatur und Büroausstattung beispielsweise spezialisieren sich derzeit webbasierte Unternehmen auf jede einzelne Stufe der Wertschöpfungskette. Die Atrada AG wird verschiedene Anbieter bündeln und organisieren. Die Healy Hudson AG entwickelt elektronische Kataloge. SAP wird eine hoch entwickelte Supply-Chain-Software bereitstellen, die Unternehmen dazu befähigt, ihre Beschaffung direkt über das Internet abzuwickeln.

Die dritte Situation entsteht dort, wo Turbulenzen das Kerngeschäft überflüssig machen und es auf diese Weise nach und nach aufweichen. Beispielsweise muss der Videoverleih auf Dauer mit einer solchen Bedrohung durch elektronische On-demand-Bereitstellung von Filmen rechnen. Mindestens hoffen die Kirch-Gruppe und andere Medienkonzerne auf diesen Trend. Zumindest wird das Verleihgeschäft mit der Zeit bis auf den Kern zusammenschmelzen, der dann womöglich die ge-

genwärtige Infrastruktur der Verleihfilialen nicht mehr rechtfertigt. In ähnlicher Weise mussten sich die großen Hersteller von Propellermotoren mit dem Aufkommen des Düsenmotors im Luftverkehr auseinander setzen. Heute erleidet Polaroid, der Marktführer der chemischen Instantfotografie, dieses Schicksal angesichts der aufkommenden Digitalbildtechnik.

Die Methoden zur grundlegenden Neudefinition eines Kerngeschäfts sind vielfältig. Das Spektrum wird immer breiter, je mehr die Unternehmen heutzutage experimentell erproben, was früher eine selten notwendige Initiative war. Erfolgreiche Ansätze zum Strukturwandel umfassen Desinvestition, Akquisition oder Fusion ebenso wie eher organische Verfahren, die in Abbildung 4.3 dargestellt sind. Hier reicht das Spektrum von der Veränderung der Kernprozesse von innen heraus bis zur Ausgliederung eines neuen Kerns in eine gesonderte Firma mit professionellen externen Investoren. Abbildung 4.4 fasst die damit einhergehenden Zielkonflikte zwischen Integration und Separation zusammen.

Wir haben zahlreiche Klienten beraten, die mit solchen Zielkonflikten umgehen mussten und haben erlebt, wie man von jedem Unternehmen, berücksichtigt man den spezifischen Zeithorizont und drohende Konkurrenz, sagen konnte sowohl den richtigen als auch den falschen Weg zur Neudefinition eingeschlagen zu haben.

Situation 1: Frontalangriff auf das Kerngeschäftsmodell

Wenn Sie einem Angriff auf Ihr Kerngeschäft mit einer Internetstrategie entgegnen, gelten Ihre ersten Überlegungen der Geschwindigkeit, der potenziellen Kannibalisierung ihres Kerngeschäfts und langfristig der Möglichkeit zur Reintegration in das Kerngeschäft. Eine Patentlösung gibt es nicht. Einer Studie in der Telekommunikations-, der Computerhardware-Industrie sowie der Photonics-Industrie (optische Systeme) zufolge unterscheiden sich jene Unternehmen, die eine Phase der Turbulenz erfolgreich meisterten, von Unternehmen mit weniger erfolgreichen Bemühungen insbesondere in einem Punkt: Erstere

Integrieren

| Idee in den Kern integrieren | Separate Geschäftseinheit in der gleichen Sparte schaffen | Separate Einheit schaffen, die parallel an die Unternehmensleitung berichtet | Konzerninternen Inkubator schaffen |

Separieren

| Die Idee als selbstständige Geschäftseinheit ausgliedern | Die Idee mit einem anderen Unternehmen als Kooperationspartner ausgliedern | Die Idee mit einem Venture-Capital-Geber ausgliedern | Joint venture mit externem Inkubator eingehen | Die Idee verkaufen |

Abb. 4.3: Spektrum der Methoden zur Neudefinition eines Kernbereichs

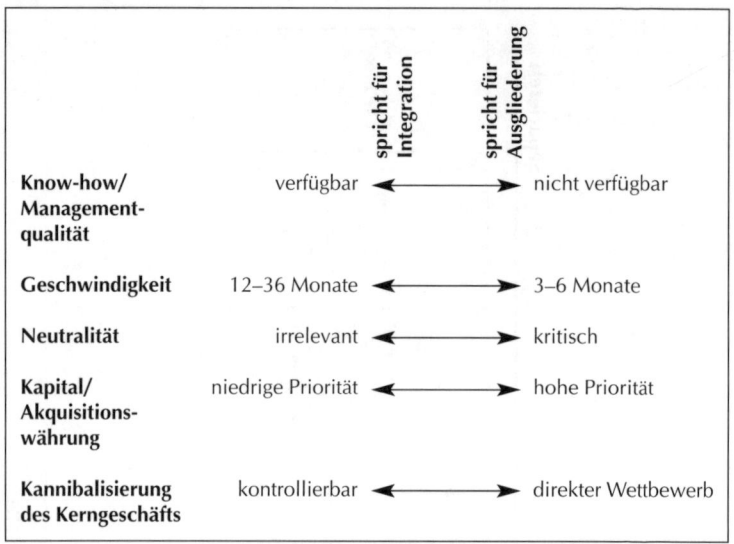

	spricht für Integration		spricht für Ausgliederung	
Know-how/ Management- qualität	verfügbar	◄——————►	nicht verfügbar	
Geschwindigkeit	12–36 Monate	◄——————►	3–6 Monate	
Neutralität	irrelevant	◄——————►	kritisch	
Kapital/ Akquisitions- währung	niedrige Priorität	◄——————►	hohe Priorität	
Kannibalisierung des Kerngeschäfts	kontrollierbar	◄——————►	direkter Wettbewerb	

Abb. 4.4: Zielkonflikte bei der Neudefinition des Kerngeschäfts

zeichnen sich durch die Bereitschaft zu einer kontrollierten Abschwächung beziehungsweise Kannibalisierung ihres Kerngeschäfts durch das neue Geschäftsmodell aus.[10]

Eine Analyse des Onlinegeschäfts von Charles Schwab fördert Folgendes zutage: Bei dem Geschäftsmodell handelt es sich um einen Low-Cost-Ansatz, mit dem jene Kunden aus dem ursprünglichen Kerngeschäft bedient werden können, die sich eine intelligente Kombination aus klassischen Offlinedienstleistungen (mittels Filialnetz) und den Vorteilen des Onlinehandels wünschen. Viele Versandunternehmen wie L. L. Bean, J. Crew und The Gap in den USA und vor allem Karstadt-Quelle in Deutschland gingen ähnlich vor und bauten ihr Kataloggeschäft zu einem aus Kostengesichtspunkten potenziell überlegenen Onlinemodell aus. Tatsächlich zeigt die Untersuchung der 75 meistbesuchten Websites, dass über drei Viertel von ihnen Hybridmodelle sind, bei denen die so genannte Click-and-Mortar-Integration wirkungsvoller war als das Errichten eines separaten Geschäfts mit eigener Führung und Finanzierungsbasis.

188

In der Regel wird man eine Neudefinition des Kerngeschäfts, die zentrale strategische Prozesse im Kern ändert und eine Verzahnung mit dem Kerngeschäft geradezu verlangt, intern am besten bewältigen. Ein Beispiel ist Kodak, das seine Labors auf Digitalbildtechnik umstellte und gleichzeitig eine ganze Reihe neuer Internet-Serviceangebote für die Bearbeitung digitaler Bilder anbot. Ein weiteres Beispiel ist die nicht unkritische Entscheidung von Opel, den Kunden eine Online-Bestellmöglichkeit für ausgewählte Neuwagenmodelle zu bieten, um dadurch die Wartezeit zwischen Bestellung und Lieferung von immerhin acht Wochen auf nur wenige Tage zu reduzieren.

Wenn das neue Geschäft starke Beziehungen zum Kerngeschäft aufweist, doch das eigentliche Kerngeschäft nie ersetzen wird, sollten Sie eine Entscheidung von der Beantwortung der folgenden Fragen abhängig machen:

- Ist das neue Geschäft eher als integrierte oder als autonome Einheit imstande, das zur Umsetzung notwendige Knowhow in Form fähiger Mitarbeiter anzulocken?
- Würde das neue Geschäftsmodell eine hohe Bewertung auf dem Kapitalmarkt erhalten, und wäre diese Akquisitionswährung ein geeignetes Mittel, um Know-how einzukaufen sowie in das Geschäft zu investieren?
- Würde eine Trennung des neuen vom alten Geschäft für den nötigen Wettbewerb sorgen, um aus Konsumentensicht die Frage zu beantworten, in welchem Aspekt das eine Modell dem anderen überlegen ist?

Auf den Antworten zu diesen Fragen beruhte auch die Entscheidung, eine Onlineversion des Schreibwarenkaufhauses Staples namens Staples.com als gesondertes Internetgeschäft zu entwerfen und anzubieten. Staples ist eine der ganz großen Erfolgsgeschichten des letzten Jahrzehnts. Keine Firma hat es je schneller auf zehn Milliarden US-Dollar gebracht hat. Doch manche Kunden halten das traditionelle Kaufhausgeschäft für weniger effizient als die Onlinebestellung von Büromaterial. Um dieses Segment abzudecken, bevor es eine Vielzahl entstehender Onlinekonkurrenten tat, zog das Unternehmen

Staples.com als getrennte Firma auf, und zwar in einem Gebäude in unmittelbarer Nachbarschaft zum Unternehmenssitz. Das Start-up hatte rund 100 Mitarbeiter, die es sich zur Aufgabe machten, eine erweiterte Version des Staples-Sortiments über Internet zu verkaufen, wobei die Auslieferung durch den Lieferservice des Staples-Kerngeschäfts übernommen wurde. Staples.com sollte mit einem Anteilspaket an die Börse gehen, dessen Wert in einer ersten Finanzierungsrunde durch einen Fünf-Prozent-Verkauf des Geschäfts an mehrere Venture-Capital-Firmen festgelegt wurde. Gründer Tom Sternberg und das Staples-Management glaubten, dass dieser Ansatz fähige Mitarbeiter anziehen und eine separate Internetkultur in Gang setzen würde, um dem Unternehmen dadurch einen Blitzstart zu verschaffen.

Das Managementteam unternahm mehrere zusätzliche Schritte, um das Kerngeschäft mit der erforderlichen Unabhängigkeit des Start-ups unter einen Hut zu bekommen. Zunächst wurden interne Verrechnungspreise für Unternehmensservice und Produkte eingeführt, die die Kostenstruktur der Einzelhandels- sowie der Großhandelssparte berücksichtigten. Zweitens gab man Stock Options an die Mitarbeiter des Start-up, die Belegschaft der Muttergesellschaft sowie auch an die Mitarbeiter in den einzelnen Filialen aus. Schließlich spornte man zum Wettbewerb um den gesamten Kundenstamm an, weil man gemerkt hatte, dass die besten Kunden gerade solche sind, die alle Vertriebsarten und -kanäle nutzen. Wir glauben, dass immer mehr Unternehmen ein solches hybrides Geschäftsmodell wählen. Beispielsweise betreibt Karstadt-Quelle weiterhin Kaufhäuser, Kataloggeschäft und Onlinehandel. Ein solches Geschäftsmodell verknüpft die nötige Unabhängigkeit und die Finanzkraft zur Rekrutierung des notwendigen Know-how mit der ausgefeilten Logistik und der zentralen, kostensenkenden Beschaffung aus dem Kerngeschäft.

Angriffe auf das Kerngeschäft, die wir in diesem Abschnitt des Buches diskutieren, sind allerdings nicht nur im Zusammenhang mit dem Internet zu sehen. Ein prägnantes Beispiel für einen Frontalangriff auf ein bestehendes Kerngeschäft liefert auch die Medienbranche in Deutschland, genauer gesagt der Markt für

Zeitschriften. Anfang der neunziger Jahre existierte im deutschen Markt für Abonnementzeitschriften im Grunde nur ein Titel, der die Bezeichnung Nachrichtenmagazin verdiente, DER SPIEGEL. Im Jahr 1993 konnte dieser Titel einen Gesamtumsatz von rund 730 Millionen Mark Umsatz verbuchen, wovon 411 Millionen auf Werbeeinnahmen entfielen. Doch im Laufe des Jahres 1993 startete der Burda-Verlag mit seinem Titel FOCUS unter Leitung von Helmuth Markwort einen Frontalangriff auf den SPIEGEL. Das neue Nachrichtenmagazin richtete sich an die gleiche Leserschaft, die von den FOCUS-Machern als leistungs- und zukunftsorientierte Info-Elite bezeichnet und anhand ihres Mediennutzungsverhaltens charakterisiert wurde. Das redaktionelle Konzept – insbesondere der Unterschied zum direkt angegriffenen Wettbewerber – spiegelte sich in der Aussage der FOCUS-Macher wider, bei FOCUS handele es »um das erste mit digitaler Logik gemachte Gutenberg-Medium an der Schnittstelle zwischen den Zeiten«. Hinter dieser recht blumigen Formulierung verbarg sich die Idee, Nachrichten und Zeitgeistthemen durch den verstärkten Einsatz von Bildern und Grafiken sowie eine kurze, prägnante Formulierung für die drei Millionen potenziellen Leser des Zielsegments »leichter verdaulich« zu machen. Im Zeitalter eines multimedialen Information-Overload wollte man damit dem Konsumentenbedürfnis nach aktueller und schnell erfassbarer Information gerecht werden.

Dass es mit diesem innovativen redaktionellen Konzept gelang, die Monopolstellung des SPIEGEL im Markt der Nachrichtenmagazine zu brechen, unterstreichen nicht nur die folgenden Pressestimmen: »Der SPIEGEL zittert. Fast fünfzig Versuche, gegen den SPIEGEL anzutreten, blieben erfolglos. FOCUS hat es nun geschafft.« (*Die Zeit*, 21.4.1994), »FOCUS ist die Sensation des Jahrzehnts im deutschen Verlagswesen.« (*Time International*, 26.9.1994).

Vielmehr sprechen auch die harten Zahlen dafür, dass der Frontalangriff auf die Ziel-Leser des SPIEGEL von Erfolg gekrönt war. Der Gesamtumsatz des FOCUS wuchs zwischen 1993 und dem Jahr 2000 jährlich um 13,8 Prozent, der des SPIEGEL lediglich um 3,5 Prozent. Zwar lag im Jahr 2000 die absolute Höhe des von FOCUS erwirtschafteten Umsatzes (800 Millionen

Mark) noch unter jener des SPIEGEL (900 Millionen Mark), allerdings zeigt die aussagefähigere Kennzahl Umsatz je verkauftem Heft, dass FOCUS bereits seit 1997 vor seinem unmittelbaren Wettbewerber rangiert. Im Jahr 2000 erwirtschaftete der Burda-Titel durch Werbeeinnahmen sowie den Verkaufserlös rund 13 Mark je Heft. Beim SPIEGEL betrug dieser Wert 12,10 Mark. Das Beispiel unterstreicht eindrucksvoll die Gefahr, die auch für einen etablierten Marktführer von dem Frontalangriff eines Wettbewerbers ausgehen kann und die zu einer Neudefinition des Kerngeschäfts zwingt.

Situation 2: Umwidmung von Ressourcen zur Neudefinition des Kerngeschäfts

Manchmal bringt die Neudefinition des Kerngeschäfts eine Veränderung der Grenzen des Geschäfts mit sich und mündet in die Schaffung einer neuen Einheit, die auf die Fähigkeiten und Kompetenzen des Kerngeschäfts zurückgreift, ohne dieses dadurch ernsthaft schwächen beziehungsweise kannibalisieren zu wollen. Es gibt drei Arten, die Grenzen zu ändern:

1. die Entwicklung neuer Intermediäre, zum Beispiel Online-Marktplätze,
2. die Aufspaltung der traditionellen Wertschöpfungskette in einzelne, separate Aktivitäten sowie
3. die (auf neuen Technologien basierende) umfassende und schnelle Ausweitung des Angebots an Produkten und Dienstleistungen.

Neue Intermediäre, die die Nachfrage bündeln, einen neuen Markt schaffen oder als Umschlagplatz für Informationen fungieren, sprossen mit dem Aufkommen des e-Business förmlich aus dem Boden. Nur wenige davon werden überleben und es schaffen, sich zu etablieren und die Geschäftsprozesse in unterschiedlichen Branchen zu beeinflussen. Ein Beispiel dafür bietet das Konsortium Level Seas, eine Kooperation von Schiffseignern und Reedereien, die kürzlich gebildet wurde, um freie

Ladekapazitäten auf Fracht- und Containerschiffen zu vermarkten. Ein weiteres Beispiel ist der von der Ford Motor Company unter dem ursprünglichen Namen auto-xchange initiierte Marktplatz Covisint, dem sich andere Branchenriesen wie General Motors und DaimlerChrysler anschlossen, um ihre Beschaffungsvolumina zu bündeln und mit ihrem »Build-to-Order-Modell« eine Art Paradigmenwechsel einzuleiten. Ein Artikel im *Wall Street Journal* kommentierte dazu: Mit ihrem ungewöhnlichen Entschluss zur Zusammenarbeit werden die Automobilhersteller (allesamt Vertreter der »Old Economy«) zum Initiator des vielleicht bald größten Business-to-Business-Marktplatzes in der »New Economy«. Man will damit einen globalen Standard für die Beschaffung in der Automobilindustrie und möglicherweise in anderen Branchen setzen.[11]

Covisint ist nur eine der Glanzleistungen von ConsumerConnect, jener Geschäftseinheit, die bei Ford die e-Business-Aktivitäten im gesamten Unternehmen koordiniert. Jacques Nasser, CEO von Ford Motor, »bewegt sich auf der Lernkurve des Internetbusiness. Er schmiedet überall in der Hightechwelt Allianzen und versucht, Ford von einem – wie die Wall Street es bezeichnen würde – »Metall biegenden« Unternehmen in eine dynamischere, internettaugliche Firma umzuwandeln«. Nassers eigenen Worten zufolge »bedeutet dies nichts weniger, als das Unternehmen völlig neu zu erfinden«.[11] Zumindest dürfte kaum etwas anderes die Automobilbranche stärker verändern als das »Build-to-Order«-Modell, falls es denn wirklich realisiert werden kann.

Grundsätzlich wird man ein solches Geschäftsmodell als separate Einheit ausgliedern, um getrennte Strukturen realisieren und eine größtmögliche Unabhängigkeit sicherstellen zu können. Dies gilt ebenso für vergleichbare Geschäftsmodelle in einer Vielzahl anderer Branchen, von Flugzeugteilen bis hin zum Einkauf bei Handelsunternehmen. Eine ganz ähnliche Logik steht hinter der bahnbrechenden Einführung des Sabre-Systems von American Airlines, das mittlerweile das weltweit führende Reservierungssystem für Reisen ist (weltweit werden rund 40 Prozent aller Buchungen von Reiseagenturen darüber abgewickelt). Auch dieses System wurde im März 2000 ausgegliedert und an die Börse gebracht.

Die zweite Art, ein Kerngeschäft durch eine deutliche Veränderung der eigenen Geschäftsdefinition und seiner Grenzen neu zu definieren, besteht in dem Aufbrechen der traditionellen Wertschöpfungskette. Das Internet ermöglicht die kostensenkende Entflechtung einst integrierter Prozessketten (wie im Falle eines voll integrierten Direktvertriebs). Wäre es früher ineffizient gewesen, bestimmte Prozessschritte oder Komponenten in einer separaten Einheit auszugliedern, so wird dies durch die Internettechnologie heute ermöglicht. Ein Beispiel für diesen im dritten Kapitel geschilderten Geschäftstyp ist e-Logistics bei UPS. Dieses neue Geschäft wurde als separate Einheit (allerdings innerhalb des Konzerns) aufgezogen und profitiert ausgiebig von Infrastruktur, Informationssystemen, Kundenbeziehungen sowie vom Erfahrungsschatz der Muttergesellschaft. Obwohl es sich nicht um eine echte Neudefinition des Kerngeschäfts im engeren Sinne handelt, könnte diese Initiative die Aussichten auf nachhaltiges Wachstum bei UPS signifikant positiv beeinflussen, sofern sie sich bewährt.

Neue Geschäftsmodelle, die vom Kerngeschäft profitieren können, ohne dieses in bedrohlichem Ausmaß zu schwächen beziehungsweise zu kannibalisieren, werden in der Regel in Form separater Einheiten geführt. Ob diese Einheiten dabei gänzlich außerhalb der Konzernstruktur (unter Einbeziehung externer Kapitalquellen) aufgebaut und geführt werden sollten, ist in erster Linie von folgenden Zielkonflikten abhängig:

1. Kann das notwendige Know-how in Form entsprechend qualifizierter Mitarbeiter für die neue Einheit rekrutiert werden? Ist zur Anwerbung dieses Know-how mitunter der Börsengang des Unternehmens notwendig (oder zumindest die Aussicht auf einen solchen)?
2. Macht die Auslagerung aus strategischen Gründen Sinn? Zum Beispiel weil eine gewisse Neutralität der neuen Einheit vorteilhaft wäre oder weil sich dadurch Konflikte mit dem Kerngeschäft (hinsichtlich Kunden oder Vertriebskanälen) vermeiden ließen?

3. Würde eine Auslagerung neue Kapitalquellen erschließen, indem die mitunter hohe Aktienbewertung das Potenzial für erfolgskritische, strategische Akquisitionen und Investitionen liefert?

Situation 3: Strukturelle Neudefinition des Kerns

Der österreichische Wirtschaftswissenschaftler Joseph Schumpeter vertrat in der ersten Hälfte des vorigen Jahrhunderts die Auffassung, dass die Ertragskraft eines jeden Industriekonzerns mit der Zeit abnimmt. Wir würden sogar noch weiter gehen und behaupten, dass jedes Kerngeschäft, das sich nicht von Zeit zu Zeit grundlegend wandelt, den Rückgang seiner Ertragskraft und seiner Wettbewerbsstärke geradezu heraufbeschwört.

Mitunter erfordert die Neudefinition des Kerns eine rasche und umfassende Umwidmung von Ressourcen des Kerngeschäfts in solche für ein viel versprechendes angrenzendes Marktsegment. Wie bereits an anderer Stelle erwähnt, verfolgen lediglich rund drei Prozent der von uns identifizierten nachhaltigen Wertschöpfer diese Vorgehensweise und verdienen daher die Bezeichnung »schrumpfende Wertschöpfer«. Mehrere dieser Unternehmen machten einen tief greifenden Strukturwandel durch, um ihr ursprüngliches Kerngeschäft zu ersetzen oder zu verkaufen, und erneuerten auf diese Art das Unternehmen rund um einen gewandelten Kern. Perkin-Elmer Instruments, heute Hersteller von Instrumenten zur Identifikation von genetischen Informationen, riskierte eine solche unternehmensweite Neudefinition und stellte das Kerngeschäft von einfachen Messinstrumenten für Labors auf Geräte für Analysen in der Biotechnologie um.

Als Tony White die Perkin-Elmer Corporation 1995 übernahm, wurde das Unternehmen auf 1,5 Milliarden US-Dollar bewertet. Der Wert basierte vorwiegend auf einer Fülle von Patenten auf Nischenprodukte im Bereich Messinstrumente, die sich seit der Gründung durch Richard Perkin und Charles Elmer im Jahr 1932 in ihrem Portfolio angesammelt hatten. Das ursprüngliche Geschäft beruhte auf optischen Apparaturen und wurde später auf Bomben-Zielfernrohre und Satelliten-Erkennungssysteme ausgedehnt. Dieser lose Verbund von Geschäften führte Investoren zur Forderung, die Produktpalette des Unternehmens solle aufgelöst und eines nach dem anderen meistbietend versteigert werden.

In der Palette der Perkin-Elmer-Geschäfte entdeckte White einen kleinen Bereich, der Instrumente für eine schnelle Erkennung und Abbildung genetischer Sequenzen anbot und offenbar eine führende Position in seiner kleinen, viel versprechenden Marktnische innehatte. Im Laufe der nächsten paar Jahre optimierte das Perkin-Elmer-Team die ursprünglichen Kerngeschäfte für den Verkauf an EG&G, einen Anbieter von Management- und technischen Serviceleistungen für öffentliche Institute, und investierte die frei werdenden Ressourcen in das Geschäft mit der Genanalyse – gerade rechtzeitig, um in eine Welle von Forschungsaufträgen zu geraten, die die Gentechnikumsätze binnen drei Jahren von 320 Millionen auf 1,2 Milliarden US-Dollar anschwellen ließ. Anschließend gliederte White das Unternehmen in PE Biosystems, den Gerätehersteller, und Celera Genomics, den Anbieter von Genanalysen, der gentechnische Ausrüstung kauft und betreibt. Heute sind Celera und PE Biosystems (inzwischen umbenannt in Applied Biosystems) zusammen viermal mehr wert als das ursprünglich von White übernommene Perkin-Elmer-Unternehmen.

White und sein Management hatten das Potenzial der Genanalyse erkannt, meisterhaft eine komplexe Strategie entworfen und umgesetzt und mit ihr den Schwerpunkt des gesamten Unternehmens verlagert. Mit einer Perle, die tief unten in ihrem Portfolio verborgen lag, machten sie sich den rasch ändernden Markt für Biotechnologie zunutze und brachten aus dem Kernbereich eine bemerkenswerte Produktlinie hervor.

Gelegentlich kann eine Neudefinition länger dauern, weil man mehrere Geschäftseinheiten am Kapitalmarkt platzieren und gleichzeitig einen neuen Kompetenzaufbau durch Akquisitionen realisieren muss. Eine solche Strategie geht mit großen Herausforderungen einher – und mit einer hohen Fehlerquote obendrein. Trotzdem existieren einige frappierende Erfolgsbeispiele wie Nokia.

Nokia hatte 1865 als Mühle begonnen, die am Ufer des Nokia-Stroms in Finnland Papier herstellte. Im Laufe der folgenden 130 Jahre kaufte das Unternehmen eine Reihe regionaler Fabriken auf und schuf einen kleinen Konzern, der unter anderem über die Geschäftsbereiche Papier, Gummi und Elektrogeräte verfügte. Gummistiefel heißen übrigens noch heute im Finnischen nokia. Die Neudefinition bei Nokia war das Ergebnis einer Kombination aus klugen Entscheidungen und Glück. 1982 beschloss die Führung des Unternehmens, mit der finnischen Telekommunikationsindustrie zu kooperieren und das erste landesweite Mobilfunksystem unter Verwendung des GSM-Standards einzurichten. Das erste Mobiltelefongespräch über dieses GSM-Netz führte der finnische Premierminister im Jahr 1991.

In diesem Moment erkannte die Nokia-Führung, besonders der neue CEO Jorma Ollila, die Bereiche drahtlose Technologie und digitale Information als jene Geschäftsfelder, auf die das Unternehmen seine Kräfte konzentrieren sollte. In den folgenden Jahren investierte Ollila aggressiv in Produktionsanlagen für Mobiltelefone sowie in Akquisitionen, die die Telekommunikationsstrategie unterstützen sollten. Nokia finanzierte diese Investitionen, indem es zahlreiche andere Geschäfte (zum Beispiel Gummi, Kabel, Farbfernsehgeräte, Strom) ausgliederte. Zwar steht der Gewinner des Siegeszugs von Mobilfunkgeräten noch nicht abschließend fest, aber bereits jetzt hat die Mobilfunkrevolution Nokia eine Steigerung des Umsatzes von zwei Milliarden US-Dollar in 1993 auf fast 28 Milliarden US-Dollar im Jahr 2000 eingebracht, bei gleichermaßen steigenden Gewinnen. Beinahe aus dem Nichts gekommen hält Nokia mittlerweile mehr als 32 Prozent des Weltmarkts für Mobiltelefone und ist damit unumstrittener Marktführer. Das Unternehmen hatte bei einigen Entscheidungen Glück: Beispielsweise investierte es rechtzeitig in ein Mobilfunk-Start-up. Und bei GSM handelte es sich um einen einheitlichen europäischen Standard im Gegensatz zur Vielfalt unterschiedlicher Systeme in Nordamerika.

Ein weiteres Beispiel für die Verlagerung des Kerns in einen völlig neuen Bereich stellt auch die Preussag AG dar, die heute in Europa marktführender Reiseveranstalter ist. Vor ein paar

Jahren noch verdiente die Preussag ihr Geld mit Stahl, Kohlebergbau, Metallen, Schiffen und Anlagenbau, Erdöl sowie Gebäudetechnik. Vor dem Hintergrund fehlender Wachstums- und Profitmöglichkeiten im angestammten Kern der Preussag entschloss sich die Unternehmensleitung 1997 zu einer strategischen Neuausrichtung. Man wollte weg vom klassischen Industriekonzern, um zu einem modernen Dienstleistungsunternehmen zu avancieren. Die Übernahme der Hapag-Lloyd AG im September 1997 bedeutete den ersten Schritt des Transformationsprozesses. In der Folge baute Preussag konsequent das viel versprechende Touristikgeschäft durch Akquisitionen und Beteiligungen auf. Mit Übernahme der TUI, der britischen Thomson Travel Group sowie der französischen Nouvelles Frontières, jeweils führende Reiseveranstalter in ihren Ländermärkten, wurde der Touristikanteil immer größer. Im Gegenzug trennte man sich von zahlreichen Industriebeteiligungen aus dem Stahl- und Energiebereich. Betrug der Anteil der Industriesparte im Geschäftsjahr 1998/99 noch 38 Prozent des Konzernumsatzes, so lag er im darauf folgenden Geschäftsjahr nur noch bei 32 Prozent. Der Umsatzanteil der Touristiksparte stieg im gleichen Zeitraum von 44 Prozent auf 52 Prozent und soll nach Konzernangaben langfristig 79 Prozent erreichen. Interessant erscheint das langfristige Umsatzziel für den Gesamtkonzern, das mit »über 20 Milliarden Euro« angegeben wird. Da der Konzernumsatz im Geschäftsjahr 1999/2000 bereits 21 Milliarden Euro betrug, zeugen die langfristigen Planzahlen davon, dass sich die Unternehmensführung auf das Ausschöpfen von Profitabilitätspotenzialen in ihrem »neuen« Kerngeschäft konzentrieren will und ganz offensichtlich nicht der Strategie »Umsatz um jeden Preis« folgt.

Sowohl Nokia als auch Preussag nutzten Akquisitionen, um den ursprünglichen Kern zu transformieren beziehungsweise ihn zu ersetzen.

Andere wiederum, unter ihnen Xerox, Compaq, Sears, General Motors, Westinghouse, Zenith und Olivetti, waren damit weniger erfolgreich. Für dieses Vorgehen braucht man Sitzfleisch – und wer kann im Voraus schon sagen, ob er damit einen Fehler begeht?

Doch es gibt noch einen wesentlich riskanteren Ansatz. Die umwälzendste Form der Neudefinition des Kerngeschäfts kommt auch am seltensten vor: die komplette Schließung des ursprünglichen Kerngeschäfts innerhalb kürzester Frist und der Übergang zu einer völlig neuen Struktur, die möglicherweise in einer anderen, bereits existierenden Firma vorhanden ist. Bei Internet-getriebenen Neudefinitionen haben nur relativ wenige Unternehmen ihr klassisches Geschäft vollkommen aufgegeben, um sich in ein reines Internetunternehmen zu verwandeln. Die meisten zogen das Hybridmodell vor. Ein Unternehmen, das in verzweifelter Lage eine komplette Kehrtwende unternommen hat, ist die amerikanische Firma Egghead.

Egghead wurde 1984 gegründet und entwickelte sich zusammen mit Babbage's Etc. zu einem der beiden führenden Software-Einzelhändler in den USA. 1992 war Egghead mit 250 Läden, 2500 Mitarbeitern und einem Umsatz von 700 Millionen US-Dollar in den Einkaufszentren der Vorstädte gut vertreten. Dennoch geriet das Unternehmen ins Schlingern. Mit seinen Filialen rutschte es immer tiefer in die Verlustzone, musste gegen die Konkurrenz von Warenhäusern, Versandunternehmen und wenig später gegen jene aus dem Internet ankämpfen. In den folgenden sieben Jahren schloss Egghead eine Filiale nach der anderen und entschied sich 1998, auch die letzten Läden dichtzumachen, um das Geschäft unter dem neuen Namen Egghead.com ausschließlich im Internet weiterzuführen. 1999 trieb man diese Transformation noch weiter und fusionierte mit Onsale, um einer der größten Online-Einzelhändler zu werden. Bei Egghead setzte man auf eine extreme Neudefinition, schuf eine getrennte Einheit, die letztendlich auch das Einstellen des ursprünglichen Kerngeschäfts im Einzelhandel mit sich brachte. Allerdings schreibt das Unternehmen bis dato noch keine schwarzen Zahlen.

Dies sind bemerkenswerte Beispiele für den rasanten und umfassenden Strukturwandel eines Kerngeschäfts. Im Fall Perkin-Elmer führte die Verlagerung dazu, das ursprüngliche Kerngeschäft abzustoßen und die frei werdenden Ressourcen in eine relativ kleine Produktlinie am Rande des Geschäftsfelds Messinstrumente zu stecken. Bei Nokia erstreckte sich die

Transformation über einen längeren Zeitraum, war aber nicht weniger tief greifend. Im Handumdrehen vollzog sich die Transformation bei Egghead, muss sich aber noch immer bewähren, weil das Unternehmen in seiner neuen Onlineumgebung, auf eine andere Wettbewerbskonstellation (zum Beispiel mit Amazon.com) trifft.

In all diesen Fällen führte die Transformation des Kerns zu neuen Unternehmen mit hoch konzentrierten, neuen Kerngeschäften, die innerhalb der neu definierten Grenzen die Marktführerschaft anstreben. Allerdings ist die Umstrukturierung des Kerngeschäfts nicht immer sinnvoll. Nur wenn folgende Bedingungen gleichzeitig vorliegen, macht eine Transformation Sinn: das ideale Kerngeschäft, zu dem man sich verwandeln will, ein wachstumsfreundliches Marktumfeld, auf dem die Investoren vorausschauende unternehmerische Maßnahmen honorieren, ein Managementteam mit klarer Vision von der neuen Zukunft und vor allem die Bereitschaft des Teams, eine höchst anspruchsvolle Strategie in die Tat umzusetzen.

Zusammenfassung

Branchenturbulenzen können schneller und mächtiger ausbrechen, als es die meisten Manager zuvor erlebt haben dürften. Aus dem Datenmaterial, das wir aus eigenen Erhebungen und aus anderen Quellen zusammengetragen haben, ergibt sich, dass der zeitliche Entscheidungsspielraum immer kürzer, die Unsicherheit immer größer und das Spektrum strategischer Optionen immer breiter werden. Der Wandel, dem sich die Unternehmensführung stellen muss, erfordert ein teilweises oder bisweilen grundsätzliches Überdenken des eigenen Kerngeschäfts. In manchen Fällen ist eine schnelle Neudefinition oder eine schnelle Verlagerung der Ressourcen in ein ganz neues Kerngeschäft gefragt, so wie die Manager von Perkin-Elmer es praktizierten. Wir haben versucht, so viele Beispiele wie möglich zu finden, in denen das Kerngeschäft erfolgreich neu definiert wurde. Allerdings gibt es weit mehr Fälle, in denen diese

Strategie fehlschlug. Neudefinition ist ein hartes Stück Arbeit; denn die meisten Manager haben darin keine Erfahrung. Zudem geht eine solche Strategie grundsätzlich mit hohen Risiken einher. Dies mag auch der Grund sein, weshalb man bei Unternehmen eine Vielzahl unterschiedlicher Ansätze zur strukturellen Neudefinition findet.

Die geschilderten Erfolgsgeschichten erteilen überdies einige warnende Lehren:

1. Versuchen Sie nie, das Kerngeschäft ohne klare Vision und ohne die Einhaltung einiger strategischer Grundregeln (über die im Management Einigkeit bestehen sollten) neu zu definieren.
2. Versuchen Sie nie, das Kerngeschäft neu zu definieren, ohne vorher Einigkeit darüber zu erzielen, wie sich die Turbulenzen auswirken und welche Position auf dem Markt den größten Wettbewerbsvorteil verschaffen wird.
3. Prüfen Sie das gesamte Spektrum von Optionen und wägen Sie dabei die Notwendigkeit einer zeitaufwändigen Integration in das ursprüngliche Kerngeschäft gegen die Erfordernis einer raschen Lösung, zum Beispiel durch den Aufbau einer völlig separaten Unternehmenseinheit, ab.
4. Investieren Sie zu Beginn eines Neudefinitionsprogramms eher zu viel als zu wenig in die Kompetenz und Entscheidungsprozesse des Managements.
5. Beobachten Sie die Rahmenbedingungen und Unsicherheiten, die Sie zur Neudefinition des Kerngeschäfts veranlassen. Unter Umständen müssen Sie Ihre Strategie neu justieren oder mitten im Prozess korrigieren.

Die meisten Manager müssen vierteljährlich Gewinne ausweisen, den Cashflow des Kerngeschäfts sichern, für eine gerechte Behandlung der Mitarbeiter im Kernbereich sorgen, die Mitglieder ihres Managementteams von ihren Zukunftsvisionen überzeugen und Selbstzweifel über den Erfolg einer Neudefinition und Besorgnis über die Schwierigkeiten der Durchführung überwinden. Die bis dato niedrige Erfolgsrate einer Neudefinition hat nach unseren Erkenntnissen eher weniger mit der Unerfahrenheit des Managementteams zu tun. Sie ist vielmehr ein der Komplexität der Aufgabe innewohnender Faktor. In einer Welt, deren Systeme in der Regel auf den Schutz und das Fixieren des Status quo ausgelegt sind, erfordert bereits die Neudefinition der eigenen Geschäftsprinzipien außergewöhnliche Führungsqualitäten. An dieser Stelle zeigt sich die Evidenz unseres dritten Paradoxons des Wachstums: Gerade solche Managementteams, die aufgrund von Untätigkeit die größten Kosten verschulden, können sich oft nur unter erheblichen Widerständen zu einer Neudefinition ihres Kerngeschäfts durchringen. Die wahren Helden der New Economy sind diejenigen Manager, die es wenigstens versuchen.

5

Wachstum aus dem Kerngeschäft

Die diesem Buch zugrunde liegende Studie zum Unternehmenswachstum zeigt deutlich, wie schwierig es ist, über einen längeren Zeitraum ein starkes Kerngeschäft aufzubauen, zu erhalten oder gar zu transformieren. Selbst jene Führungskräfte, die mit ihrer Erfahrung zu den Thesen des vorliegenden Buches beigetragen haben und die unseres Erachtens zu den fähigsten und am härtesten arbeitenden Managern überhaupt gehören, haben alle im Wachstumszyklus des Geschäfts, mit dem sie zu tun hatten, herbe Rückschläge erlebt. Und das, obwohl sie um sich herum exzellente Teams aufgebaut haben. Geradeso, wie auch die größten Piloten mit Turbulenzen zu kämpfen haben und wie die besten Trainer eine schwache Saison haben können. Aus dieser Perspektive betrachten wir auch unsere Bemühungen in diesem Buch. Wir können kein Patentrezept für den Erfolg liefern, denn es gibt keines. Alles, was wir bieten, sind ein paar strategische Grundsätze und Tools zur Selbstdiagnose. Es ist eine Art Nachschlagewerk, das selbst den hervorragendsten Managern starker Kerngeschäfte beim Überdenken oder Ausformulieren einer Strategie Unterstützung bieten kann. Wir glauben, dass die hier dargelegten Grundsätze die Erfolgschancen verbessern, auch wenn kein noch so ausgeklügeltes Werk dies garantieren kann.

Unsere Recherchen und die Arbeit am Buch nahmen einen Zeitraum von mehreren Jahren in Anspruch, in den sowohl das starke Aufkommen von Private-Equity-Investitionen als auch die Geburt und die ersten Erträge der Internetökonomie fielen. Unter diesen Umständen haben wir uns wiederholt gefragt, ob es der festzustellende Rollentausch zwischen Marktführern und Verfolgern notwendig machen könnte, die in diesem Buch vertretenen Thesen zu überdenken. Wir kamen zu dem Schluss: Obwohl wir derzeit dramatische Veränderungen in der Art und Weise erleben, wie sich Kapitalströme bewegen, wie Bewertungen vorgenommen und Geschäfte betrieben werden, so kann dies unsere zentralen Aussagen nicht erschüttern:

– Nur sehr wenige Unternehmen wachsen profitabel und nachhaltig, obwohl es sich alle vornehmen.
– Der Aufbau von unvergleichbarer Stärke in einem Kerngeschäft (ganz gleich, wie schmal oder eng man sich dabei fokussiert) ist der Schlüssel zum Wachstum. Viele Unternehmen, die dieses Prinzip einmal ignorieren, kehren wieder zum Kerngeschäft zurück.
– Die meisten Managementteams unterschätzen das Potenzial ihres Kerngeschäfts und holen nicht das gesamte darin schlummernde Wachstum heraus. Tatsächlich erweisen sich gerade die besten Kerngeschäfte – relativ zu ihrem wahren Potenzial – als Underperformer.
– Die meisten erfolgreichen Unternehmen erreichen einen Großteil ihres Wachstums, indem sie in solche angrenzenden Marktsegmente expandieren, die ein Kostensharing mit dem ursprünglichen Kerngeschäft bieten und zu einer Stärkung dieses Kerns beitragen. Das Wachstum dieser Unternehmen stammt insofern nicht aus einer undifferenzierten (das heißt keinen Bezug zum Kerngeschäft aufweisenden) Diversifikation und nicht aus Vorstößen in »heiße« (das heißt gerade boomende) Märkte.
– Die folgenschwersten Strategiefehler ergeben sich beim Abwägen von »Investitionen in das Kerngeschäft« versus »Expansion in angrenzende Marktsegmente« sowie auch bei der Auswahl von Grenzsegmenten selbst.

- Branchenturbulenzen erfordern oft, dass die Unternehmensführung ihr Kerngeschäft genau dann neu definiert, wenn es gerade auf dem Höhepunkt seiner Macht angekommen erscheint.
- Wachstum zu erreichen klingt einfacher als es ist; denn die meisten Organisationsformen wollen den Status quo bewahren. Aber Wachstum setzt gerade Wandel voraus.

Diese Grundsätze mögen zunächst wenig überraschend wirken. Allerdings ist es geradezu erschütternd, wie oft sie verletzt werden und wie oft sie den Dreh- und Angelpunkt zentraler Probleme im Kontext von Wachstumsstrategien bilden.

Obwohl sich die oben formulierten Regeln nicht grundsätzlich verändert haben, bedürfen die daraus abzuleitenden Handlungsempfehlungen in manchen Bereichen der New Economy einer Anpassung. Im gesamten Buch sind wir auf solche vorübergehenden Anpassungen eingegangen. Manche von ihnen erlangen erst neuerdings Bedeutung beziehungsweise werden erst jetzt diskutiert. Ein Beispiel dafür stellt die Frage dar, wann ein neues, unter Umständen konkurrierendes Geschäftsmodell als separate Einheit geführt werden sollte oder wann eine mit dem Kerngeschäft integrierte Vorgehensweise ratsam erscheint.

Auslösendes Moment für einen Kurswechsel

Wann ist es angebracht, finanzielle Ressourcen und Managementressourcen vom Kerngeschäft in die umgebenden angrenzenden Marktsegmente zu verlagern? Und – schwieriger noch – welche Warnzeichen deuten auf die Notwendigkeit hin, ein fundamentales Element des Kerngeschäfts zu verändern? Das permanente Spannungsfeld zwischen Abschöpfen des Kerngeschäfts einerseits und Ausbrechen in unerschlossenes Neuland andererseits existiert in jedem Unternehmen. Die Art, wie das Management mit diesem Spannungsfeld umgeht, ist der Schlüsselfaktor für nachhaltiges, profitables Wachstum in der Zukunft.

Abbildung 5.1 beruht auf unserem Datensatz mit 8400 Unternehmen, der im gesamten Buch verwendet wurde, um profitables Unternehmenswachstum weltweit zu identifizieren. Die angegebene Zahl spiegelt jeweils die durchschnittliche jährliche Rendite für Aktionäre über einen Zehn-Jahres-Zeitraum wider, die aus unterschiedlichen Kombinationen von Umsatz- und Gewinnwachstum der Unternehmen resultiert. Offenbar erbrachten Unternehmen, deren durchschnittliches Gewinn- und Umsatzwachstum die Fünf-Prozent-Marke nicht übersteigen konnte, nur bescheidene Erträge für ihre Aktionäre im Umfang von durchschnittlich 6,9 Prozent. Unternehmen, deren Wachstumsrate bei Gewinn und Umsatz mehr als 15 Prozent betrug, profitierten offenbar von einem Multiplikatoreffekt und bescherten ihren Anteilseignern eine Rendite in Höhe von 25,8 Prozent.

Unter dem Gesichtspunkt des von uns erörterten Spannungsfeldes zwischen Kerngeschäftsfokussierung und Expansion in angrenzende Marktsegmente erscheinen diejenigen Unternehmen besonders interessant, die die beiden anderen Kästchen des Schaubilds repräsentieren. Unternehmen mit einem Umsatzwachstum von weniger als fünf Prozent, die sich auf die Ausschöpfung des Kerns, insbesondere Kostenreduzierung sowie Kapitalumschlag konzentrieren, werden vom Kapitalmarkt relativ niedrig bewertet. Tatsächlich bescheren 15 Prozent und mehr jährliches Gewinnwachstum (über zehn Jahre) bei gleichzeitig niedrigem Umsatzwachstum den Anteilseignern eines Unternehmens nur eine Rendite von durchschnittlich 9,5 Prozent. Das ist die Herausforderung, vor der viele große Unternehmen stehen, die sich auf die Erreichung von Kosten- und Gewinnzielen fokussieren. Es fällt in der Regel nicht schwer, das Kerngeschäft für weitere zwölf Monate lang auszuschöpfen. Doch irgendwann hört das Potenzial zur Ausweitung der Gewinnspanne auf. Was dann?

Betrachten wir abschließend noch Unternehmen, die aggressiv – vielleicht zu aggressiv – in angrenzende Marktsegmente expandieren, dabei ihre Gewinne verwässern und dadurch große, aber weniger profitable Unternehmen kreieren. Diese Unternehmen konnten im Verlauf der zehn Jahre ihre Umsätze um

	sehr niedrig 0–5 %	sehr hoch >15 %
sehr hoch >15 %	12,3 % Rendite (1,8x)	25,8 % Rendite (3,7x)
sehr niedrig 0–5 %	6,9 % Rendite	9,5 % Rendite (1,4x)

Umsatzwachstum

Nettogewinnwachstum

Abb. 5.1: Nachhaltige Wertschöpfer erzielen höchste Renditen für Aktionäre

Quellen: Worldscope-Datenbank, Bain-Analyse.

Bemerkung: Alle Wachstumsraten sind inflationsbereinigt. Anzahl der Unternehmen = 932 (aus der Datenbank mit 8400 Unternehmen, davon 1854 mit einem positiven durchschnittlichen Jahreswachstum sowohl beim Umsatz als auch beim Nettogewinn im Zehn-Jahres-Zeitraum 1988–1998). Die Rendite der Anteilseigner ist als Durchschnitt im Zehn-Jahres-Zeitraum 1988–1998 berechnet.

über 15 Prozent pro Jahr steigern, aber nur ein jährliches Gewinnwachstum von weniger als fünf Prozent erzielen. Ihre Vorstöße in neue Geschäftsbereiche, in denen sie in der Regel weniger Erfahrung hatten und die eine geringere Profitabilität aufwiesen, führten zu einem kontinuierlichen Rückgang ihrer Gewinnspanne. Buchstäblich Tausende von Unternehmen folgten diesem Schema. Einige dieser Unternehmensgeschichten, wie Compaq, Bausch & Lomb oder Saatchi & Saatchi, wurden in diesem Buch bereits vorgestellt. Auch hier führte ein unausgewogener Strategieansatz letztlich zur Skepsis der Investoren hinsichtlich der zukünftigen Unternehmensentwicklung und zu einer niedrigen Bewertung.

	sehr hoch >10 %	8,7 % Rendite (1,5x)	14,0 % Rendite (2,4x)
Umsatzzuwächse			
	sehr niedrig 0–5 %	5,8 % Rendite	10,5 % Rendite (1,8x)
		sehr niedrig 0–5 % 	sehr hoch >15 %
		Reale Gewinnzuwächse	

Abb. 5.2: Auch in Deutschland höchste Renditen bei kombiniertem Wachstum

Quellen: Worldscope-Datenbank, Bain-Analyse.

Bemerkung: Basierend auf 104 deutschen Unternehmen; Kriterien wie in Abbildung 5.1.

Wie in Abbildung 5.2 zu sehen, fallen die Wachstumsraten und Renditen in Deutschland im Vergleich zur weltweiten Vergleichsgruppe ab. Während die Klassifikation auf der Gewinnseite mit der weltweiten Situation identisch ist (sehr niedriges Wachstum zwischen null und fünf Prozent und sehr hohes Wachstum mit mehr als 15 Prozent) legten die Umsätze im Zeitraum von 1989–1999 weniger stark zu. Von hohem Wachstum ist daher in Bezug auf die Umsätze schon bei realen Zuwächsen von mehr als zehn Prozent (im weltweiten Datensatz: mehr als 15 Prozent) zu sprechen.

Die Renditen der Ausgangssituation, niedriges Umsatz- und Gewinnwachstum, betragen in Deutschland nur 5,8 Prozent im Vergleich zu 6,9 Prozent. Dies lässt auf einen unterdurchschnittlichen Anteil von wachstumsstarken Branchen und Segmenten (Computer, Telekommunikation, Software) ebenso

schließen wie auf eine ungenügende Nutzung von Wachstums-
möglichkeiten in den Kerngeschäften. Im Gegensatz zur globalen Stichprobe zeigte sich unter deutschen Unternehmen, dass
das Gewinnwachstum (Renditefaktor 1,8x) einen höheren Einfluss auf die Rendite hat als das Umsatzwachstum mit einem
Renditefaktor von nur 1,5x. Die Verhältnisse sind hier praktisch
spiegelverkehrt zu den internationalen Ergebnissen. Allerdings
sind auch im deutschen Markt diejenigen Unternehmen die
klaren Gewinner, denen es gelingt, nachhaltig sowohl den Umsatz als auch die Gewinne zu steigern. Mit 14 Prozent Rendite
liegen die deutschen Unternehmen in diesem Quadranten um
fast zwölf Prozentpunkte hinter den Unternehmen in der globalen Vergleichsgruppe – ein großes Wachstumspotenzial im
Kerngeschäft und in benachbarten Segmenten wird offensichtlich nur unzureichend genutzt.

Unsere auf einem Mehrjahreszeitraum basierende Analyse von
Unternehmenswachstum führt uns zur Formulierung mehrerer
Fragen, die sich Manager stellen sollten, wenn sie ihre eigene
Strategie überdenken:

- Wo liegt derzeit unser Schwerpunkt (Optimierung des Kerngeschäfts, Expansion in angrenzende Marktsegmente, Neudefinition des Kerngeschäfts)? Wir fanden heraus, dass sich
  viele Manager in dieser Sache nicht sicher sind.
- Welchen Ressourcenanteil konzentrieren wir auf Geschäftsfelder, in denen das Potenzial zur Erreichung von Marktmacht und Einfluss vorhanden ist und wir eine führende Position erreichen könnten? Welcher Ressourcenanteil entfällt
  auf Geschäftsbereiche, in denen wir unwiderruflich auf die
  Verfolgerrolle festgelegt sind?
- Woher ist unser Wachstum in den letzten zwei Jahren gekommen, und was planen wir für die kommenden drei Jahre?
  Wo wurden in der Vergangenheit Pläne nicht erreicht, und
  wo haben wir die Erwartungen übertroffen?
  • Marktanteilsgewinn im Kerngeschäft,
  • Verschiebungen im Umsatzmix hin zu wachstumsstarken
    Segmenten und Vertriebskanälen,

- Preispolitik,
- neue Produkte im Kerngeschäft,
- Kostenreduktion,
- neue Kunden oder Ausbau des Anteils bei bestehenden Kunden,
- angrenzende Marktsegmente (Adjacencies), inklusive neuer Kunden oder neuer Produkte.
  - Erleben wir gerade bei unseren besten Managern oder besten Kunden ein ungewöhnlich niedriges oder hohes Maß an Abwanderung? Wohin gehen sie beziehungsweise von wo kommen sie?
  - Worauf liegt der Schwerpunkt unsere Wettbewerber (Optimierung des Kerngeschäfts, Expansion in angrenzende Marktsegmente , Neudefinition des Kerngeschäfts)?
  - Dringen neue Wettbewerber an den Randgebieten unseres Geschäfts ein?

Ausgestattet mit diesen Informationen sowie mit den Aussagen und Fallbeispielen des vorliegenden Buches sollten Manager stets darüber wachen, nicht in eines von drei gefährlichen, langfristigen Mustern zu verfallen.

Das erste Muster besteht aus der verfrühten Aufgabe des Kerngeschäfts zugunsten weit entlegener neuer Geschäftsideen. Ein schrumpfendes Kerngeschäft oder die Verzettelung in allzu viele Initiativen deuten auf dieses Problem hin.

Das zweite Muster ist die übertriebene Ausbeutung des Kerngeschäfts, ohne dass man es schnell genug durch ausreichend große Wachstumsfelder ersetzen könnte. Wenn zudem die Gewinnsteigerung weitgehend aus Kostenreduzierung oder aus anderen Initiativen im operativen Geschäft kommt, droht echte Gefahr.

Das dritte Muster besteht im Verkennen der rechtzeitigen Neudefinition des Kerngeschäfts. Wenn die Konkurrenz mit neuen Geschäftsmodellen Ihre Kunden übernimmt, haben Sie mit Ihrer Reaktion vermutlich schon zu lange gewartet.

Problem der Organisation oder der Strategie?

Immer wieder stehen Manager, die mit dem Problem des Unternehmenswachstums kämpfen, vor einer Grundsatzfrage: Ist die Strategie eines Unternehmens falsch oder ist die Organisation nicht imstande, sie richtig umzusetzen? Manchmal können beide Probleme nebeneinander existieren und sind dann schwer zu trennen. Eine Strategie, die für eine Organisation geschaffen wurde, die sie nicht ausführen kann, ist per definitionem keine gute Strategie. Dagegen kann eine hervorragende Organisation eine nur mittelmäßige Strategie zu einer erstklassigen machen und vorantreiben.

In wachstumsstarken Märkten besteht der geläufigste Organisations-vs.-Strategie-Konflikt darin, dass eine unzureichende Kompetenz des Managements für Wachstum und für rasche Entscheidungsprozesse mit dem Fehlen einer zentralen Führung einhergehen und deswegen viele überflüssige und ablenkende Wachstumsinitiativen die Ressourcen binden. Wie Jim Vincent, CEO bei Biogen, einer klassischen »Kerngeschäfts«-Erfolgsstory, in seinen Interviews überzeugend darlegt, sind Kompetenzprobleme nach seiner Erfahrung das CEO-Wachstumshemmnis Nummer eins. Die Lösung besteht darin, sich enger auf eine Strategie zu konzentrieren und gelegentlich fähiges Management, das mit einem größeren, komplexeren und immer schneller operierenden Unternehmen fertig wird, von außen zu rekrutieren. Die Geschichte des Managements sowohl in der Computerbranche als auch bei Internet-Start-ups zeigt dieses Problemmuster immer und immer wieder.

In wachstumsschwachen Märkten ist das am weitesten verbreitete Problem die exzessive Ausbeutung des Kerngeschäfts in Verbindung mit der Blindheit gegenüber sich abzeichnenden neuen Chancen und Gelegenheiten. Oft hat das traditionelle Managementteam beim Aufbau und bei der Pflege des Kerngeschäfts Beachtliches geleistet. Allerdings stellten sich dabei auch Neigungen und Gewohnheiten ein, die ihm den Blick dafür versperren, dass eine strategische Neuausrichtung notwendig ist und dass diese einen großen Ressourceneinsatz erforderlich macht. Erst das Hereinholen neuer Führungskräfte von außen kann – in Verbindung mit einer strategischen Neuausrichtung – die Probleme lösen.

Zehn Schlüsselfragen an das Management

Wir schließen mit zehn Fragen, die jedes Managementteam regelmäßig an sein Unternehmen stellen sollte, ganz besonders zu Beginn einer Analyse der grundsätzlichen Wachstumsstrategie. Obgleich die strategischen Rahmenbedingungen, denen Unternehmen ausgesetzt sind, höchst unterschiedlich sein können, lassen sich unseres Erachtens die formulierten Fragen universell anwenden: auf führende Hersteller, die sich der Herausforderung des Internets stellen wollen ebenso wie auf Handelsunternehmen, die mit der plötzlichen Aufspaltung ihrer Wertschöpfungskette kämpfen oder auf Onlineunternehmen, die jenseits der Träumerei vom »gewinnlosen Wohlstand« Ausschau halten nach den Erfordernissen für nachhaltiges, profitables Wachstum.

1. Was ist die engste Definition des profitablen Kerngeschäfts unseres Unternehmens, und wird es derzeit stärker oder schwächer?
2. Wie sind die Grenzen des Geschäfts definiert, in dem wir mit anderen konkurrieren, und wohin werden sich diese Grenzen künftig bewegen?
3. Gibt es derzeit neue Konkurrenten an den Randbereichen unseres Geschäfts, die langfristig eine Bedrohung unseres Kerns darstellen?
4. Sind wir sicher, dass wir das volle strategische und operative Potenzial unseres Kerngeschäfts, den »versteckten Wert« des Kerns, ausschöpfen?
5. Kennen wir die ganze Bandbreite der an unseren Kern angrenzenden potenziellen Marktsegmente und die möglichen Schritte dorthin (einzelner oder mehrstufiger Vorstoß)? Betrachten wir sie ganzheitlich als eine logische Abfolge mehrerer Schachzüge oder als ein fallweises Vorgehen?

212

6. Was ist unser Standpunkt zur Zukunft unserer Branche? Stimmen wir als Team darin überein? Wie beeinflusst dieser Standpunkt unsere Expansionsstrategie sowie unsere Vorstellungen von der Zielwelt?
7. Sollten größere neue Wachstumsinitiativen innerhalb, in der Nähe oder außerhalb des Kerngeschäfts verfolgt werden? Worauf gründen wir die Entscheidung?
8. Beeinflusst die Branchenturbulenz die Frage, worauf sich in der Zukunft Wettbewerbsvorteile gründen werden? Wie sieht dieser Einfluss aus? Neue Modelle? Neue Segmente? Neue Wettbewerber? Und wie wollen wir das regelmäßig überprüfen?
9. Stehen für erforderliche Veränderungen die Förderer und Verhinderer von Wachstum innerhalb unserer Organisation in ausgewogenem Verhältnis zueinander?
10. Welches sind unsere strategischen Leitlinien, die wir konsistent auf alle unsere größeren strategischen und operativen Entscheidungen anwenden?

Obwohl Analogien zur militärischen Strategie derzeit nicht gerade en vogue sind, verblüfft uns doch, wie gültig die folgende Beobachtung aus Sunzis *Kunst des Krieges* immer noch ist:»Je mehr Vorteile ich mir verschaffe, desto mehr werden sich die Vorteile für mich vervielfachen!«[1] Dieses Phänomen steht im Mittelpunkt der Wachstumsstrategie und verkörpert das grundsätzliche Spannungsfeld zwischen der Bewahrung des Kerngeschäfts und dem Drängen in immer neue Geschäftsbereiche, getrieben von immer größerem Erfolg. Das bereits erörterte Alexanderproblem werden wir nie völlig lösen. Gleichwohl hoffen wir, dass die Leitlinien und Lektionen, die wir den hier geschilderten Fallstudien entnehmen, dem Management helfen, in einer Welt zu bestehen, die mehr als je zuvor von zunehmender Unsicherheit, einer Fülle von Entscheidungsmöglichkeiten, knapper werdender Zeit und nicht zuletzt der Aussicht auf höhere Belohnung bei richtigen Entscheidungen (und höherer Bestrafung bei falschen Entscheidungen) geprägt ist.

ANMERKUNGEN

Kapitel 1: Auf der verzweifelten Suche nach Wachstum

1 John Micklethwait und Adrian Wooldridge: »Oxford Dons and Management Gurus.« *Wall Street Journal*, 8. November 1996.
2 Unsere Definition ist gewissermaßen eine »Langzeitvariante« der von G. Bennett Stewart III. in »The Quest for Value.« benutzten Definition, deren Ausgangspunkt die Relation aus Ertrag zu langfristigen Kapitalkosten ist.
3 Bernard Wysocki jr.: »Corporate America Confronts the Meaning of a ›Core Business‹«. *Wall Street Journal*, 9. November 1999.
4 Vgl. Clayton M. Christensen (der von »disruptive technologies« spricht): »The Innovator's Dilemma. When New Technologies Cause Great Firms to Fail.« Boston: Harvard Business School Press 1997.
5 Vgl. Carl Shapiro und Hal R. Varian: »Information Rules. A Strategic Guide to the Network Economy.« Boston: Harvard Business School Press 1999. (»Online zum Erfolg. Strategie für das Internet Business.« Übers. v. Hans Kray und Sabine Wünsch. München: Langen Müller/Herbig 1999.)

Kapitel 2: Das profitable Kerngeschäft

1 Mitt Romney im Interview mit Chris Zook. Boston, 12. Juni 1998.

2 Vgl. David Sadtler, Andrew Campbell und Richard Koch: »Break Up!« Oxford: Capstone Publishing 1997, S. 33.

3 Vgl. Andrew Bary: »Why Catch a Knife?« *Barron's*, 6. Oktober 1997.

4 Vgl. Steven Lipin und Nikhil Deogun: »Pepsi Announces Spinoff of Eateries, and Stock Soars.« *Wall Street Journal*, 24. Januar 1997.

5 Ebenda.

6 Dies.: »Pepsi Shares Leap on Report of Spinoff of Restaurant Unit.« *Wall Street Journal Europe*, 24. Januar 1997.

7 Vgl. Constantinos C. Markides: »Diversification, Refocusing, and Economics Performance.« Cambridge: MIT Press 1995, S. 9.

8 Vgl. Michael E. Porter: »From Competitive Advantage to Corporate Strategy.« *Harvard Business Review*, Mai-Juni 1987.

9 Michael Dell im Interview mit Chris Zook am Dell-Unternehmenssitz, Austin, Texas, 26. März 1999. Vgl. auch Michael Dell und Catherine Fredman: »Direct from Dell. Strategies That Revolutionized an Industry.« New York: HarperBusiness 1999. (Direkt von Dell: die Erfolgsstrategie eines Branchenrevolutionärs. Übers. v. Frank Baeseler. Frankfurt am Main/New York: Campus-Verlag 1999.)

10 Vgl. Philip Evans und Thomas S. Wurster: »Blown to Bits. How the New Economics of Information Transforms Strategy.« Boston: Harvard Business School Press 1999 (»Web Att@ck. Strategien für die Internet-Revolution.« Übers. v. Lektorat München-Rosenheim. München/Wien: Hanser 2000) und dies.: »Getting Real About Virtual Commerce.« *Harvard Business Review*, November-Dezember 1999. Die bei weitem beste und originellste Gesamtdarstellung dieses Themas bieten Carl Shapiro und Hal B. Varian (wie Anm. 6 zu Kapitel 1). Weiterführende Lektüre zum zunehmenden Verschwimmen der Geschäftsdefinitionen und zur Heraus-

forderung des Managements durch e-Business findet sich bei Joan Magretta (Hg.): »Managing in the New Economy.« Boston: Harvard Business School Press 1999.

Bis in die späten siebziger Jahre wurden Geschäftsdefinitionen von Unternehmen meist nach Maßgabe der Produkte und der traditionellen Marktgrenzen vorgenommen. In den achtziger Jahren begannen Wissenschaftler und Autoren wie Derek Abell, jene Grenzen, die vom Grundbedürfnis der Kunden (zum Beispiel Transport vs. Eisenbahn) oder von denen der Technologie gezogen werden, als potenzielle Methode zur Geschäftsdefinition anzusehen. Betrachtet man beispielsweise die Kompetenz von ServiceMaster oder Rentokil im Führen einer großen Zahl von Mitarbeitern, die Basis-Dienstleistungen anbieten, so wird die Geschäftsdefinition der Unternehmen klarer, als wenn sie nur als Reinigungsdienst für Unternehmen betrachtet werden.

11 Vgl. Frederick F. Reichheld: »The Loyalty Effect. The Hidden Force Behind Growth, Profits, and Lasting Value.« Boston: Harvard Business School Press 1996. (»Der Loyalitäts-Effekt. Die verborgene Kraft hinter Wachstum, Gewinnen und Unternehmenswert.« Übers. v. Hartmut Rastalsky. Frankfurt a. M./New York: Campus-Verlag 1997.)

12 Vgl. Bain & Company: »The Value of Online Customer Loyalty and How You Can Capture It.«. Bain & Company, Boston 2000.

13 Vgl. Cornel Wißkirchen, Frank Heideloff, Vincent von Braun: »Internet: Revolution zur Unzeit?« *Die Bank,* Mai 2001.

14 Dies bestätigt eine kürzlich erschienene Studie über Prototypen: »Wenn der Sony-Präsident Nobuyuki Idei beiläufig bemerkt, dass der Elektrogigant normalerweise nur eine Woche von der Konzeption eines neuen Produkts bis zur Herstellung eines ersten Rohmodells braucht, so sagt das weniger über Sonys technische Kühnheit aus als über die Bereitschaft zu erfinderischen Schnellschüssen.« (Michael Schrage: »Serious Play: How the World's Best Companies Simulate to Innovate.« Cambridge: Harvard Business School Press 2000.) Diese Bereitschaft steht im Zentrum

des profitablen Sony-Kerns. Dazu gehört nicht nur eine rasche Nachahmung in existierenden Märkten (Fernseher, Gamestations, Laptops), sondern auch die Fähigkeit, völlig neue Produkte zu entwickeln (Walkman, MP3-Recorder mit Memory-Stick).

15 Carl Everett im Interview mit Chris Zook. Austin, Texas, 17. Februar 1999.

16 Vgl. Paul Larson: »Advanced Micro Devices, Inc.: How Did It Find Trouble?« 5. März 1999. [www.fool.com, 15. November 1999.]

17 Die beste Zusammenfassung hierzu findet sich in Michael E. Porter: »From Competitive Advantage to Corporate Strategy.« *Harvard Business Review*, Mai-Juni 1987.

Kapitel 3: Das Alexanderproblem

1 Allan Sloan: »80's Deals Showed American Express Could Use a Dose of Street Smarts.« *Washington Post*, 16. März 1993.

2 Alex Pham: »Microsoft Targets America's Gamers.« *Boston Globe*, 11. März 2000.

3 David Sheff: »Sony's Plan for World Recreation.« *Wired*, November 1999, S. 3.

4 Gretchen Morgenson: »On the Acquisitions Road, Stay Alert to the Hazards.« *Sunday New York Times*, 10. Oktober 1999, 3. Blatt, S. 1.

5 Ebenda.

6 Chris Reidyo: »Gillette Sells Its Stationery Line.« *Boston Globe*, 23. August 2000.

7 James C. Collins und Jerry I. Porras: »Built to Last. Successful Habits of Visionary Companies.« New York: Harper Business 1997, S. 141.

8 Jay McCormack: »Amazing Grace: ServiceMaster Industries, Inc.« *Forbes*, 17. Juni 1985, S. 83.

9 Ron Grover: »The Disney Touch. Disney, ABC & the Quest for the World's Greatest Media Empire.« Chicago: Irwin Professional Publishing 1991. (»Die Disney-Story. ›Wie Mi-

cky Mäuse macht‹.« Übers. v. Klaus-Dieter Schmidt. Frankfurt a. M./Berlin: Ullstein 1992, S. 27.)

10 Bruce Orwall und Matthew Rose:»Disney Held Talks with Condé Nast, Hearst to Sell Fairchild Magazine Unit.« *Wall Street Journal,* 16. August 1999.

11 Phil Buxton:»New Medicine.« *Marketing Week,* 26. Oktober 1999, S. 28.

12 Donald Read:»The Power of News. The History of Reuters.« 2. Aufl., London: Oxford University Press 1999, S. 12.

13 Gary Hamel und Coimbatore K. Prahalad:»Core Competence of the Corporation.« *Harvard Business Review,* Mai–Juni 1990, S. 79.

14 Die wohl fundierteste Untersuchung dieses Themas bieten Carl Shapiro und Hal R. Varian (wie Anm. 6 zu Kapitel 1).

15 Dieser Thematik konnten wir in vorliegendem Buch nicht nachgehen; vgl. dazu Martha Amram und Nalin Kulatilaka:»Real Options. Managing Strategic Investment in an Uncertain World.« Boston: Harvard Business School Press 1999.

16 R. Scott Raynovich:»Intel's Got Internet Inside.« *Redherring.com,* 11. August 1999.

17 Ebenda.

18 John Keegan:»The Mask of Command.« New York: Viking/ Elisabeth Sifton Books. 1987, S. 83-84 (»Die Maske des Feldherrn. Alexander der Große, Wellington, Grant, Hitler.« Übers. v. Bernd Rullkötter. Weinheim: Beltz Quadriga 1997, S. 129f.)

19 Mitt Romney im Interview mit Chris Zook. Boston, 12. Juni 1998.

20 Orit Gadiesh und James L. Gilbert:»Profit Pools: A Fresh Look at the Strategy.« *Harvard Business Review,* Mai–Juni 1998, S. 141.

Kapitel 4: Das Neudefinitions-Dilemma

1 Wir bedienen uns in dieser Studie häufig biologischer Analogien. Diesbezüglich verdanken wir unser gesamtes Verständnis und auch dieses Beispiel in erster Linie der Arbeit von Edward O. Wilson: »The Diversity of Life.« Cambridge: Harvard University Press 1992. (»Der Wert der Vielfalt. Die Bedrohung des Artenreichtums und das Überleben des Menschen.« Übers. v. Thorsten Schmidt. München: Piper 1995.)

2 In Zukunft werden diejenigen Unternehmen nachhaltiges Wachstum verzeichnen, die in der Lage sind, auf die Turbulenzen ihrer Branche in der Gegenwart zu reagieren und sie als Katalysator für den Wandel zu nutzen. Eine kürzlich durchgeführte Bain-Umfrage unter Führungskräften hat ergeben: 91 Prozent halten bei Turbulenz in der Branche die Ausarbeitung einer klaren Strategie für nötiger denn je. Über 61 Prozent von ihnen äußerten ihre Besorgnis gegenüber Turbulenzen. 73 Prozent meinten, ihre Organisation wiege sich in trügerischer Sicherheit. (Darrell K. Rigby: »Winning in Turbulence: Strategies for Success in Tumultuous Times.« Bain & Company, Boston 1999.) Unternehmen, deren Kerngeschäft eine fundamentale Neudefinition erfordert, sehen sich vor die schwierige Wahl gestellt, intern zu transformieren oder ein separates Geschäft aufzuziehen, in das die Fähigkeiten und Kompetenzen des urprünglichen Kerngeschäfts einfließen.

3 Vgl. W. Chan Kim und Renee Mauborgne: »Strategy, Value Innovation and the Knowledge Economy.« *Sloan Management Review*, Frühjahr 1999.

4 Zu weiteren Details vgl. Höchst AG, *http://www.hoechst.de/historie/historie.htm*, Stand Mai 2001.

5 Vgl. Arie de Geus: »The Living Company.« *Harvard Business Review*, März–April 1997.

6 Vgl. »How to Live Long and Prosper.« *Economist*, 10. Mai 1997.

7 Es existiert ein Fülle von Publikationen mit bemerkenswert dürftigen Resultaten zur Reengineering-Mode. Zu nennen

sind: John P. Kotter: »Leading Change: Why Transformational Efforts Fail.« *Harvard Business Review*, März-April 1995; Fran Simons: »Transforming Change.« *Australian Financial Review*, 26. März 1999; Constant D. Beugre: »Implementing Business Process Reingeneering.« *Journal of Applied Behavioral Science*, 34 (1998), Nr. 3; Thomas A. Stewart: »Reengineering: The Hot New Managing Tool.« *Fortune*, 23. August 1993 und Brian Harrison: »How to Fail at Reengineering.« *Directors & Boards*, Herbst 1994.

8 Vgl. Gary Jacobson und John Hillkirk: »Xerox. American Samurai.« New York: Collier Books/Macmillan Publishing 1986.

9 Kerry A. Dolan: »Judo Attack.« *Forbes*, 9. März 1998, S. 62.

10 Vgl. Rajesh K. Chandy und Gerald J. Tellis: »Organizing for Radical Product Innovation: The Overlooked Role of Willingness to Cannibalize.« *Journal of Marketing Research*, November 1998.

11 Robert L. Simison, Fara Warner und Gregory L. White: »Big Three Car Makers Plan Net Exchange – GM, Ford, DaimlerChrysler to Create a Single Firm to Supply Auto Parts.« *Wall Street Journal*, 28. Februar 2000.

12 William J. Holstein: »The Dot Com Within Ford.« *U. S. News & World Report*, 7. Februar 2000.

Kapitel 5: Wachstum aus dem Kerngeschäft

1 Sun-Tzu: »The Art of War.« London: Oxford University Press 1984. (Sunzi: »Die Kunst des Krieges.« Hg. u. mit einem Vorwort v. James Clavell. Übers. v. Jürgen Langowsky. München: Droemer Knaur 2001.)

LITERATURVERZEICHNIS

Bücher

Derek Abell: »Defining the Business. The Starting Point of Strategic Planning.« Englewood Cliffs, N.J.: Prentice-Hall 1980.

Martha Amram und Nalin Kulatilaka: »Real Options. Managing Strategic Investment in an Uncertain World.« Boston: Harvard Business School Press 1999.

Bryan Burrough und John Helyar: »Barbarians at the Gate. The Fall of RJR Nabisco.« New York: HarperCollins 1991. (»Die Nabisco-Story. Ein Unternehmen wird geplündert.« Übers. v. Rainer Schmidt. Frankfurt a. M./Berlin: Ullstein 1991.)

Alfred D. Chandler, jr.: »Scale and Scope. The Dynamics of Industrial Capitalism.« Cambridge: The Belknap Press of Harvard University Press 1990.

Clayton M. Christensen: »The Innovator's Dilemma. When New Technologies Cause Great Firms to Fail.« Boston: Harvard Business School Press 1997.

Thomas G. Cody: »Innovating for Health. The Story of Baxter International.« Deerfield, IL: Baxter International Inc. 1994.

Douglas Collins: »America's Favourite Food. The Story of Campbell Soup Company.« New York: Harry N. Adams 1994.

James C. Collins und Jerry I. Porras: »Built to Last. Successful Habits of Visionary Companies.« New York: HarperBusiness 1997.

S. Davies et. al.: »The Dynamics of Market Leadership in the U.K. Manufacturing Industry 1979-1986.« London: Centre for Business Strategy 1991.

George S. Day und David J. Reibstein unter Mitarbeit v. Robert Gunther: »Wharton on Dynamic Competitive Strategy.« New York: John Wiley & Sons 1997. (»Wharton zur Dynamischen Wettbewerbsstrategie.« Übers. v. Astrid Bangert, Barbara Sabel, Beate Darius und Ute Pfudel. München: Econ 1998.)

Michael Dell und Catherine Fredman: »Direct from Dell. Strategies That Revolutionized an Industry.« New York: Harper-Business 1999. (»Direkt von Dell: die Erfolgsstrategie eines Branchenrevolutionärs.« Übers. v. Frank Baeseler. Frankfurt a. M./New York: Campus-Verlag 1999.)

Philip Evans und Thomas S. Wurster: »Blown to Bits. How the New Economics of Information Transforms Strategy.« Boston: Harvard Business School Press 1999. (»Web Att@ck. Strategien für die Internet-Revolution.« Übers. v. Lektorat München-Rosenheim. München/Wien: Hanser 2000)

Charles M. Farkas, Philippe De Backer und Allen Sheppard: »Maximum Leadership. The World's Top Leaders Discuss How They Add Value to Companies.« London: Orion 1995. (»Spitzenmanager und ihre Führungsstrategien. 160 Interviews mit internationalen Führungskräften.« Übers. v. Friedrich Mader. Frankfurt a. M./New York: Campus-Verlag 1996.)

Arie de Geus: »The Living Company.« Boston: Harvard Business School Press 1997. (»Jenseits der Ökonomie. Die Verantwortung der Unternehmen.« Übers. v. Maren Klostermann. Stuttgart: Klett-Cotta 1998.)

Michael Goold, Andrew Campbell und Marcus Alexander: »Corporate-Level Strategy. Creating Value in the Multibusiness Company.« New York: John Wiley & Sons 1994.

Andrew S. Grove: »Only the Paranoid Survive. How to Exploit the Crisis Points That Challenge Every Company.« New York: Bantam Books 1999. (»Nur die Paranoiden überleben.

Strategische Wendepunkte vorzeitig erkennen.« Übers. v. Jürgen Ulrich Lorenz. Frankfurt a. M./New York: Campus 1997.)

Ron Grover:»The Disney Touch. Disney, ABC & the Quest for the World's Greatest Media Empire.« Chicago: Irwin Professional Publishing 1991. (»Die Disney-Story. ›Wie Micky Mäuse macht‹.« Übers. v. Klaus-Dieter Schmidt. Frankfurt a. M./Berlin: Ullstein 1992.)

Gary Hamel:»Leading the Revolution.« Boston: Harvard Business School Press 2000. (»Das revolutionäre Unternehmen. Wer Regeln bricht: gewinnt.« Übers. v. Anita Krätzer. München: Econ 2001.)

Ders. u. Coimbatore K. Prahalad:»Competing for the Future.« Boston: Harvard Business School Press 1994. (»Wettlauf um die Zukunft. Wie Sie mit bahnbrechenden Strategien die Kontrolle über Ihre Branche gewinnen und die Märkte von morgen schaffen.« Übers. v. Annemarie Pumpernig und Stefan Gebauer. Wien/Frankfurt a. M.: Ueberreuter 1995.)

Michael T. Hannan und John Freeman:»Organizational Ecology.« Cambridge: Harvard University Press 1989.

»Harvard Business Review on Strategies for Growth.« Boston: Harvard University School Press 1998.

Nicholas Imperato und Oren Harari:»Jumping the Curve.« San Francisco: Jossey-Bass Publishers 1994.

Tim Jackson:»Inside Intel.« New York: Penguin Books 1997. (»Inside Intel. Die Geschichte des erfolgreichsten Chip-Produzenten der Welt.« Übers. v. Birgit Lemerz-Beckschäfer. Hamburg: Hoffmann und Campe 1998.)

Gary Jacobson und John Hillkirk:»Xerox. American Samurai.« New York: Collier Books/Macmillan Publishing 1986.

Irving Janus:»Groupthink.« Boston: Houghton Mifflin 1982.

Ronald S. Jonash und Tom Sommerlatte:»The Innovation Premium.« New York: Perseus Books 1999. (»Innovation. Der Weg der Sieger. Wie erfolgreiche Unternehmen Werte schaffen.« Übers. v. Ines Bergfort u. Ralf Vogel. Landsberg am Lech: Verlag Moderne Industrie 2000.)

Robert S. Kaplan und David P. Norton:»The Balanced Scorecard. Translating Strategy into Action.« Boston: Harvard

Business School Press 1996. (»Balanced scorecard: Strategien erfolgreich umsetzen.« Übers. v. Péter Hórvath. Stuttgart: Schäffer-Poeschel 1997.)

Donald Katz: »Just Do It. The Nike Spirit in the Corporate World.« Holbrook, MA: Adams Media Corp. 1997.

John Keegan: »The Mask of Command.« New York: Viking/ Elisabeth Sifton Books. 1987. (»Die Maske des Feldherrn. Alexander der Große, Wellington, Grant, Hitler.« Übers. v. Bernd Rullkötter. Weinheim / Berlin: Beltz Quadriga 1997.)

John Maynard Keynes: »A Treatise on Probability.« London: Macmillan 1921. (»Über Wahrscheinlichkeit.« Übers. v. Friedrich M. Urban. Leipzig: Barth 1926.)

Dorothy Leonard-Barton: »Wellsprings of Knowledge.« Cambridge: Harvard Business School Press 1995.

Joan Magretta (Hg.): »Managing in the New Economy.« Boston: Harvard Business School Press 1999.

Constantinos C. Markides: »Diversification, Refocusing, and Economics Performance.« Cambridge: MIT Press 1995.

Henry Mintzberg: »The Rise and Fall of Strategic Planning.« New York: Prentice-Hall 1994. (»Die strategische Planung: Aufstieg, Niedergang und Neubestimmung.« Übers. v. Ivonne Fischer. München/Wien: Hanser 1995.)

Cynthia A. Montgomery und Michael E. Porter (Hg.): »Strategy. Seeking and Securing Competitive Advantage.« Boston: Harvard Business School Press 1991. (»Strategie: Die brillanten Beiträge der weltbesten Experten.« Mit Beiträgen von Gary Hamel, Henry Mintzberg, Kenichi Ohmae, C. K. Prahalad u. Alfred Rappaport. Übers. v. Peter Diekhoff, Günter Heismann, Henriette Holtz, Horst-Georg Koblitz, Brunhild Lenkeit-Takors, Karen Lührs, Annemarie Pumpernig, Stephan Gebauer u. Hannelore Thate. Wien/Frankfurt a. M.: Ueberreuter 1996 (= Management-Bibliothek).)

Geoffrey A. Moore: »Inside the Tornado. Marketing Strategies from Silicon Valley's Cutting Edge.« New York: HarperBusiness 1995. (»Das Tornado-Phänomen. Die Erfolgsstrategien des Silicon Valley und was Sie daraus lernen können.« Übers. v. Martin Stock und Birgit Wünsch. Wiesbaden: Gabler 1996.)

Ders.: »Crossing the Chasm. Marketing and Selling Hightech Products to Mainstream Consumers.« New York: HarperBusiness 1999.

Thomas J. Peters und Robert H. Waterman, jr.: »In Search of Excellence. Lessons from America's Best-Run Companies.« New York: Harper & Row Publishers 1982. (»Auf der Suche nach Spitzenleistungen. Was man von den bestgeführten US-Unternehmen lernen kann.« Übers. v. Hartmut Reddmann unter Mitwirkung v. Gabrielle E. Schlichting. Landsberg am Lech; Verlag Moderne Industrie 1983.)

Michael E. Porter: »Competitive Strategy.« New York: Free Press 1980. (»Wettbewerbsstrategie. Methoden zur Analyse von Branchen und Konkurrenten.« Übers. v. Volker Brandt u. Thomas C. Schwoerer. Frankfurt a. M./New York: Campus 1983.)

Ders.: »Competitive Advantage.« New York: Free Press 1985. (»Wettbewerbsvorteile: Spitzenleistungen erreichen und behaupten.« Übers. v. Angelika Jaeger. Frankfurt a. M. / New York: Campus-Verlag 1986.)

David S. Pottruck und Terry Pearce: »Clicks and Mortar: Passion-Driven Growth in an Internet-Driven World.« San Francisco: Jossey-Bass Publishers 2000.

James Brian Quinn, Jordan J. Baruch und Karen Anne Zien: »Innovation Explosion. Using Intellect and Software to Revolutionize Growth Strategies.« New York: Free Press 1997.

David J. Ravenscraft, Robert D. Buzzell und Bradley T. Gale: »The PIMS Principles. Linking Strategy to Performance.« New York: Free Press 1987. (»Das PIMS Programm. Strategien und Unternehmenserfolg.« Übers. v. Dorothea Meyer. Mit fachwissenschaftlicher Überarbeitung durch Hans-Herbert Greif u. Lutz Hildebrand. Wiesbaden: Gabler 1989.)

Donald Read: »The Power of News. The History of Reuters.« 2. Aufl., London: Oxford University Press 1999.

Frederick F. Reichheld: »The Loyalty Effect. The Hidden Force Behind Growth, Profits, and Lasting Value.« Boston: Harvard Business School Press 1996. (»Der Loyalitäts-Effekt. Die verborgene Kraft hinter Wachstum, Gewinnen und Unternehmenswert.« Übers. v. Hartmut Rastalsky. Frankfurt a. M./ New York: Campus-Verlag 1997.)

Michael L. Rothschild:»Bionomics. Economy as Ecosystem.«
New York: Henry Holt 1990.
Richard P. Rumelt, Dan E. Schendel und David J. Teece (Hg.):
»Fundamental Issues in Strategy. A Research Agenda.« Bos-
ton: Harvard Business School Press 1994.
David Sadtler, Andrew Campbell und Richard Koch:»Break
Up!« Oxford: Capstone Publishing 1997.
Michael Schrage:»Serious Play: How the World's Best Compa-
nies Simulate to Innovate.« Cambridge: Harvard Business
School Press 2000.
Joseph Schumpeter:»Capitalism, Socialism and Democracy.«
New York: Harper 1942. (»Kapitalismus, Sozialismus und
Demokratie.« Übers. v. Susanne Preiswerk. Bern: Francke
1946 (= Mensch und Gesellschaft 7).)
Carl Shapiro und Hal R. Varian:»Information Rules. A Strategic
Guide to the Network Economy.« Boston: Harvard Business
School Press 1999. (»Online zum Erfolg. Strategie für das
Internet Business.« Übers. v. Hans Kray und Sabine Wünsch.
München: Langen Müller/Herbig 1999.)
Robert Shiller:»Irrational Exuberance.« Princeton: Princeton
University Press 2000. (»Irrationaler Überschwang. Warum
eine lange Baisse an der Börse unvermeidlich ist.« Übers. v.
Brigitte Kleidt. Frankfurt a. M./New York: Campus-Verlag
2000.)
Mark L. Sirower:»The Synergy Trap. How Companies Lose the
Acquisition Game.« New York: Free Press 1997.
Robert Slater:»Jack Welch and the GE Way.« New York:
McGraw-Hill 1999. (»Wer führt, muss nicht managen. Die
unschlagbaren Erfolgsstrategien von Jack Welch.« Übers. v.
Helga Höhlein. Landsberg am Lech: Verlag Moderne Indus-
trie 1999.)
Adrian J. Slywotzky:»Value Migration. How to Think Several
Moves Ahead of the Competition.« Boston: Harvard Business
School Press 1995. (»Strategisches Business-Design. Zu-
kunftsorientierte Konzepte zur Steigerung des Unterneh-
menswertes.« Übers. v. Jürgen Ulrich Lorenz. Frankfurt a. M./
New York: Campus-Verlag 1997.)
George Stalk jr. und Thomas M. Hout:»Competing Against

Time. How Time-Based Competition is Reshaping Global Markets.« New York: Free Press 1990. (»Zeitwettbewerb: Schnelligkeit entscheidet auf den Märkten der Zukunft.« Übers. v. Sonja Binder. Frankfurt a. M./New York: Campus-Verlag 1991.)

Thomas S. Stemberg: »Staples for Success.« Santa Monica, CA: Knowledge Exchange 1996.

G. Bennett Stewart, III.: »The Quest for Value.« New York: Stern/Stewart 1993.

Sun-Tzu: »The Art of War.« London: Oxford University Press 1984. (Sunzi: »Die Kunst des Krieges.« Hg. u. mit einem Vorwort v. James Clavell. Übers. v. Jürgen Langowsky. München: Droemer Knaur 1988.)

Kara Swisher: »aol.com. How Steve Case Beat Bill Gates, Nailed the Netheads, and Made Millions in the War for the Web.« New York: Random House 1998.

Noel M. Tichy und Stratford Sherman: »Control Your Destiny or Someone Else Will.« London: HarperCollins 1995.

James M. Utterback: »Mastering the Dynamics of Innovation.« Boston: Harvard Business School Press 1994.

Edward O. Wilson: »The Diversity of Life.« Cambridge: Harvard University Press 1992. (»Der Wert der Vielfalt. Die Bedrohung des Artenreichtums und das Überleben des Menschen.« Übers. v. Thorsten Schmidt. München: Piper 1995.)

Aufsätze

Derek F. Abell: »Competing Today While Preparing for Tomorrow.« *Sloan Management Review,* Frühjahr 1999.

Patricia L. Anslinger und Thomas E. Copeland: »Growth Through Acquisitions: A Fresh Look.« *Harvard Business Review,* Januar-Februar 1996.

Joe Avila, Nat Mass und Mark Turchan: »Keys to Profitable Growth.« *The McKinsey Quarterly* (1996), Nr. 1.

Charles Baden-Fuller und Henk W. Volberda: »Strategic Renewal: How Large Complex Organizations Prepare for the

Future.« *International Studies of Management & Organisation*, 22. Juni 1997.

Bain & Company: »The Value of Online Customer Loyalty and How You Can Capture It.« Denkschrift. Bain & Company, Boston 2000.

Andrew Bary: »Why Catch a Knife?« *Barron's*, 6. Oktober 1997.

Bob Bechek und Chris Zook: »The Jenga Phenomenon.« Report. Bain & Company, Boston 1999.

Eric D. Beinhocker: »Robust Adaptive Strategies.« *Sloan Management Review*, Frühjahr 1999.

Philip Berger und Eli Ofek: »Diversification's Effect on Firm Value.« *Journal of Financial Economics*, 37 (1995).

Constant D. Beugre: »Implementing Business Process Reengineering.« *Journal of Applied Behavioral Science*, 34 (1998), Nr. 3.

Joseph L. Bower und Clayton M. Christensen: »Disruptive Technologies: Catching the Wave.« *Harvard Business Review*, Januar–Februar 1995.

Brian W. Arthur: »Increasing Returns and the New World of Business.« *Harvard Business Review*, Juli–August 1996.

Rick Brooks: »UPS's New eVentures Unit Plans to Expand Logistic Business.« *Wall Street Journal*, 7. Februar 2000.

Phil Buxton: »New Medicine.« *Marketing Week*, 26. Oktober 1999.

Andrew Campbell, Michael Goold und Marcus Alexander: »Corporate Strategy: The Quest for Parenting Advantage.« *Harvard Business Review*, März–April 1995.

Richard E. Caves, Bradley T. Gale und Michael E. Porter: »Interfirm Profitability Differences.« *Quarterly Journal of Economics*, November 1998.

Rajesh K. Chandy und Gerald J. Tellis: »Organizing for Radical Product Innovation: The Overlooked Role of Willingness to Cannibalize.« *Journal of Marketing Research*, November 1998.

Ram Charan und Geoffrey Colvin: »Why CEOs Fail.« *Fortune*, 21. Juni 1999.

David J. Collis und Cynthia A. Montgomery: »Competing on Resources: Strategy in the 1990s.« *Harvard Business Review*, Juli–August 1995.

Robert Comment und Gregg A. Jarrell: »Corporate Focus and Stock Returns.« *Journal of Financial Economics* 37 (1995).

Corporate Strategy Board. »Stall Points. Barriers to Growth for the Large Corporate Enterprise.« Denkschrift. The Advisor Board Company, Washington, D. C. 1997.

Hugh Courtney, Jane Kirkland und Patrick Viguerie: »Strategy Under Uncertainty.« *Harvard Business Review*, November–Dezember 1997.

Richard A. D'Aveni: »Strategic Supremacy through Disruption and Dominance.« *Sloan Management Review*, Frühjahr 1999.

George S. Day: »Creating a Market Driven Organization.« *Sloan Management Review*, Herbst 1999.

Patty DeLlosa: »How Coke Is Kicking Pepsi's Can.« *Fortune*, 28. Oktober 1996.

Kerry A. Dolan: »Judo Attack.« *Forbes*, 9. März 1998.

Peter F. Drucker: »The Information Executives Truly Need.« *Harvard Business Review*, Januar–Februar 1995.

Kathleen M. Eisenhardt und Shona L. Brown: »The Art of Continuous Change: Linking Complexity Theory and Time-Paced Evolution in Relentlessly Shifting Organizations.« *Administrative Science Quarterly*, März 1997.

Dies.: »Time Pacing: Competing in Markets That Won't Stand Still.« *Harvard Business Review*, März–April 1998.

Dies.: »Patching: Restitching Business Portfolios in Dynamic Markets.« *Harvard Business Review*, Mai–Juni 1999.

Philip B. Evans und Thomas S. Wurster: »Strategy and the New Economics of Information.« *Harvard Business Review*, September–Oktober 1997.

Dies.: »Getting Real About Virtual Commerce.« *Harvard Business Review*, November–Dezember 1999.

Charles M. Farkas und Bob Bechek: »Rebuilding Banking Piecemeal, On Web.« *American Banker*, 28. May 1999.

Ders. und Suzy Wetlaufer: »The Ways Chief Executive Officers Lead.« *Harvard Business Review*, Mai–Juni 1996.

»Fear of the Unknown.« *Economist*, 4. Dezember 1999.

William C. Finnie: »A Four-Cycle Approach to Strategy Development and Implementation.« *Strategy & Leadership*, Januar–Februar 1997.

Anne B. Fisher: »Making Change Stick.« *Fortune*, 17. April 1995.

»Fortune 500.« *Fortune*, 26. April 1999.

Orit Gadiesh und James L. Gilbert: »How to Map Your Industry's Profit Pool.« *Harvard Business Review*, Mai–Juni 1998.

Dies.: »Profit Pools: A Fresh Look at Strategy.« *Harvard Business Review*, Mai–Juni 1998.

Paul A. Geroski: »Early Warning of New Rivals.« *Sloan Management Review*, Frühjahr 1999.

Arie de Geus: »The Living Company.« *Harvard Business Review*, März–April 1997.

Charles Goldsmith: »A Dying Lens Maker Zooms Back.« *Wall Street Journal*, 23. März 2000.

Michael Goold und Andrew Campbell: »Many Best Ways to Make Strategy.« *Harvard Business Review*, November–Dezember 1987.

Dies.: »Desperately Seeking Synergy.« *Harvard Business Review*, September–Oktober 1998.

Gary Hamel: »Strategy as Revolution.« *Harvard Business Review*, Juli–August 1996.

Ders.: »Killer Strategies That Make Shareholders Rich.« *Fortune*, 23. Juni 1997.

Ders.: »Opinion. Strategy Innovation and the Quest for Value.« *Sloan Management Review*, Winter 1998.

Ders. und Coimbatore K. Prahalad: »Competing for the Future.« *Harvard Business Review*, Juli–August 1994.

Dies.: »Core Competence of the Corporation.« *Harvard Business Review*, Mai–Juni 1990.

Michael T. Hannan und John Freeman: »Structural Inertia and Organizational Change.« *American Sociological Review*, April 1984.

Brian Harrison: »How to Fail at Reengineering.« *Directors & Boards*, Herbst 1994.

Stuart L. Hart und Mark B. Milstein: »Global Sustainability and the Creative Destruction of Industries.« *Sloan Management Review*, Herbst 1999.

Bruce D. Henderson: »The Origins of Strategy.« *Harvard Business Review*, November–Dezember 1989.

William J. Holstein: »The Dot Com within Ford.« *U.S. News & World Report*, 7. Februar 2000.

»How to Live Long and Prosper.« *Economist*, 10. Mai 1997.

Robert S. Kaplan und David P. Norton: »The Balanced Scorecard: Measures that Drive Performance.« *Harvard Business Review*, Januar–Februar 1992.

W. Chan Kim und Renee Mauborgne: »Value Innovation: The Strategic Logic of High Growth.« *Harvard Business Review*, Januar–Februar 1997.

Dies.: »When Competitive Advantage Is Neither.« *Wall Street Journal*. Managers Journal, 21. April 1997.

Dies.: »Strategy, Value Innovation and the Knowledge Economy.« *Sloan Management Review*, Frühjahr 1999.

Charles F. Knight: »Emerson Electric: Consistent Profits, Consistently.« *Harvard Business Review*, Januar–Februar 1992.

John P. Kotter: »Leading Change: Why Transformational Efforts Fail.« *Harvard Business Review*, März–April 1995.

Paul Larson: »Advanced Micro Devices, Inc.: How Did It Find Trouble?« 5. März 1999. [www.fool.com, 15. November 1999.]

Russell L. Leonard, jr.: »Reengineering: The Missing Links.« *Human Resource Planning* 19 (1996), Nr. 4.

Dorothy Leonard-Barton: »Core Capabilities and Core Rigidities: A Paradox in Managing New Product Development.« *Strategic Management Journal* 13 (1992).

Steven Lipin und Nikhil Deogun: »Pepsi Announces Spinoff of Eateries, and Stock Soars.« *Wall Street Journal*, 24. Januar 1997.

Dies.: »Pepsi Shares Leap on Report of Spinoff of Restaurant Unit.« *Wall Street Journal Europe*, 24. Januar 1997.

Constantinos C. Markides: »Strategic Innovation.« *Sloan Management Review*, Frühjahr 1997.

Ders.: »To Diversify or Not To Diversity.« *Harvard Business Review*, November–Dezember 1997.

Ders.: »Strategic Innovation in Established Companies.« *Sloan Management Review*, Frühjahr 1998.

Ders.: »A Dynamic View of Strategy?« *Sloan Management Review*, Frühjahr 1999.

Cheri T. Marshall und Robert D. Buzzell: »PIMS and the FTC Line-Of-Business Data: A Comparision.« *Strategic Management Journal* 11 (1990).

Jay McCormack: »Amazing Grace: ServiceMaster Industries, Inc.« *Forbes*, 17. Juni 1985.

John Micklethwait und Adrian Wooldridge: »Oxford Dons and Management Gurus.« *Wall Street Journal*, 8. November 1996.

Henry Mintzberg und Joseph Lampel: »Reflecting on the Strategy Process.« *Sloan Management Review*, Frühjahr 1999.

Nina Monk: »Title Fight.« *Fortune*, 21. Juni 1999.

Gretchen Morgenson: »On the Acquisitions Road, Stay Alert to the Hazards.« *Sunday New York Times*, 10. Oktober 1999.

Brian O'Reilly: »They've Got Mail: UPS vs. FedEx.« *Fortune*, 7. Februar 2000.

Bruce Orwall und Matthew Rose: »Disney Held Talks with Condé Nast, Hearst to Sell Fairchild Magazine Unit.« *Wall Street Journal*, 16. August 1999.

Alex Pham: »Microsoft Targets America's Gamers.« *Boston Globe*, 11. März 2000.

Michael E. Porter: »From Competitive Advantage to Corporate Strategy.« *Harvard Business Review*, Mai–Juni 1987.

Ders.: »What Is Strategy?« *Harvard Business Review*, November–Dezember 1996.

Coimbatore K. Prahalad und Venkatram Ramaswamy: »Co-opting Customer Competence.« *Harvard Business Review*, Januar–Februar 2000.

Sue Quinn: »Nokia Share Price Stays Upwardly Mobile.« *Sun Herald*, 23. Januar 2000.

R. Scott Raynovich: »Intel's Got Internet Inside.« *Redherring. com*, 11. August 1999.

Chris Reidyo: »Gillette Sells Its Stationery Line.« *Boston Globe*, 23. August 2000.

Jennifer Reingold: »Doesn't Work, Doesn't Matter.« *Business Week*, 31. Mai 1999.

Darrell K. Rigby: »What's Today's Special At the Consultants' Café?« *Fortune*, 7. September 1998.

Ders.: »Management Tools & Techniques 1999. An Executive's Guide.« Bain & Company, Boston 1999.

Ders.: »Winning in Turbulence. Strategies for Success in Tumultuous Times.« Bain & Company, Boston 1999.

Richard P. Rumelt: »Diversification Strategy and Profitability.« *Strategic Management Review* 3 (1982).

Ders.: »How Much Does Industry Matter?« *Strategic Management Review* 12 (1991).

Richard Schmalensee: »Do Markets Differ Much?« *American Economic Review*, Juni 1985.

»Shareholder Scoreboard.« *Wall Street Journal*, 24. Februar 2000.

David Sheff: »Sony's Plan for World Recreation.« *Wired*, November 1999.

Steve Silberman: »Just Say Nokia.« *Wired*, September 1999.

Robert L. Simison, Fara Warner und Gregory L. White: »Big Three Car Makers Plan Net Exchange – GM, Ford, DaimlerChrysler to Create a Single Firm to Supply Auto Parts.« *Wall Street Journal*, 28. Februar 2000.

Fran Simons: »Transforming Change.« *Australian Financial Review*, 26. März 1999.

Mark Sirowe: »What Acquiring Minds Need to Know.« *Wall Street Journal*, 22. Februar 1999.

Allan Sloan: »80's Deals Showed American Express Could Use a Dose of Street Smarts.« *Washington Post*, 16. März 1993.

Steve Sohr: »Again, It's Microsoft vs. the World.« *New York Times*, 13. Februar 2000.

»Spinning It Out at Thermo Electron«. *Economist*, 12. April 1997.

George Stalk jr., David K. Pecaut und Benjamin Burnett: »Breaking Compromises, Breakaway Growth.« *Harvard Business Review*, September–Oktober 1996.

Thomas A. Stewart: »Reengineering: The Hot New Managing Tool.« *Fortune*, 23. August 1993.

David J. Teece, Gary Pisano und Amy Shuen: »Dynamic Capabilities and Strategic Management. *Strategic Management Journal* 18 (1997).

Jerry Useem: »Internet Defense Strategy: Cannibalize Yourself.« *Fortune*, 6. September 1999.

Vijay Vishwanath und Jonathan Mark: »Your Brand's Best Strategy«. *Harvard Business Review*, Mai–Juni 1997.

Robin Wensley: »Explaining Success: The Rule of Ten Percent and the Example of Market Share.« *Business Strategy Review* 8 (1997), Nr. 1.

Cornel Wißkirchen, Frank Heideloff, Vincent von Braun: »Internet: Revolution zur Unzeit?« *Die Bank,* Mai 2001.

WorldScope-Datenbank, zur Verfügung gestellt von Disclosure First Contact. Eine der umfassendsten Datenquellen über Aktiengesellschaften in aller Welt, die Finanzinformationen über mehr als 8800 Unternehmen enthält.

Bernard Wysocki jr.: »Corporate America Confronts the Meaning of a ›Core Business‹«. *Wall Street Journal,* 9. November 1999.

David B. Yoffie und Michael A. Cusumano: »Judo Strategy: The Competitive Dynamics of Internet Time.« *Harvard Business Review,* Januar-Februar 1999.

UNTERNEHMENSVERZEICHNIS

SCHLAGWORTVERZEICHNIS

GLOSSAR

Adjacency (auch: angrenzendes Marktsegment)	An das Kerngeschäft eines Unternehmens angrenzendes Marktsegment für mögliches Wachstum, das das Teilen von Kosten und Fähigkeiten mit dem Kerngeschäft erlaubt. Ein Adjacency sollte grundsätzlich das Potenzial für Marktführerschaft und Profitabilität bieten und darf gleichzeitig das Kerngeschäft nicht gefährden.
Build-to-order	Prinzip der Produktion auf Bestellung, bei der der Kunde durch seine Order als Taktgeber für sämtliche Prozesse in der Wertkette fungiert.
Business-to-Business (B2B)	Geschäftsbeziehungen, bei denen die Transaktionen ausschließlich zwischen Unternehmen erfolgen (z. B. zwischen Zulieferer und Automobilhersteller, zwischen Werbeagentur und Markenartikelproduzent oder zwischen Logistikdienstleister und Handelsunternehmen).
CEO	Chief Executive Officer; bei Verwendung im deutschen Sprachraum undifferenzierter Oberbegriff für die leitende Per-

	sönlichkeit in einem Unternehmen, z. B. Vorstandsvorsitzender oder Geschäftsführer.
Click-and-Mortar	Unternehmen, dessen Geschäftsmodell eine Kombination aus klassischen Old Economy-Elementen (z. B. Filialsystem) mit den Vorteilen von New-Economy-Elementen (z. B. Onlinebestellung) darstellt.
Core Competence (Kernkompetenz)	Fähigkeiten und Kenntnisse eines Unternehmens, die aufgrund des Potenzials zur Schaffung von echtem Kundennutzen, aufgrund ihrer Übertragbarkeit auf angrenzende Geschäftsfelder sowie aufgrund der Nicht-Imitierbarkeit durch die Konkurrenz nachhaltige Wettbewerbsvorteile begründen (z. B. Technologien, Management-Know-how, Reputation).
Due Dilligence	Umfassende Bestandsaufnahme eines Unternehmens, bei der innerhalb kurzer Zeit alle wichtigen Bestandteile (Prozesse, Funktionen, Kunden, Wettbewerber, Produkte, Vertriebswege, Finanz- und Ertragslage etc.) akribisch durchleuchtet werden.
Economies of Scale (Skalenvorteile)	Effekt sinkender Stückkosten bei wachsender Ausbringungsmenge. Ursache dafür sind Kapazitätsgrößenvorteile (induziert durch Fixkostendegression) sowie Lernkurveneffekte.
Enterprise Resource Planning (ERP)	Bereichsübergreifende Softwarelösungen, die die betriebswirtschaftlichen Prozesse, z. B. in Produktion, Vertrieb, Logistik, Finanzen und Personal, vernetzen und steuern.
High-End vs. Low-End	Positionierung von Produkten bzw. Geschäftseinheiten anhand der beiden Dimensionen Preis und Qualität. High-

End: Produkte bzw. Geschäftseinheiten, die sich durch eine überragende Produkt- und/oder Servicequalität auszeichnen, damit auf das Konsumentensegment der qualitäts- und markenbewussten Käufer abzielen und über hohe Preise Gewinne erwirtschaften.

Low-End: Produkte bzw. Geschäftseinheiten mit Basisqualität (bzw. -funktionalität) und deutlichem Preisvorteil gegenüber Wettbewerbern.

Inkubator	Unternehmen, das Existenzgründern durch den Transfer von Management-Know-how, die Bereitstellung eigener Infrastruktur und bisweilen durch Eigenkapital dazu verhilft, ein Geschäftsmodell zur Marktreife zu führen.
Inside-out-Perspektive vs. Outside-in-Perspektive	Perspektive, aus der die Definition eines Kerngeschäfts (oder sonstige unternehmerische Entscheidungen) erfolgt. Outside-In-Perspektive entspricht dem Blickwinkel des Marktes, insbesondere des Kunden. Inside-Out-Perspektive entspricht der eigenen Unternehmenssicht.
Kapitalkosten	Kalkulatorische Kosten, die die erforderliche Mindestverzinsung des eingesetzten Kapitals widerspiegeln. Der im vorliegenden Buch zugrunde gelegte Kapitalkostensatz ermittelt sich aus einem risikofreien Zinssatz (Zinssatz von Staatsanleihen) sowie einem unternehmensspezifischen Risikozuschlag.
Kerngeschäft (Core Business)	Hauptbetätigungsgebiet eines Unternehmens, definiert anhand von Zielkundengruppe(n), Produkten, Vertriebskanälen und den eigenen Kernkompetenzen.
Mergers & Acquisitions (M&A)	Unternehmensfusionen und -übernahmen insbesondere in gesättigten Märkten

als Mittel des Unternehmenswachstums. In den letzten Jahren ist ein starkes Ansteigen der M&A-Aktivitäten etwa bei Banken, Versicherungen oder Automobilunternehmen feststellbar.

Me-too Bezeichnung für die Nachahmung bereits vorhandener Produkte, Services oder Geschäftsmodelle.

Mikrosegmentierung Aufteilung der Gesamtheit aller Kunden in kleine, durch spezifische Bedürfnisse gekennzeichnete Kundensegmente mit dem Ziel einer effizienteren Bearbeitung (im Rahmen von Produkt-, Service-, Preis-, Distributions- und Kommunikationspolitik).

One-stop-Shopping Möglichkeit für Kunden, mehrere Produkte oder Leistungen, für die sie früher mehrere Geschäfte aufsuchen bzw. mehrere Bestellungen aufgeben mussten, im Rahmen eines einzigen Kauf- bzw. Bestellaktes zu erwerben (z. B. der mit dem Tanken verbundene Kauf von Lebensmitteln).

Optionstheorie Theorie zur Bewertung von Optionen, d. h. des Rechts, eine bestimmte Anzahl von Aktien ineiner bestimmten Frist oder zu einem bestimmten Zeitpunkt zu einem festgelegten Preis vom Optionsverkäufer zu erwerben. Die Grundsätze der Optionstheorie lassen sich auch auf nicht finanzierungsspezifische Entscheidungssituationen (Realoptionen) übertragen.

Outsourcing Auslagerung von Aktivitäten eines Unternehmens an externe Anbieter.

Private-Equity Form der Eigenkapitalfinanzierung außerhalb der Börse, z. B. im Rahmen von Management-Buy-outs, Venture-Capital-Beteiligungen.

Profitpool (Gewinnpool)	Summe aller Gewinne, die von den Akteuren einer Branche auf allen Stufen der Wertschöpfungskette erwirtschaftet werden. Die Verteilung der Gewinne zwischen den Stufen kann deutlich von der Umsatzverteilung abweichen.
Reengineering	Fundamentaler Neuentwurf der Kerngeschäftsprozesse eines Unternehmens, der das Ziel verfolgt, substanzielle Verbesserungen, z. B. bei Produktivität, Entwicklungszeiten, Produktqualität, Service, Kosten oder Kundenservice zu erreichen.
Restrukturierung	Anpassung der Organisationsstruktur und der Prozesse an eine geänderte Strategie, meist als Reaktion auf eine unbefriedigende Ertragssituation. Damit verbunden sind meist Portfoliobereinigung und eine Straffung der Kostenstruktur.
Share of Wallet	Anteil am gesamten wertmäßigen Bedarf (Budget) eines Konsumenten in einer Produktkategorie, den ein Hersteller (oder ein Handelsunternehmen) auf sich vereinen kann (bisweilen auch als Bedarfsdeckungsquote bezeichnet).
Shareholder	Anteilseigner, Aktionär.
Shareholder Value	Unternehmerisches Leitbild, bei dem die langfristige Steigerung des Unternehmenswerts (im Sinne des Marktwertes des Eigenkapitals) als dominierende Zielsetzung aller Entscheidungen fungiert.
Spin-off	Ausgliederung von Geschäftstätigkeiten, etwa von Produktideen oder Forschungsergebnissen, die außerhalb der eigenen Geschäftstätigkeiten liegen oder nicht in eigener Regie produziert bzw. vermarktet werden können.
Supply Chain Management	Form einer vertikalen strategischen Allianz, die idealtypisch die gesamte Lie-

ferkette vom Rohstofflieferanten über den Hersteller bis zum Kunden inkl. zwischengeschalteter Transport- und Lagerunternehmen sowie Zwischenhändler umfasst.

Transformations-
programm

Bündel unternehmerischer Maßnahmen, das dazu dient, wichtige Elemente des Kerngeschäfts (Kundengruppen, Produkte, Vertriebskanäle, Kompetenzen) zu verändern, um damit das Unternehmen an geänderte Umweltbedingungen anzupassen.

Value Chain (Wert-
schöpfungskette)

Betrachtung eines Unternehmens als Abfolge von Stufen mit wertsteigernden Aktivitäten. Die Analyse der Wertschöpfungskette zeigt Ansatzpunkte zur Schaffung von strategischen Wettbewerbsvorteilen. Durch die Verzahnung mit anderen vor- oder nachgelagerten Unternehmen entstehen wirtschaftsstufenübergreifende Wertketten.

Web-Enablement/
e-Enablement

Befähigung eines Unternehmens, basierend auf der Internettechnologie ausgewählte oder alle Wertschöpfungsstufen im Unternehmen zu verzahnen.

ÜBER DIE AUTOREN

Chris Zook

ist einer der Direktoren bei Bain & Company, einer weltweit führenden Strategieberatung. Er leitet die Global Strategy Practice, konzipiert viele Beratungs- und Investitionsaktivitäten im Zusammenhang mit dem Internet, ist Mitglied des Bain Management Committee und des Investment Committee. Während seiner 17 Jahre bei Bain spezialisierte sich Zook auf Entwicklungsstrategien für Unternehmen im Informations- und Technologiebereich, die nach neuen Wachstumschancen Ausschau halten und die dazu notwendigen Kompetenzen aufbauen wollen. Zu seinen Klienten gehören Großunternehmen der Computerbranche, kleinere Technologieunternehmen, Startups im Entwicklungszentrum »Bainlab« sowie Venture-Capital-Fonds. Derzeit arbeitet er daran, zuverlässige Verfahren und Unternehmensstrukturen für die Suche nach profitablem Wachstum und die Wahrnehmung entsprechender Chancen zu entwerfen. Zook arbeitete außerhalb von Bain & Company im Private-Equity-Bereich.

James Allen

ist Geschäftsführer von eVolution Global Partners, einem weltweit operierenden Venture-Capital-Unternehmen, das von Kleiner Perkins Caufield & Byers, Bain & Company und der Texas Pacific Group ins Leben gerufen wurde. eVolution berät seine Unternehmenspartner beim Aufbau neuer, unabhängiger e-Commerce-Geschäfte. Einen Großteil seiner Zeit verbringt Allen damit, gemeinsam mit CEOs an der Ausgliederung von Geschäftseinheiten zu arbeiten, die Kapital, unternehmerische Erfahrung und eine spezifische Gehaltsstruktur benötigen, um sich gegen Internet-Start-ups behaupten zu können. Zuvor war Allen Direktor bei Bain & Company, wo er weltweite Strategieprojekte für Technologie-, Elektrogeräte- und Medienunternehmen in über 20 Ländern begleitete, die Strategy-Practice bei Bain mitleitete, im Vorstand des Unternehmens mitwirkte und dabei half, die Private-Equity- und Venture-Capital-Aktivitäten in Europa zu koordinieren. Bevor er in die Privatwirtschaft wechselte, arbeitete Allen bei der US-Regierung in den Bereichen amerikanisch-sowjetische Handelsbeziehungen sowie Sicherheitsfragen.